经典与解释(48)

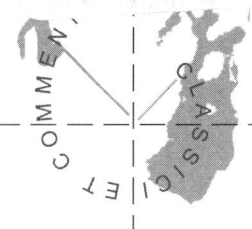

赫西俄德的世界

■古典文明研究工作坊 编
顾问/刘小枫 甘阳
主编/彭 磊

华夏出版社

古典教育基金·"资龙"资助项目

目 录

论题 赫西俄德的世界

- 2 赫西俄德的"原始思想"……………罗伊（魏冠东 译）
- 31 赫西俄德的世界………………………克雷（时霄 译）
- 72 正义之诗：赫西俄德和古希腊法律的起源
  ………………………………加加林（程锐 译）
- 99 《劳作与时日》绎读……………巴特莱特（程锐 译）

古典作品研究

- 142 老子辨………………………斋藤拙堂（熊宸 译）
- 155 埃斯基涅斯及其《阿尔喀比亚德》残篇
  ………………………………梁中和 吴立立 编译

172　咸恒之际——毛诗《关雎》传笺通说……………………张毅

思想史发微

195　从"同一者"到"命运"………………………………陈辉

旧文新刊

260　四部通論（一）………………………………………郭倬莹

评　论

280　评希克斯《国际法和公正世界秩序的可能性》
　　　…………………………………麦克布里奇（马晨　译）
285　施特劳斯本人能站起来一下吗?……赫顿（何祥迪　译）

论题　赫西俄德的世界

赫西俄德的"原始思想"[*]

罗伊（C. J. Rowe）撰
魏冠东 译 彭磊 校

柯克（G. S. Kirk）说，[人们]"通常断言"，而且"几乎普遍假定"，赫西俄德处于"从思想的神话诗模式到理性模式的转折点"。[①]迪勒（H. Diller）赋予这种"通常的断言"更精确的含意：赫西俄德代表着"从神话思想过渡到哲学思想的一座桥梁"（强调为我所加）。[②]这种观点以各种各样的方式得到证明。

---

[*]［校按］本文原题"'Archaic Thought' in Hesiod"，刊于 *The Journal of Hellenic Studies*, Vol. 103, 1983。作者所谓的 archaic thought 不是指赫西俄德的思想是哲学或史学的原始形态，而仅仅指赫西俄德的思想在时间上早于后世的哲学和史学，且不同于后世的哲学和史学。考虑到中文版式，中译删去了个别注释。

① 柯克，《神话：在古代和其他文化中的意义和功能》（*Myth: Its Meaning and Functions in Ancient and Other Cultures*, Cambridge/Berkeley/L. A., 1970），页238。

② 迪勒，《赫西俄德与古希腊哲学的开端》（"Hesiod und die Anfänge der griechischen Philosophie"），见《古代与西方》（*Antike und Abendland*）II,

迪勒本人强调赫西俄德在《神谱》序诗中对真实的事物与似真实假的事物所作的对比；他把这解释为对相对立的说法的自觉拒斥，赫拉克利特等早期前苏格拉底哲人承袭了这一意识。在葛贡（O. Gigon）看来，《神谱》中的这一段落与荷马有特殊联系：赫西俄德的"真实"在此反对荷马的神话，逻各斯（Logos）反对秘索斯（Mythos）。① 就《神谱》关切寻找开端以及其范围的普遍性而言，《神谱》也是哲学性的（同上，页22起）。除了这些形式特征，迪勒和葛贡都在这部诗作的内容中找到了哲学因素，尽管在这一点上，他们的结论截然不同。迪勒把通常被视为前苏格拉底哲人的一个主要贡献的发现归功于赫西俄德本人：这个发现就是世界遵循客观的法则运作。相反，葛贡认为，赫西俄德的世界中的事物被视为意志的产物，类似于人类活动的产物（同上，页40）。然而，只要各种系谱把世界呈现为一个有序的整体，它们就预示着自然法的观念；葛贡还论证说，在赫西俄德的"宇宙创生论"（cosmogony）和前苏格拉底哲人的种种宇宙创生论之间，还有其他重要的联系点。葛贡的确走得太远，以致宣称赫西俄德而非泰勒斯（Thales）才应被授予第一个哲人的头衔（同上，页13）。与之相似，弗兰克尔（H. Fränkel）断言，"古希腊哲学作为文学的历史并非始于阿那克西曼德（Anaximander），而是始于赫西俄德"，② 尽管当时哲学还没有"与神话分离"：我们

1946，页151；重印于 E. Heitsch 编，《赫西俄德研究导引》（Hesiod, Wege der Forschung, Darmstadt, 1966），44辑。

① 葛贡，《古希腊哲学的起源》（Der Ursprung der griechischen Philosophie, Basel, 1945），页14。

② 弗兰克尔，《早期希腊的诗与哲学》（Early Greek Poetry and Philosophy, Oxford, 1975），索引 A，页515；译自 Dichtung und Philosophie des frühen

必须更深地发掘赫西俄德神话叙述底下的诸观念。例如，《神谱》第736行起关于塔尔塔罗斯（Tartarus）的内容体现了"深刻的存在论思索"，只不过"赫西俄德无法用公开的、未编码的、概念化的语言来把握和表达"（同上，页105起）。

因此，如果"神话诗的"或"神话的"思想是一个"喀迈拉"（chimera，［译按］希腊神话中狮头、羊身、蛇尾的吐火怪物），正如柯克所认为的那样，① 我们就至少能够将某种实质赋予"理性的"思想这个概念以及赫西俄德处于"转折点"这种观念：赫西俄德之所以处于"转折点"，正是因为哲学（或科学）② 的根源可以回溯到他的诗中。至少有一个学者，即罗森梅尔（T. Rosenmeyer），还看到赫西俄德与史学——古希腊"理性的"（称"理性主义的"或许更好）传统的另一支脉——有关联：在罗森梅尔看来，赫西俄德在《劳作与时日》关于人类的五个种族的段落中所做的事基本是史学，正如修昔底德做的是史学一样。③ 这种观点乍看起来不像其他观点那么似是而非，但类型上很相

Griechentums（第二版），München，1962。

① 柯克，《希腊神话的性质》（*The Nature of Greek Myths*，Harmondsworth，1974），页276以下。

② 也就是"前苏格拉底的"思想，可以归类为哲学或科学，或归类为两者：例如，劳埃德（G. E. R. Lloyd）在《早期希腊科学：从泰勒斯到亚里士多德》（*Early Greek Science: Thales to Aristotle*，London，1970）中，把前苏格拉底哲人笼统地称为"哲学家-科学家"。许多前苏格拉底哲人对宇宙创生论和宇宙论、对自然法的观念有兴趣，这可能事实上让他们看起来与科学的发展联系更为紧密；但另一方面，无论如何他们都是站在（或接近）希腊"哲学"的开端，而希腊"哲学"在某种意义上典型地包括两类活动。

③ 罗森梅尔，《赫西俄德与历史写作》（*Hesiod and Historiography*，*Hermes* 85，1975），页257-285。

似，应该放在一起予以考察。本文旨在考察这种把赫西俄德阐释为古希腊思想发展中一个"过渡性"人物的观点能否最终成立。我的观点是，赫西俄德的思想至少有一个重要特征，使我们有必要把他的活动与那些哲学家、科学家和史学家的活动区分开来。同时，我认为他的思想不应该在任何意义上——除非在严格的时序意义上——归为"非理性的"、"前理性的"或"原始的"（archaic）。[1] 毕竟，一个人不用非得从事哲学、科学或史学才能被视为理性的；这些探询形式的兴起也并没有导致非哲学家、非科学家和非史学家的消失。[2]

弗兰克尔描述了我所说的赫西俄德思想的特征，他的描述很

---

[1] 可能古典学家如今比人类学家更自由地使用这类标签，许多人类学家拒斥一种"原始精神"（primitive mentality）的观念，尽管根据 C. R. Hallpike 的《原始思想的基础》（*Foundations of Primitive Thought*, Oxford, 1979），他们这样做的理由很成问题（感谢劳埃德指出这一文献）。幸运的是，我们不需要深入这趟浑水。不管希腊思想在公元前六世纪及其后的新开端多么令我们震撼，从荷马和赫西俄德的世界与后世希腊人的世界之间的简单对立出发，都无助于解释这些新的开端，因为这么做容易模糊两个世界经得起任何分析的根本类似。无论如何，这两个世界在任何明确的意义上都不是"原始的"：如果这两个世界的差异引诱我们说荷马和赫西俄德的世界"更原始"，我们就已经承认一种关于人类思想的一般发展的特殊假设，这一假设在其他语境中或许可能或许不可能富有成效，但对于分析单个文化在两到三个世纪里的变化而言，其有效性可疑。

[2] 由于赫西俄德所处的年代，也由于最早的"哲学家们"以许多方式回望他（尤其是出于他们对于起源的关注），把赫西俄德视为他们的先驱是很自然的。但是，要推论说赫西俄德的关切与他们的关切完全类似，我们得多斟酌。我会说明两者的关切何以不同。关于公元前六世纪之后科学与其他活动类型的一般联系，参见劳埃德，《巫术、理性和经验》（*Magic, Reason and Experience*, Cambridge, 1979）。

便利，甚至有些粗糙（我说"粗糙"，因为我想要在下文区分这一特征的不同种类）。

这种原始的思想模式不是一劳永逸地处理一个对象，然后径直抛弃它；相反，它习惯于环绕它的对象，以便从变化的种种视角来不断重新检查它。这适用于赫西俄德《神谱》中的细节和整体。

这同样适用于《劳作与时日》。① 无论弗兰克尔所描述的"思想模式"是不是一般而言的"原始"思想的特征，② 它的确是赫西俄德思想的特征：正如我们将要看到的，在赫西俄德的两部诗中，许多文段（或大或小）都出现了这种"环绕"一个主题的现象。劳埃德（G. E. R. Lloyd）指出了荷马那里类似的现象，例如，把睡眠神（Sleep）描述为"所有人的驯服者"、死神的兄弟，"倾注在"一个人身上，"把他包裹起来"并"捆绑着

---

① 弗兰克尔，《早期希腊的诗与哲学》，前揭，页105。
② 可能是，但不仅限于古风时期（archaic period）。对于弗兰克尔这段引文前的例证（《神谱》行758起，其中"同样的事物出现在几幅不同的图像中：死亡作为死亡，作为哈德斯之域，作为一只狗"），我们可以直接对比欧里庇得斯的《酒神的伴侣》行274以下：忒瑞西阿斯（Teiresias）在那里同时把狄俄尼索斯当作酒的发现者和酒本身。W. K. C. Guthrie（《希腊哲学史》[*History of Greek Philosophy*]，Cambridge，1969，卷三页241）用这一段落来阐明"希腊思想从一种物质的观念滑向神的观念是何等容易：这一物质体现着一位活生生的神，这位神是这一物质的发明者或发现者"（强调为我所加）。这正好就是弗兰克尔在《神谱》的文段中所发现的那类"不一致"。

他。① 劳埃德也提到古埃及宗教思想中的相似之处。② 他的一个资料来源是弗兰克福特（H. Frankfort），弗兰克福特说埃及人的"头脑倾向于具体的事物；他的语言依赖于具体的形象，因此也表达非理性的事物，不是通过对一种主要概念的限定性修正，而是通过承认几种进路同时并存的有效性"（强调为我所加）。③ 弗兰克福特认为这种思想习惯是"前希腊的"（同上，页61），大概他的意思是前哲学的、前理性主义的。这种思想习惯的确在原则上是非理性主义的。哲学必须是系统化的，科学和史学也必须如此：三者都不能任由对相同事物的不同描述或解释齐肩并立，而是必须把它们互相联系起来，如果它们最终是矛盾的，就必须在其间作出选择，说出哪一个更好、更合理、更真实——或者至少探究这样做的可能性（必需附加这一条，因为，如果史学家承认他不能在可用的选择之间作出决定，这显然有时候也是合适的。参考后文关于希罗多德的例子）。因此，如果它确实是弗兰

---

① 劳埃德，《极致与类推》（*Polarity and Analogy*，Cambridge，1966），页202。他引证的是《伊利亚特》24.4起，16.672，14.164起；《奥德赛》23.16起。

② 劳埃德特别喜欢的例子是（也用于《早期希腊科学》，前揭，页11–12），埃及人认为天空被柱子支撑着，或被一位神所举起，或被搁在墙壁上，或是一头母牛，或是一位女神，她的手臂和双脚立在大地上。这些观念明显不是非此即彼，因为，"在一幅画中，[埃及人]可以展示两种不同的对天空的支撑：手臂和双脚触碰大地的女神，支撑起天空–女神的男神"（引自 J. A. Wilson，见 H. Frankfort / H. A. Frankfort / J. A. Wilson / T. Jakobsen，《哲学之前》[*Before Philosophy*]，第二版，Harmondsworth，1949，页53起）。

③ 弗兰克福特，《王权与诸神：作为社会与自然综合的古代近东宗教研究》（*Kingship and the Gods: A Study of Ancient Near Eastern Religion as the Integration of Society and Nature*，Chicago，1948），页42。

克尔就赫西俄德所描述的那类特征，如果它像弗兰克尔所认为的那样遍布于赫西俄德的诗作，我们就有很好的理由否认赫西俄德是一个萌芽期的（embryonic）哲学家、科学家或史学家。①（《神谱》行 27-28 自身不会构成对这一结论的反驳：存在许多不同种类的 "真实"，并且多数依赖于赫西俄德最终关切的那种真实。）②

我将追随弗兰克福特，暂且把这一特征称作 "多重进路"（multiple approaches）特征。不过，相比于前面提及的荷马和埃及人的例子的内涵，我将在更宽泛的意义上使用这个说法。弗兰克福特的古埃及人使用 "多重进路" 来表达非理性的事物，而 "非理性的事物" 意味着一种宗教式的观念，这些观念 "不能被完全理性化——被感受（sensed）而不是被认知（known）的 '真理'"。③ 这种描述大略符合赫西俄德的一些相应文段（例如，他在关于塔尔塔罗斯的文段中对死亡景象的处理），但绝非符合所有文段。此外，对手头的问题而言，那些并不符合的文段将证明更为重要。如果赫西俄德在他的神学中是非理性的，那么他就不是一个理性化的或哲学化的神学家；但是，并不因此就简单地表明他是非哲学的（或非科学的，或非历史的），因为依据日常

---

① 这就是说，关心对不同的说法作出选择，我认为是从事哲学、科学和史学的必要条件，甚至是充分条件。因此，埃及人对天空的看法是非哲学的、非科学的，至少是因为它无法作出这样一种选择。

② 换句话说，我们无需像葛贡那样，把真实与虚假的区别解释成 "哲学的" 真理与 "神话的" 谬误的区别。对比 M. I. Finley，《神话、记忆与历史》（"Myth, Memory and History"，见《历史的用途与滥用》[The Use and Abuse of History]，London，1975），页 14："对一件事情一定没有误解：每个人都接受史诗传统，认为它扎根于牢固的事实。甚至修昔底德亦如是。"

③ H. Frankfort / H. A. Frankfort / J. A. Wilson / T. Jakobsen，《哲学之前》，前揭。

经验,一个人思考宗教事物的方式可能与他在其他领域思考的方式很大程度上并不相关。①

因此,我将首先检查赫西俄德那里"多重进路"的不同的例子(它们贯穿于赫西俄德诗作的大部分内容),追问在每种情形下它们暗示了赫西俄德对其主题的何种态度;特别是,那种态度是否与把他视为原初的哲学家、哲学家-科学家或史学家的观点相容。这个任务将构成这篇论文的主体。最后,我将回到下一问题:我们所分析的思想习惯或诸习惯应当解释为公元前八世纪或七世纪古希腊思想幼年的征兆(正如弗兰克福特和弗兰克尔有限的结论所认为的那样),还是需要某种不同的解释。

不过,在转向我的例子之前,我首先要提到佩里(B. E. Perry)一篇广为人知的文章《早期希腊人分别观察事物的能力》("The Early Greek Capacity for Viewing Things Separately"),②这个题目可能暗示它所处理的主题与我的有关。佩里发现,他所讨论的这种"能力"首先体现为古希腊作家并列地(paratactically)呈现他们观念的一种倾向,其次体现为一种典型的态度的公正和超然。③我所关注的现象并非这些东西,尽管佩里的部分描述可能

---

① 这可能部分是主题不同带来的问题;但更重要的是,它也是目标的不同以及适用于这些目标的方法的不同带来的问题。尤其是,就一致性的标准而言,我们对神学家的要求,往往不同于我们对科学家的要求。最终的问题是,在看起来会提出很可能吸引科学家或史学家的问题的语境中,赫西俄德是怎样作为的;尤其是,这些语境明显关心解释。

② 载 *Transactions and Proceedings of the American Philological Association*, Vol. 68, 1937, 页 403-427。顺带说一下,佩里是那些认为希腊思想遵循简单的线性发展的人之一:他认为,早期希腊思想中"有许多幼稚的东西"(页 407)。

③ 同上,页 425:"1、逻辑上可能彼此相关的两个或更多事物(或观

也适用。我称为"多重进路"的特征包括一个事物在相同的文段中以不止一种方式得到描述或解释，这些描述或解释彼此之间并没有联系，甚至可能看起来——我要补充说，有时候事实上是——互相矛盾。在我看来，佩里在其文章中所描述的并非"早期希腊思想"的一个特征，而是几个不同的、表面类似的特征。特别是在修昔底德"理智的超然"①与荷马思想及表述的并列方面之间，我没有看到任何深层的联系。无论是从小的还是大的范围来看，荷马的（和赫西俄德的）风格的这个方面与本文讨论的特征很可能具有某种关系，因为两者都不关心将一个整体的各个因素彼此联系起来，或者至少不关心对这种关系的明确表述；②对这种普遍现象而言，"分别观察事物"也许是一个很好的命名。但是，据我上文所说，我对这一表述的理解与佩里相当

念）被各自分开审视，而观看者和叙述者在某一时刻只意识到一个事物——各种形式上的并列（parataxis）。2、两个事物在并列或对照中被审视，每个事物都在某些方面拒斥另一个事物，旁观者对这种景象感到知性的愉悦甚至被深深感动，但他在态度上保持着默然和公正，当下更多地受到事物的客观实在（theoria）影响，而不是受对冲突的两个事物之一的任何同情（不管多么自然）影响——修昔底德的反讽、对立风格、理智的超然。"

① 佩里可能夸大了修昔底德在各个问题上的超然程度，但这是另一个问题。

② 注意佩里富于启发的评论（页 408–409）："荷马和希罗多德这样的作者……更多地把他们的艺术功力集中于情节本身，而不是集中于一个情节与另一个情节的联系，或集中于情节总数的效果。"无论这对于希罗多德或荷马来说是否真实，但对于赫西俄德来说当然并显然真实，我将简短地阐明这一点。另参 W. Nicolai，《赫西俄德的劳作：结构性的考察》（*Hesiod's Erga: Beobachtungen zum Aufbau*, Heidelberg, 1964），及韦斯特（M. L. West），《〈劳作与时日〉笺释》（*Hesiod, Works and Days*, Oxford, 1978），页 46 起。

不同。

对于赫西俄德的"多重进路",我的第一个例证显而易见且无可争议:即赫西俄德构想诸神的方式展现了与荷马的方式同样的多面性。①《神谱》中的诸神可以粗略地划分为三种类型:(1)宇宙实体,如乌拉诺斯(Ouranos)和该亚(Gaia);(2)奥林匹亚诸神,以及其他主要是拟人化的形象,如提坦(Titans);(3)"作用力"(forces),如爱若斯(Eros)、厄里斯(Eris)、墨莫斯(Momos)等等。②(我的意思当然不是说赫西俄德本人会把这些神看成截然不同的"类型";我只是说我们有可能想用这种方式来划分诸神。我的部分观点恰恰是赫西俄德没有明显试图去区分诸神。)这三种类型都能以不同的方式来构想。(1)乌拉诺斯既是天空,又是一个拟人化形象,拥有感情、能够交媾、被阉割,能给予忠告。与此相似,该亚既是诸神和凡人居于其上的大地,又是一位母亲。黑夜女神(Night)既是白昼女神(Day)的母亲,又先于白昼(day);既是卡俄斯(Chaos)的孩子,又是乌拉诺斯和该亚交媾的产物。(2)如我所说,奥林匹亚诸神主要是拟人化的形象,但这绝不是诗人构想神的唯一方式。例如,宙斯能够 ὕειν[降雨](《劳作与时日》行488;比较行415-416),并且在文脉中大概他自身难以与天空区别开来(参见韦斯特对行416的注解)。当宙斯挥舞天雷、闪电、霹雳这些武器时,他似是综合了两个方面;但他并不总是这样做。在《劳作

---

① 更核心的例子见 M. M. Willcock,《〈伊利亚特〉中诸神的面貌》("Some Aspects of the Gods in the *Iliad*"),载 *Bulletin of the Institute of Classical Studies*, Vol. 17, 1970, 页 1–10。

② [译注] 爱若斯为爱神,厄里斯是不和女神,墨莫斯是诽谤之神。

与时日》装扮潘多拉（Pandora）的情节中（我稍后会回到这一段落），雅典娜和阿芙洛狄忒的身位以一种更微妙的方式变得模糊。因此，对于诸神居住在奥林波斯山上还是天上，也许赫西俄德看上去摇摆不定（《神谱》行117-118，128）。在乌拉诺斯的孩子们当中，举例来说，谟涅摩绪涅（Mnemosyne）可以和泽洛斯（Zelos）、比阿（Bie）① 这类形象归入一类：同他们一样，谟涅摩绪涅代表着她特殊领域内的原因和效果。又如库克洛佩斯（Cyclopes），并不仅仅是制造宙斯武器的工匠；就像他们名字所暗示的，他们也是这些武器本身。（3）至于我对赫西俄德诸神的第三种粗略的分类，亦即我所谓的"作用力"——厄里斯、爱若斯以及其他，强调他们拟人化的方面当然毫无意义。他们是拟人化的，因为他们像婴孩那样出生（爱若斯例外，既没父母，亦无子嗣），在其他方面也像人类那样作为：泽洛斯和比阿坐在宙斯身边，阿多斯（Aidos）和涅墨西斯（Nemesis）遮住他们的脸，② 诸如此类。但泽洛斯和比阿也是宙斯的不同面相：他们既是原因也是效果，既是造成宙斯那些面相的东西，也是那些面相本身。而爱若斯，"诸神中的最美者"，很显然没有依照《伊利亚特》中希腊人征服特洛伊人的方式"征服"（δάμναται）心智（《神谱》行120-122；《伊利亚特》8.244等）。

一个更为显著的例子——顺及，也许是更明显地像埃及人的例子（参见前文）——是赫西俄德对莫伊拉（Moirai）③ 的处理。

---

① ［译注］谟涅摩绪涅是记忆女神，泽洛斯是热忱之神，比阿是暴力之神。
② ［译注］阿多斯是羞耻女神，涅墨西斯是报应女神。
③ ［译注］Moirai 是 Moira 的复数形式，命运三女神的统称。

莫伊拉有两个不同的母亲，一个是黑夜女神，未经交合就生育了她们（《神谱》行 217），另一个是忒弥斯（Themis），①与宙斯结合生育了她们（《神谱》行 904）。正如索伦森（Solmsen）所指出的，双重出身表明了命运三女神（Fates）的双面性：②她们的纺线可以是黑色的，就此而言她们是黑夜女神的女儿；她们不会给予我们无法预料的或不该蒙受的灾难，就此而言她们是宙斯和忒弥斯的女儿。当然，这并不是赫西俄德表达一个概念的两个不同方面的唯一方式：因为两个厄里斯（Erides）是姐妹（《劳作与时日》行 11 起）。③差异也许在于，在《劳作与时日》中，赫西俄德同时考虑厄里斯的双面性，而《神谱》中关于莫伊拉的两个段落相隔了七百多行。可能正如韦斯特（M. L. West）和其他人所认为的，④其中第二个段落根本不是赫西俄德写的。但是，另一个实体菲罗忒斯（Philotes）⑤以看上去类似的方法得到处理：黑夜女神的女儿，无比可怕（《神谱》行 224）；也是可爱的阿芙洛狄忒的一部分，与爱抚、絮语以及爱的其他甜蜜的愉悦在一起

---

① ［译注］忒弥斯是法律与正义女神。

② 见 F. Solmsen，《赫西俄德与埃斯库罗斯》（Hesiod and Aeschylus, New York，1949），页 36 以下。

③ 这个段落可以合理地解释成包含着对《神谱》的回顾，就此而言，它看起来比其他任何段落更有力地保证了这两部诗作有共同的作者（参见韦斯特对这一段落的评注）。但无论如何，对赫西俄德的学术研究（在韦斯特那里达到顶峰）可能已经足以平息在这个大问题上的怀疑——尽管两部诗作的个别片断可能仍旧可疑。

④ 韦斯特认为（《〈神谱〉笺释》[Hesiod, Theogony], Oxford, 1966），行 901–1020 全部都不是赫西俄德写的。其他观点，见 Solmsen，《赫西俄德与埃斯库罗斯》，页 36 注 112。

⑤ ［译注］菲罗忒斯（Philotes）是希腊神话中的淫神。

(《神谱》行 205-206）。在此可能出现类似的身份问题——阿芙洛狄忒的 φιλότης 和黑夜女神的女儿相同吗？大概不同，因为黑夜女神的女儿完全是黑色的；而如果她们相同，阿芙洛狄忒的形象又会是什么样子呢？然而她们大概有关联：她们代表着女性和爱的两面性，对此赫西俄德在潘多拉神话中表达得最为清楚。诱惑令人愉悦，但得小心潜藏在下面的陷阱。阿芙洛狄忒自身起源于阉割的可怕行为，这也许暗示了相同的看法。

我要举出的下一个例子更加复杂，但是有关联。在《劳作与时日》行 60 以下，宙斯命令创造和装扮潘多拉：赫淮斯托斯（Hephaestus）要塑造她，赋予她人的声音和力量，又要使她具有一种神圣的美丽；雅典娜要教她编织；阿芙洛狄忒要给她注入 χάρις［魅力］和欲望；赫尔墨斯要使她不忠和狡诈。在这个事件中，赫淮斯托斯完成了塑造工作；雅典娜给她戴上女孩子的腰带，并装扮她；美惠女神（Graces）和劝诫女神（Persuasion）给她戴上项链；时序女神（Horai）给她戴上花环；但赫西俄德强调，是雅典娜为潘多拉穿上一切装饰；而赫尔墨斯给她注入一个不忠的心灵，并赋予她声音。在荷马的一些段落中，一个人实际所做的也不同于他被指令去做的。例如，在《伊利亚特》第一卷中，阿基琉斯（Achilles）提出，忒提斯（Thetis）在为了他而向宙斯诉求时，应该提醒宙斯想起她曾经帮助宙斯反对其他奥林匹亚诸神（她经常以此自夸）；但是，忒提斯实际的诉求没有明确提及这件事。但原因显而易见：她看到需要讲求策略（《伊利亚特》1.394 起，1.503 起）。在《劳作与时日》的此处找不到这样的解释：这些变化很可能让我们觉得笨拙和奇怪，正如评注者们的困窘所表明的——评注者们为此提供了各种各样粗暴的修补。① 韦斯特没有进行修补,他称赫西俄德只是"从他头脑里的图像中取出了一个全新的仿品",这个仿品尤其受《神谱》中相应段落的影响:在那个段落中,雅典娜也扮演了一个显著的角色,装扮厄庇米修斯(Epimetheus)② 将要拥有的女子。在我看来,对宙斯的指令如何实行的叙述,并不是在展现这些指令所构成的图像之外的另一种可能(如果这是韦斯特的意思的话),而只是对后者的一种扩大。赫西俄德开始时不是描绘特定的男神和女神忙于各自的任务,而是描绘潘多拉自身:拥有某些致命的性质,美丽杂揉着不忠。美丽使其可欲,但如果她可欲,那是阿芙洛狄忒的专长;不忠则是夜贼赫尔墨斯的专长——当然神匠赫淮斯托斯必须负责塑造这个东西本身,塑造这个女人。当赫西俄德描述宙斯的谋划如何执行时,他选择详述潘多拉的美,把她的美归功于她的衣饰,并因此归功于雅典娜;通过引入劝诫女神(Peitho)来替代 πόϑος [思念],③ 他也选择改变自己关于这一谋划对男人的影响的叙述。我们可能会问,如果是雅典娜为潘多拉穿戴所有配饰,为什么美惠女神、劝诫女神和时序女神也为她穿戴配饰呢?答案和莫伊拉为何会有两种父母的答案大致相同:赫西俄德是从两个不同方面描述相同事物。从潘多拉的美与其衣饰

---

① 参见韦斯特对《劳作与时日》行 70-80 的评注。Solmsen 在牛津版中将行 70-76 括起来,声称它们"部分采自《神谱》行 571 以下,部分是全新的"。

② [译注] 厄庇米修斯(Epimetheus)是普罗米修斯的兄弟,潘多拉的丈夫。

③ [译注] 影射《劳作与时日》行 65-66:"阿芙洛狄忒往她头上倾注魅力、愁煞人的思欲(πόϑος)和伤筋骨的烦恼。"

的联系来看，此乃雅典娜所为；①另一方面，从她的配饰将产生的影响来看，此乃美惠女神和劝诫女神的礼物；从整件事情旨在让男人为她堕落这一点来看，此乃阿芙洛狄忒所为。换言之，"阿芙洛狄忒把魅力（χάρις）倾注在她身上"，"美惠女神给她戴上项链"，"雅典娜为她穿衣打扮"，三者可以指同一件事却不矛盾。②在关于潘多拉的段落中，我们的困难源于只注意到赫西俄德笔下神与人同形同性的方面，而这只是他概念的一部分罢了。χάρις 和 πειϑώ 既是潘多拉拥有的东西，又是给予她那些东西的实体；正如老年既是黑夜女神所生的某种折磨人的东西，又是某种可归属于父母的东西（《神谱》行225；《劳作与时日》行185）；κράτος［力量］既是宙斯运用的某种东西，又是坐在他王座旁边的某种东西（《神谱》行49，386-387）。雅典娜和阿芙洛狄忒不同，她们与她们的产物清晰可分，但也依然与她们的产物紧密相连，她们完全就像这些产物一样呈现在赫西俄德的头脑中。

对目前的讨论而言，《劳作与时日》的相同情节另有一个方面需要探讨。普罗米修斯从宙斯那里盗来火种，给了人类；然后宙斯为人类设计了一种制衡性的灾祸（κακόν）。"我将给他

---

① 也许有人会补充说，赫西俄德强调这个方面有特殊的含义：暗示潘多拉的吸引力不只是表面的。

② 我们可以比较劳埃德针对荷马对睡眠神的各种描述的评论（《极致与类推》，前揭，页202）："这些描述都不能视为对睡眠神的最终描述。每一副图像都阐明了同一现象的不同方面，尽管每一种图像——如果印刷出来——似乎都暗示了一种关于睡眠神的性质的略微不同的概念。但是，这些不同的图像可以在同一个段落中结合起来（比如《伊利亚特》23.62起，14.252起），这表明调和它们并没有任何困难。因此，应将它们视为关于相同现象的互补性概念，而不是非此即彼的概念。"

们一种灾祸来替代火种（ἀντὶ πυρός），他们所有人将为此满心欢悦，拥抱自身的灾祸（ἑὸν κακόν）"（行 57-58）。宙斯命令塑造潘多拉，潘多拉打开了自己的瓶子，从瓶子里冒出了折磨人类的各种灾祸，特别是疾病和苦役（《劳作与时日》行 91-92）。行 57-58 暗示，宙斯给予的灾祸是一般而言的女人，或者说是我们拥有女人的结果；但下文似乎告诉我们，我们之所以受苦是一个特别的女人潘多拉的行为造成的结果。也许每一个女人都可以被认为有一个装满灾祸的瓶子，但是，至少疾病只能存在于潘多拉的瓶子中。如果女人如《神谱》说的那样像雄蜂（《神谱》行 594 起），那么至少为了她们，男人就得更加努力劳作；就此而言，也许劳动的必要性和女人相关。但是，怎能把疾病归咎于其他女人呢？看起来潘多拉同时扮演了两个角色：一个是作为所有女人的代表，另一个是作为特殊的个体，在一个特殊的时间点行动。她的所为乃是女人的典型行为：在所有女人身上，正如在她身上，魅力结合了不忠，而我们所有男人都像厄庇米修斯那样，因为被她们欺骗而受苦。但我们受苦亦是由于作为个体的潘多拉的所为。那么，关于男人受苦的根源，表面上赫西俄德给了我们两种不同的甚至是重叠的解释。但赫西俄德的总体观点十分清楚：男人受苦源自他们拥有女人。《神谱》中相应的情节（《神谱》行 585 起）更加巧妙地论证了这一点。在那里，一个女人身上甚至可能拥有某种好（尽管一个好妻子在某些不确定的方面可能是坏人）；至少有两种灾祸实际是男人没有女人的结果：一是男人年迈时没有儿子照料，二是他死而无后。女人本身是一种灾祸，但不是所有灾祸的直接原因；其他灾祸都起因于男人需要女人这种情形——在此情形中，男人必须劳作、衰老和死亡。没有这些东西，他将不需要女人，而是过着诸神的生活；正因为此，赫西俄德把男人和诸神在墨科涅（Mekone）的分离与女人的到来联系在一起。①《劳作与时日》通过潘多拉及其瓶子的粗糙设计表达了相同的思想。

那么，对于赫西俄德来说，潘多拉这个情节对男人的受苦给出了单独一种解释，而且表达这一解释的两种方式——"男人因为女人而受苦"和"男人因为潘多拉而受苦"——是相等的。说潘多拉仅仅是一个"象征性的"人物，那就过于强烈了，并且逻辑上的困难仍然存在。但是，这些逻辑困难只会影响赫西俄德表达自己观点的方式，而不会影响他的观点本身的实质。弗兰克尔表述了相似的观点，尽管是在不同的语境中：他问到，赫西俄德是否想要他的"意味深长的传说被理解为真实的"？

> 在这些问题上，……并非只有完全的信任和怀疑，还有介于两者之间的各种模糊……总之，他也有些神话，只不过是传达诗人不能直接阐明的某些东西的幌子。需要之时可更换外衣，而赫西俄德像柏拉图一样，经常通过一些从字面上理解会相互排斥的神话来表达相同的真理。②

不过，这一观点自身不足以应对我目前为止考察过的全部事例。《劳作与时日》中关于塑造和装扮潘多拉的两个相连段落，以及《神谱》中关于莫伊拉出身的两个说法，实际是累积性的，

---

① 参见 J.-P. Vernant,《赫西俄德的普罗米修斯神话》("The Myth of Prometheus in Hesiod"), 见《古希腊的神话与社会》(*Myth and Society in Ancient Greece*, Brighton, 1980; 译自 *Mythe et societé en Grèce ancienne*, Paris, 1974), 页168-185。

② 弗兰克尔,《早期希腊的诗与哲学》, 前揭, 页98。

而非在表达单独一个真理。因此，它们只在一个有限的、也许不重要的意义上才是"相互排斥的"。赫西俄德对诸神的处理亦不同：他的概念通过对我们来说"相互排斥的"描述来传达，因为他的概念本身就是悖反的（诸神既有人类的外形，又有与这一外形矛盾的其他特征）。在这三个例子中，我们都能够毫无问题地用一个叙述替代另一个叙述，正如我们对待关于女人（作为男人受苦的一个因素）的不同叙述那样。

所有这些事例如果都涵括在"多重进路"的名目之下，就变成了一件复杂的事情；也许复杂得足以提出这个问题：它是否最终是一件有用的分析工具，至少在我提议应用它的那种方式上"有用"？不过，我们所讨论的内容之间有足够多广泛的相似，使我们有理由继续把它们放在一起处理：那就是，一切都以某种方式来阐明弗兰克尔所说的对一个主题的"环绕"。① 现在我们需要考察要怎样解释这些例子，尤其是这些例子是否关乎赫西俄德与哲学、科学和史学的发展的关系。在本文开头，我认为诉诸"多重进路"可能与那三类事业的目标原则上相矛盾，因为哲学家、科学家和史学家的事业部分在于，在关于相同主题的非此即彼的或竞争性的进路之间作出选择。但正如我们所看到的，在目前所考察的大部分内容中，所提供的进路并不是非此即彼，而是——在某种或另一种意义上来说——相互补充，因此在其间作出选择的可能性根本没有出现。如果这些进路看起来相互矛盾，那么必须用其他方式来处理这个矛盾，而不是追问赫西俄德更喜欢哪一个；应主要通过强调诗的（和宗教的）话语形式与其他话语形式之间的不同来处理矛盾。再次回到莫伊拉：倘若赫西俄德的论

---

① 同上，页105。

点是莫伊拉具有双面性,那么对于诗人赫西俄德(我假定他是诗人)来说,莫伊拉也有两个母亲——一个自孕自生而另一个需要帮助——就无关紧要。也许,在此他的方法仅仅表征着对严谨的逻辑规则缺乏关注,而我们可能在任何情况下都希望既是诗人又是神学家的某人具有这种严谨的逻辑。相同类型的进路允许我们处理剩下的一个例子,这个例子表面上提供的叙述非此即彼:赫西俄德对女人的处理。也许有人会愚蠢地反驳说,这些叙述是矛盾的,第一个女人要么打开了瓶盖,要么没有;那不是这些段落所谈论的内容。当然,一个史学家在此不会像赫西俄德那样做;尽管赫西俄德是在陈述过去,但在这里,至少这些陈述不是一个史学家的陈述,因为其最本质的含义深藏在表面之下。①

不过,赫西俄德围绕一个主题运用"多重进路"的另外两个例子必须予以考察:其一,他在《神谱》中对宙斯攀升权位的叙述;其二,他对人类受苦的"解释"。这些例子特别重要,因为与其他事例相比,这里显出了所给出的叙述之间真正的不相容之处。更重要的是,透过这两个事例,我们实际能够观察到赫西俄德理性地、系统地在他的各种叙述之间作出必要的抉择。②

---

① 当然,我们必须承认,赫西俄德乐于接受关于诸神的悖反观念,这很可能证明他对哲学性神学的无知;但如果是这样的话,即便在"理性主义"出现以后,也有很多人继承了他的无知。

② 不过,另有一个例子——在《神谱》行720以下对塔尔塔罗斯的地理描述中——可能被轻易地错过。当然,并非这里所有的不同描述都同时是真实的(在字面意义上来说);由于主题的性质,在这些描述之间作出抉择不可能有依据,因此我们甚至可能赞赏赫西俄德让它们并列在一起(如果是他对它们负有责任的话:见韦斯特,《〈神谱〉笺释》,前揭,页356起)。更简单地说,或者我们也可以拿这个事例与荷马对睡眠神的描写比较:在某种意义上,每一种描述都再次是对其他描述的补充,添加到一个可以用一种

在弗兰克尔看来，赫西俄德暗示了对宙斯攀升权位的三个不同的叙述。① 其一，是库克洛佩斯锻造宙斯武器的故事（《神谱》行 139-146，501-506，689 起）；其二，是三个百手巨人的故事（《神谱》行 147-153，617-663，713 起，734-735），他们在与提坦的战斗中扮演了至关紧要但不甚清楚的角色；其三，是斯梯克斯（Styx）之子泽洛斯、克拉托斯（Kratos）、比阿和尼刻（Nike）② 的神话（《神谱》行 383-403），弗兰克尔认为其中暗示着对宙斯至高领袖地位的另一种解释："权力意志、权力、暴力和胜利"使宙斯得以统治，因为他是"正义的神圣持有者"；或者换言之，正义统治，因为它是正义的。弗兰克尔总结说：

> 四个子女的传说明显是赫西俄德的发明，旨在用神话的图像化语言来表达他自己所发现的真理。他还复制了库克洛佩斯和百手巨人这两个出自古老传统、更为原始的相似故事，与他的发明并列在一起，丝毫没考虑严格的一致性。无趣的对古代的崇信和预见性的思索同时活跃在他头脑中。

弗兰克尔强调，赫西俄德一定还"在相当大的程度上"深信古老故事中的字面真理。③ 正由于此，赫西俄德给了我们不同类型的解释，一种"更原始的"解释和一种"预见性的"解释；

印象主义来解释的整体中——如果这一整体是精心构造的艺术的结果的话，正如它很可能是的那样。
　① 弗兰克尔，《早期希腊的诗与哲学》，前揭，页 98。
　② ［译注］斯梯克斯是冥河之一，愤怒之河，守誓之河。克拉托斯是拟人化的"力量"，提坦神帕拉斯和斯梯克斯的儿子。尼刻是胜利女神。
　③ 弗兰克尔，《早期希腊的诗与哲学》，前揭，页 100-101。

在这两种类型中他更喜欢后者,尽管他并不反对前者。① 事实上,我完全没有在原文中看到赫西俄德偏爱第二类解释的证据:宙斯作为"正义的神圣持有者"的观念源自弗兰克尔对《神谱》中宙斯作为一个伦理形象的整体阐释,在我看来该阐释本身就是错误的。② 尽管如此,我们仍然面对着关于宙斯取得胜利的手段的三个叙述:他拥有天雷、闪电和霹雳;他解放了百手巨人;斯梯克斯之子们保卫他的王座。在这三个叙述中,也许可以像先前讨论关于潘多拉装扮的不同描述那样来看待第一个和第三个叙述:它们只不过是从不同的方面描述宙斯的权力,第一个叙述着眼于宙斯的武器,第三个叙述着眼于宙斯自身拥有的必然导致胜利的品质——权力、暴力、"权力意志"(采用弗兰克尔对 ζῆλος[竞争心、热望]的理解)。但是,另一个叙述引入了拥有巨人外形的独立的力量,因而不能用同样的方式来处理,并且它与其他叙

---

① 在两页之前,弗兰克尔解释了百手巨人故事的相关诗行,正如他解释斯梯克斯之子们的相关诗行一样("如果我们借助于我们更抽象的概念来追随这个神话的诗行,我们会观察到,神赖以统治的残忍力量不可能是神自身固有的品质,而只是他使用的一种工具。可以说,他所支配的力量是他驯服的仆人,它们之所以神圣只是因为它们把神的意志施加于世界。")。事实上,这三个故事之间存在着一种"血脉关系",只不过在第三个故事中,思想已经变得"更成熟和更具普遍性"(页100)。

② 在《劳作与时日》中,宙斯的确是人与人之间的"正义"的守卫者,与此相一致的是,《神谱》行902称他为 Δίκη[正义]的父亲。不过,宙斯自身与人或与其他诸神的关系能否被认为体现了任何种类的正义或公正,这是一个完全不同的问题,除了可能在不令人兴奋的意义上,"诸神和人的父亲"所做的一切依照定义都是正确的。如果赫西俄德认为宙斯打败克洛诺斯或者宙斯在普罗米修斯的情节中对人的处理特别"正义",那么他并没有这样说;而且,提坦反宙斯的战争只是为了争夺权力。

述之间的张力清楚地表现在宙斯大战提坦的情节中：巨人的出现被说成对宙斯的胜利非常重要，尽管战局是通过宙斯自身的干预才最终得以扭转的。①

我们可以将此对比赫西俄德在《劳作与时日》中对普罗米修斯和潘多拉神话与五族神话的并置。除了其他含义，这两个神话看起来都对为何人的命运如现实中那样艰难提出了"解释"。也许我们可以增加第三种解释：《神谱》中夜神后裔的降生。这三种叙述之间是什么关系？《神谱》中的叙述绝不可能在字面形式上与其他两个叙述联结起来，而且，如果严格地从表面意义来看，潘多拉神话与五族神话也彼此矛盾。② 三者遵循同样显著的模式，形式上展现了人类从原初的、更好的状况中堕落的观念。但这自身不可能是赫西俄德想要传达的普遍真理，因为要是这样的话，我们就得把这些神话简单地视为对一个基本主题的虚构性阐述；它们不可能如此，除非《神谱》中关于普罗米修斯的情节也是虚构的——这样的话，《神谱》的其余内容也得被视为虚构。但《神谱》怎么会是虚构的呢？它具有严肃神学的所有标志。那么让我们转向弗兰克尔处理其他事例时提出的那类方法——即其中一种解释要优于其他解释。罗森梅尔就采用了这种方法。③ 依据他的看法，普罗米修斯-潘多拉的故事是神话，但

---

① 参见我对《神谱》行 687 起的注解，见拙编，《赫西俄德精要》(*Essential Hesiod*, Bristol, 1978)。

② 参见韦斯特，《〈劳作与时日〉笺释》，前揭，对行 106-201 的注解。

③ 《赫西俄德与历史写作》，前揭。罗森梅尔也用关于塔尔塔罗斯和关于宙斯攀升权位的内容来支持他的论点：

赫西俄德不是一个独断论者。《神谱》行 720-819 的双重叙述是征

五族故事是历史。这里的问题当然本质上关乎赫西俄德的态度：他是否认为自己在这两处在做不同的事，具体来说，他是否认为自己抛弃了神话，转向了其他体裁？罗森梅尔的论点大部分基于他对《劳作与时日》行 106 的阐释，那里引入了五族故事：赫西俄德说，"如果你愿意，我再扼要讲讲（ἐκκορυφώσω）另一个故事（λόγον）"。罗森梅尔认为，动词 ἐκκορυφοῦν 这里的意思是"简短地陈述要点"。

> 赫西俄德不想进入细节；正如修昔底德在其考古学中那样，赫西俄德意识到他不能提供他想要提供的完满的图景。作为一个神话的导言，这种评论将是自拆墙脚，因为一个神话总是像它的叙述者想要呈现的那样详细，在手册时代（age of handbooks）之前，很少叙述者会承认只叙述了传统的精粹、纲要。不过，如果是为一部历史概要作序的话，这一用词就十分适当。①

兆性的；关于落败的提坦的居所，赫西俄德给了我们多个版本……此外，赫西俄德首先告诉我们宙斯战胜提坦是由于百手巨人的帮助，然后他说这场胜利是通过库克洛佩斯的霹雳获得的……赫西俄德写下［这些双重叙述］，正如希罗多德会讲述他听闻的与同一个事件有关的两个或更多的传说。只不过，希罗多德会在旁侧评论说，这些传说是价值相当的解释，而赫西俄德仅是讲述它们却没有理论的注解。（页 268）

但在我看来，这个差异至关紧要：本质上就是它使一个人成为史学家、使另一个成为诗人。史学涉及对一种特殊方法的自觉运用，诗的目的相当不同，因而可以避开这种方法。

① 罗森梅尔，《赫西俄德与历史写作》，前揭，页 269。

但是，外部证据可能符合对 ἐκκορυφοῦν 的另一种解释；① 即使这个动词具有罗森梅尔赋予它的意义，那也不能得出他所说的结果。② 更重要的是"另一个故事"（ἕτερον...λόγον）一语。如果五族故事和上一个 λόγος 一样是另一个 λόγος，我们能否坚持认为赫西俄德对两者的种类作了清楚的区分？正如我们从《神谱》中所知，由于缪斯女神，赫西俄德辨别出真实和装扮成真实的谎言之间的不同；但是，没有迹象表明这种对比在这里适用——确实，不管如何，在《劳作与时日》的开头，赫西俄德仅宣称他的目的在于告诉佩尔塞斯（Perses）真实（《劳作与时日》行10）。唯一明显的对比是，普罗米修斯－潘多拉与五族故事是作为 λόγοι，而鹰和夜莺故事则是作为一种 αἶνος [寓言]。③ 那么，归根结底，我们再次面对对同一套事物的两种或三种（假如把《神谱》的说法也包括进来）对立的"解释"——这些解释彼此之间不能归约，而且赫西俄德对它们均未流露任何偏爱。

---

① 参见韦斯特的评注，他所列的类似用法（其中只有一个例证出现了 ἐκκορυφοῦν）暗示了 ἐκκορυφοῦν 的另一种含义，"到达紧要关头"（to bring to a head），即"得出结论"（？），"圆满完成"（参考 Wilamowitz 所说的 bis zum Gipfel herausarbeiten [走向顶峰]，罗森梅尔提到但拒绝了这一观点，见页 269 注 2），尽管他最终决定采纳"概要地陈述"之意。

② 神话的使用者怎样引入他的素材，当然取决于他打算怎样使用它；而且很难明白，为什么一个道德教诲性的诗人宣称他将"概要地陈述"他的 λόγος，就不如史学家这么说来得恰当。（两种"概要地陈述"，尤其是罗森梅尔的"简要地陈述要点"，当然也缺乏赫西俄德的 ἐκκορυφοῦν 的隐喻性色彩。）

③ 在此 λόγος 的基本意义大概是"据说的某种东西"；并非仅仅据说的（未必真实的）某种东西，而是中立性地我和／或其他人所说的某种东西，一个说法。

刚才考察的两个文段——对灾祸的起源和宙斯攀上王位的记述——才是真正的检验性例证（test cases）。在其他事例中，围绕同一主题的表面上互相矛盾的地方，通过细致的分析最终证明是相互补充的，或至少是兼容的。但是，当前这两个事例中矛盾性更深：如果赫西俄德的目的是解释，他就必须在他所提供的解释中作出选择。而他并没有这样做，他既不是弗兰克尔所说的哲学家，也不是罗森梅尔所说的史学家。劳埃德提出，哲学本质上包括批判和辩论的过程，并认为哲学包含着选择：他说，在最初的哲学家中，或在最初的"哲学家-科学家"中，正如他更愿意称呼他们的那样，有一种隐含的假定，即

> 他们所提出的各种理论和解释彼此之间直接竞争。他们渴望发现最好的解释、最充分的理论，因此他们不得不考虑自己观念的基础、支持他们的证据和论证，同时考虑对手的理论的弱点。①

对于赫西俄德而言，这种做法是非常异质的：他根本不是寻找"最好的解释"或"最充分的理论"，而是会留下明显针锋相对、彼此冲突的叙述，并且对此丝毫不觉尴尬。

原因何在？当然并非赫西俄德不能说"不，不是那样，而是

---

① 劳埃德，《早期希腊科学：从泰勒斯到亚里士多德》，前揭，页12。劳埃德认为，这是最初的"哲学家-科学家"的两个"区别性标志"之一，另一个是"对自然的发现"，Vlastos 称之为"对宇宙的发现"（G. Vlastos,《柏拉图的宇宙》[Plato's Universe]，Oxford，1975）。也参见劳埃德，《巫术、理性和经验》，前揭。它把希腊科学的兴起特别归因于"小型的、面对面的社会之间激烈的政治辩论和冲突带来的经验"（页266）。

这样", 也并非他没有想到这样做, 因为, 在一个事例中, 虽然只是一个次要的事例, 他确实这样说了。那是在《劳作与时日》行 11-12, 他看起来是要纠正他在《神谱》中暗示过的内容: "我曾经错误地说过"(如果这是对 οὐκ ἄρα...ἔην 的正确解释的话, 参见韦斯特的注释), "只有一个厄里斯; 事实上有两个"。另一种可能是, 他不是在纠正自己, 而是在纠正其他人; 但观点是相同的。与此相似,《神谱》行 27-28 被认为意在对比赫西俄德的真实观念与其他人的虚假观念 (见本文开头)。对这些诗行的这种解释并非唯一成立的,① 但如果我们接受这种解释, 这一段落将会构成额外的证据, 证明至少在某些语境中, 赫西俄德既有能力也有兴趣比较和对比那些对立的说法。在普罗米修斯、潘多拉和五族神话以及其他地方, 他的所为不是由于能力不足, 或者由于其思想习惯的"原始性", 而是由于其基本关切的性质: 归根结底, 相比于解释 (在寻找原因的意义上), 他更关心另一种反思, 特别是教化型的反思。这也有助于说明如下事实, 即他的"解释"一般而言解释得很少。例如, 潘多拉和五族神话与其说是在论述灾祸的起源, 不如说是在论述灾祸本身的性质; 二者并置,

---

① 参见韦斯特的评注: "不同传说之间的矛盾表明, 诗人们并不总是讲述真实……缪斯女神似乎在说: '你过去一直生活在对真实的无知中。但如今, 你要把真实告知人们。无可否认, 我们有时候行骗; 但当我们作出选择的时候, 我们可以揭示真实, 并且我们将要向你揭示真实。'"在此, 这些诗行将得出一个简单的断言, 即赫西俄德将要说的是真实的 (无需与其他人说的作任何比较)。不过, 出于现在应该清楚的理由, 我并不满意于依赖赫西俄德本人对不同故事间的"矛盾"的任何意识。另一个选择是, 把这一对比解释成神与凡人能力上的对比: "我们缪斯能够讲述谎言或真实; 如果没有我们的帮助, 你们凡人就无法作出这样的区分。"

仅仅是因为它们在那个方向上提供了不同的可能性。这两个情节形式上都遵照事件的时间顺序，我们不应该对此过于惊讶。① 毕竟，我们习惯性地并自然而然地轻视《神谱》中各种谱系的时序方面：没有人会争辩说，赫西俄德感兴趣的不是黑夜女神与老年、或黑夜女神与命运三女神的时序关系，而是另一种关系——尽管把这种谱系关系看成仅仅是一种言说方式当然也是错。

所有这些的教训很简单：如果我们假定赫西俄德是在与一个阿那克西曼德或一个希罗多德（或一个修昔底德）竞争，那么他会惨败而归；不过，尽管有某种重叠，例如在赫西俄德对世界诞生的描述中，但他确实是在不同的规则下玩着一个不同的游戏。哲学家和史学家都要对原因给出精确的和系统的阐释；赫西俄德不用。如果我们审视《神谱》和《劳作与时日》的第一部分（第二部分明显缺乏任何意义上的体系），②我们会发现他的道德态度中存在体系和一致性。也许我们可以指出赫西俄德的思想中普遍缺乏精确性——荷马亦是如此，并认为他们在这一点上比不上公元前五世纪的一些作家——如果精确最要紧的话（再次提一下，他们的思想总是不如后来的诗人们"精确"吗？）。但是，仍然确切无疑的是，正如早期的哲学家擅长他们自己的任务，赫西俄德也擅长他自己设定的任务。这一任务就是启发他的听众，

---

① 特别参见 Vernant,《赫西俄德的种族神话：结构主义的分析》(Le mythe hésiodique des races: essai d'analyse structurale)，以及《赫西俄德的种族神话：一次重述》(Le mythe hésiodique des races: sur un essai de mise au point)，见《希腊的神话和思想》(*Mythe et Pensée chez les Grecs*, Paris, 1971)，卷一，页 13-79。

② 一直到行 341,《劳作与时日》呈现了一个统一的、清楚的（有时重复的）论证；余下的内容更加多样，关系更松散。

吸引、巩固和重塑他们对自己生活于其中的世界的理解和态度；当然，也取悦他们（特别参见《神谱》行 94 起，赫西俄德明确地指出了歌手的这种功能）。

最后，我们也许可以处理赫西俄德与自然法概念的关系问题。正如我们在本文开头看到的，一种看法认为这样一种概念已经出现在赫西俄德的诗中，但更普遍的看法是把这一概念的发现归功于米利都人（Milesians）。这个问题并没有仅仅通过指出赫西俄德的世界受神明（divine beings）统治而得以解决（正如葛贡的观点可能暗示的，参见本文第一段），因为，除了少数例外，这些神明都以一种秩序井然的、可预测的方式行动，尤其是相比于荷马的诸神来说。而且，他们看起来是自然世界的某些部分或方面，而不是对自然世界之运作的妨碍。更重要的是，农夫赫西俄德完全意识到自然的规律性。但是，最终我们不能成功地淡忘诗中超自然原因的观念：至少某些事物之所以发生，只是因为一位神意愿如此。更重要的是，在自然的与超自然的范畴之间，没有清晰的（明确的或是隐含的）区分。确实，世界上的事物（things）往往既被视为东西（things）也被视为人（persons），这暗示任何事件① 都可能根据诸神的行为来重新描述。但就这个方面而言，赫西俄德的思想应该视为非科学的，而不是前科学的。后一种看法再次过于强调了赫西俄德的生活年代这回事；因为，尽管我们可能难以想象《神谱》这样的诗作写于公元前六

---

① 其中包括人的行为，考虑到爱若斯、厄里斯和其他神的超自然身份。"双重原因"是《伊利亚特》常常出现的特征，但在赫西俄德那里却几乎不出现（他与缪斯女神的关系也许是一个特殊的例子），这大概是因为他少有机会直接描写人的行为。

世纪和五世纪之后,①但在哲学、科学和史学的专门领域之外,赫西俄德式的世界观持续支配着古希腊文化(如同希罗多德所承认的,见《原史》II.53)。赫西俄德与最初的"哲学家"之间的差异,本质上和作为整体的非科学话语与科学话语之间的差异是相同的:科学作出明确的区分,而非科学的话语要么不认可,要么仅是含蓄地认可这一区分。赫西俄德先于哲学和科学的出现,并且他的影响明显有助于形成哲学和科学最早的代表人物们的理论;但我们不应因此就太轻易地假定,他在各个方面都"处在他们之前"。就思想的进化而言,正如物种的进化一样,平稳行进的模式并非唯一可能的模式。

---

① 当时,例如(尽管有了斐瑞居德斯[Pherecydes]和"俄尔甫斯"的宇宙创生论)宇宙创生论的领域实际已经被哲学认领;而(非哲学的)诗发展出了不同的表达方式。

赫西俄德的世界[*]

克 雷（Diskin Clay）撰
时 霄 译

> 关于事物起源的所有思考，从来都只是一个关于事物的实际状况的幻梦，一种实存衰退的方式，一种存在的变异。
>
> ——瓦雷里（Paul Valéry）为爱伦坡
> 《欧莱卡》（*Eureka*）所作序言

一 阿斯科拉的赫西俄德

"赫西俄德的世界"是一个为人熟知的题目，但这个"世

---

[*] ［译按］本文原载 *Ramus* 21（1992）：131–155。文中凡直接引文都参考吴雅凌编译《神谱笺释》（华夏出版社，2010），张竹明、蒋平译《工作与时日 神谱》（商务印书馆，1991），罗念生、王焕生译《伊利亚特》（人民文学出版社，1994），王焕生译《奥德赛》（人民文学出版社，1997），王以铸译希罗多德，《历史》（商务印书馆，2005），马永翔等译《名哲言行录》（吉林人民出版社，2003）。为统一术语并传达作者之意，译者多据作者英译文而略有改动。

界"却难以定位于某一地域。①事实上，它涵括了多个地域。它似乎以波俄提亚（Boiotia）的阿斯科拉（Askra）为中心，并在空间上最远延伸至赫利孔山（Helikon）的高坡。这是一个内陆世界，有着明确的边界：根据赫西俄德就大海以及从奥利斯（Aulis）的陆地驶向优波亚（Euboia）的卡尔基斯（Chalkis）的短途航道所言，这些边界清楚可见。即便向航海者提出建议时，赫西俄德也承认自己没有航海或驾船的经历（《劳作与时日》行649）。他仅有一次渡海到优波亚岛，在安菲达玛斯（Amphidamas）的葬礼赛会上参加诗人竞赛（《劳作与时日》行646-660）。赫西俄德的诗如果以赫西俄德的家乡为中心，便似乎簇拥进了一小片颇为狭小且令人不适的典型希腊乡村。但是，他的缪斯们扩大了这个世界。缪斯们提供了他不可能亲自获得的知识：航海的知识，以及关于自然世界（自然世界的起源远在人类产生之前）之广阔的知识。当地的缪斯们引领着赫西俄德，离开珀美索斯（Permessos）的泉水，来到大洋（Ocean）奔涌的激流，为他揭示了一个比荷马诗中的宇宙包纳更为广阔、时间更为幽深的宇宙。这些扩大了的视域可以征诸这一事实：《神谱》中，赫西俄德首先咏唱赫利孔的缪斯（行1-4），然后转向了奥林波斯的缪斯（行36-80）。②

---

① 这一标题因 A. R. Burn 的历史性研究而为人熟知。氏著，《赫西俄德的世界》(*The World of Hesiod*, London, 1936)，主要探讨《劳作与时日》。

② 关于从赫利孔的缪斯到奥林波斯的缪斯的转变，也可以像 Gregory Nagy 那样描述说：赫西俄德开始离开波俄提亚当地的传统和灵感，投向了奥林波斯的"泛希腊"（pan-Hellenic）视角。见 G. Nagy，《赫西俄德和泛希腊诗学》(*Hesiod and the Poetics of Pan-Hellenism*)，见《古希腊神话和诗学》(*Greek Mythology and Poetics*, Ithaca and London, 1990)，页36-84；亦

综合来看，赫西俄德的《神谱》和《劳作与时日》讲述了一部既属神又属人的历史。赫西俄德在赫利孔山上与缪斯们相遇，这使他能够为极乐永生的神族唱一曲"颂歌"（《神谱》行 33，105）。赫西俄德的历史始于源初的卡俄斯（Chaos），终于宙斯确立对诸神的稳固统治；就人的历史而言，他讲述的故事（logos）从诸神创造人类的黄金种族开始，一直讲到他自身所属的黑铁种族（《劳作与时日》行 106-201）。另外，虽然宙斯在《神谱》中被称作神们和人们的父亲和主人，但与神族谱系不同的人类历史仅仅在《神谱》中有所暗示。或可说，这一人类历史始于行 942 的塞墨勒（Semele）以及"不死的有死者"（ἀϑάνατον ϑνητή，指塞墨勒和狄俄尼索斯）两个修饰词的强烈并置。实际上，正如赫西俄德对缪斯们的知识的描述所许诺的，赫西俄德还能够言说未来，一如他言说黑铁时代的人们将面临的灾祸。①

本文将集中讨论《神谱》，因为，这一神族谱系（theogony）也是一种宇宙创生论（cosmogony），并以其中的提坦大战（Titanomachy）和提丰大战（Typhonomachy）提供了一种宇宙图景（cosmography）。而且，作为一种宇宙创生论和宇宙图景，《神谱》提供了诸多术语，前苏格拉底哲人们在提出新的世

参氏著，《赫西俄德〈神谱〉中的授权与作者身份》（"Authorisation and Authorship in the Hesiodic Theogony"），见 Ramus 21（1992），页 119 以下及页 128 注释 8。

① 在《神谱》的序歌中，对缪斯们的知识范围有两种说法。第一种说法说（行 32），她们将自己关于未来和过去的知识传授给诗人。这就表明，她们无法为《劳作与时日》这样描绘"现在"的诗歌提供灵感。但在第二种说法中（行 38），歌唱的奥林波斯的缪斯被描述为知晓"现在、未来和过去"（如同《伊利亚特》1.70 中的卡尔卡斯［Khalkas］）。

界构想之时恰恰针对这些术语。赫西俄德的神谱包括了乌拉诺斯（Ouranos）和该亚（Gaia）——天空和大地，还有大地之下的下界，赫西俄德称作塔尔塔哈（Tartara），"道路通阔的大地之下雾气沉沉的塔尔塔罗斯"（《神谱》行119；比较行720-723）。然后是水：该亚自身生下了蓬托斯（Pontos），即人格化的大海（πέλαγος）；该亚生出乌拉诺斯并与之结合创造了后代，于是，赫西俄德的世界包括了"涡流深沉"的俄刻阿诺斯（Ocean）（《神谱》行131-133）。水是《神谱》中的重要元素。赫西俄德在赫利孔山上的珀美索斯泉、马泉（Hippokrene）和俄尔美俄斯河（Olmeios）附近牧羊，却知悉俄刻阿诺斯（Okeanos）和特梯斯（Tethys）所孕育的河流。他知晓遥远的尼罗河和普法希斯河（Phasis），并能列举22条河流和41个大洋之女（Ὠκεανίναι）的名字（《神谱》行337-345，346-366）；他还知道六千条其他河流（行364-376）。——列举这些河流之名有些艰巨，但生活于每条河流近岸的人们都晓得它们的名字，正如诗人本人知晓赫利孔山的泉水之名（《神谱》行5起）。

二 《伊利亚特》的宇宙之诗

正是在宇宙创生论方面，赫西俄德与荷马的诗歌显出最显著的不同。① 在《伊利亚特》中,荷马的叙述很少离开特洛伊的平原

---

① 荷马本人也承认描述诸神的史诗是可能的，如德摩多科斯（Demodokos）讲述的"阿瑞斯和阿芙洛狄忒陷罗网"故事（《奥德赛》8.266-366），亦如《伊利亚特》和《奥德赛》中描述的奥林波斯诸神的场景。同样，赫西俄德也承认有以人类为主题的史诗（《神谱》行91，《劳作与时日》行161-165）。对于早期六音步诗的题材范围，参 Jenny Strauss

去追述比前代英雄更古的历史。特洛伊战争的起因，正如战争前宙斯的至高地位曾受到的威胁一样，很大程度上隐于叙述背景之中。① 赫西俄德则用四行六步诗格（hexameter）描述了在忒拜和特洛伊作战的那一代人（《劳作与时日》行 161-165）。

尽管荷马首要关注的是行动之人，但他仍然可以视为一个自然哲人和第一个赫拉克利特式的哲人（Heraclitean）：在柏拉图的《泰阿泰德》中，苏格拉底就表达了这一意思。② 柏拉图还曾提及对荷马进行寓意阐释（allegorical interpretations）的可能（《王制》2.378d），而在后世的寓意阐释中，荷马的诗歌转变成了哲学，甚至是自然学（Physiology）。荷马谈到的宙斯的黄金绳索（《伊利亚特》8.19；比较《泰阿泰德》153c）、阿基琉斯之盾（《伊利亚特》18.480-608），德摩多科斯（Demodokos）的"阿瑞斯与阿芙洛狄忒陷罗网"故事（《奥德赛》8.266-369），都被挖掘出了深层含义。斯特拉波（Strabo）还强有力地论证说，荷

Clay,《奥林波斯的政治：荷马的主要颂诗的形式和意义》（*The Politics of Olympus: Form and Meaning in the Major Homeric Hymns*，Princeton，1989），页 4 起。

① 在《伊利亚特》中，女神赫拉、雅典娜和阿芙洛狄忒挑起战争的诱因仅简要提及（24.25-30），宙斯对奥林波斯统治的不稳固、克洛诺斯的命运也仅一笔带过（1.396-406，503 起，586-594）。在一个让人想到《神谱》的明喻中（详见下文），荷马提到了提福俄斯（Typhoeus）（《伊利亚特》2.782），从而影射了更早的时代；另外，赫拉在对睡眠神（Hypnos）起誓时（《伊利亚特》14.271-279），呼告了被称作 ὑποταρτάριοι［住在塔尔塔罗斯的］（《神谱》行 851）的提坦。

② 《泰阿泰德》（*Theaetetus*）154e［译按］疑为 152e 或 179e 之误；试比较《克拉底鲁》（*Cratylus*）402b，亚里士多德《形而上学》A 3.983b27。

马是第一位地理学家。①

对浮光掠影的现代读者来说，荷马所隐藏的哲学皆非显而易见。在荷马那里，我们可以发现一幅宇宙图景，却找不到宇宙论（cosmology）。在荷马史诗中，天空被描述为青铜，在《奥德赛》中则两次被描述为铁。②大地则很像是由早期希腊宇宙图景学家（cosmographers）用圆规画出的圆环（希罗多德曾对之嗤之以鼻，见《原史》4.36）。在赫淮斯托斯（Hephaistos）为阿基琉斯打造的盾牌上，俄刻阿诺斯环绕在盾牌外沿。③正是从荷马对这个盾牌的详细描述中，我们清晰地了解到他对自然世界的构想。的确，这个盾牌在古代曾被描述为"世界的再现"。④赫淮斯托斯

---

① 荷马在古代被视为一位严肃诗人的主要历史脉络，可参 J. J. Keaney/R. Lamberton,《荷马的古代读者》(*Homer's Ancient Readers*, Princeton, 1992)，以及 Lamberton,《神学家荷马：新柏拉图主义的寓意解读以及史诗传统的演进》(*Homer the Theologian: Neoplatonist Allegorical Reading and the Growth of the Epic Tradition*, Berkeley, Los Angeles and London, 1986)。斯特拉波是在其著作的开篇（1.1–11）声称，荷马是涉足哲学性地理学领域的第一人。

② 青铜：《伊利亚特》5.504, 17.425,《奥德赛》3.2；铁：《奥德赛》15.329, 17.565。在赫西俄德的《神谱》中，乌拉诺斯（天）不是青铜的，但我们可以看到它是坚固的。希腊人将天空视为坚固的金属穹顶，希伯来人有类似的观念，参 John Pairman Brown,《宇宙神话和直布罗陀的金枪鱼》("Cosmological Myth and the Tuna of Gibraltar")，见 *Transactions of the American Philological Association* 99 (1968)，页 37–46。

③ 《伊利亚特》18.167 起 =G. S. Kirk, J. E. Raven, M. Schofield,《前苏格拉底哲人》(*The Presocratic Philosophers*, Cambridge, 1983 第二版)，段 4。[译按] 以下凡征引此书，作者名字均简写作 KRS。

④ 或为马洛斯的克拉特斯（Krates of Mallos）所言。P. R. Hardie 充分梳理了古代对这一盾牌的阐释史，参氏著,《世界图像：阿基琉斯之盾的宇宙论和观念学概观》("Imago-Mundi: Cosmological and Ideological Aspects of the

用四种金属打造了这个盾牌：青铜、锡、黄金和白银。他用其中三种金属制作盾牌上的各种东西：盾牌外沿上的俄刻阿诺斯很可能是用锡做的，因为外沿被形容为"闪光"（行479起；比较行474）；锡也用来制作牛群，可能用来作牛角（行574）；牛身则用黄金（行574）；雅典娜和阿瑞斯用黄金铸成，形象高大，以与凡人区分（行515）；肥沃的农田由黄金制成，并被神奇地变成黑色，恰如耕过的土地（行549）；审判场景中有两塔兰特黄金（行505），葡萄园也是用黄金雕镂（行561）；黄金的佩剑系于银色的腰带（行598）；牧人也用黄金雕成（行577）；白银用于盾牌的肩带（行480），以及黄金葡萄园中的棚柱（行563）。

青铜则仅仅用来在河畔战争场景中刻画投枪（行534）。但这是赫淮斯托斯最先放进炉子里的金属（行474）。既然其他三种金属都用在盾牌上面，那么，盾牌本身一定是用青铜制作，并被锻造成了五层（行481）。这一青铜神盾对理解荷马的世界构想具有特殊的意义。赫淮斯托斯在盾牌上首先制作的东西依次是：大地、天空、大海、太阳、圆月和众星。荷马式宇宙中的这些成分"没有说明"，所以，它们一定是青铜制成——这也就意味着，天空本身和天体是青铜做的。荷马的宇宙创生论在这一阶段有许多突出的特征。赫淮斯托斯呈现世界的顺序非常接近赫西俄德《神谱》中宇宙创生论的次序。

赫西俄德描述混沌的产生，与荷马描述赫淮斯托斯最初如何制作盾牌（稍后他在盾牌上制作了大地、天空、大海，最后是俄刻阿诺斯），在语词上颇有相近之处：

Shield of Achilles"），见 *The Journal of Hellenic Studies* 105 (1985)，页 11–22。

他首先（πρώτιστα）锻造一面巨大、坚固的盾牌（《伊利亚特》18.478）；

最早（πρώτιστα）生出的是卡俄斯（《神谱》行116）；①

在《神谱》中，该亚继卡俄斯而生（行117），然后生出了乌拉诺斯（行127）、蓬托斯（行131起），又与乌拉诺斯结合而生俄刻阿诺斯（行133），然后，忒娅（Theia）与许佩里翁（Hyperion）结合产生了太阳和月亮，或者说赫利俄斯（Helios）和塞勒涅（Selene）（行371）。赫西俄德的宇宙创生论中并没有出现荷马所列举的诸星座，但乌拉诺斯的修饰词 ἀστερόεις［繁星无数的］（行127）暗示了它们。② 荷马与赫西俄德的宇宙创生论有一个显著不同：在阿基琉斯之盾所展示的荷马的世界中，有宏伟的大地、天空、海洋和众星，而非该亚、乌拉诺斯、蓬托斯、赫利俄斯和塞勒涅。构成赫西俄德的世界的，既是人格化的神，又是场域（place），而阿基琉斯之盾的主体只是些场域。

面对荷马的阿基琉斯之盾，每一个译者都被迫把诗作转化为某种图像。为此而作的图画有很多，蒲柏（Alexander Pope）就曾画过草图，以提供给其译本的插图画家。③ 这一盾牌上的宇宙

---

① 赫西俄德文本，本文采 Fiedrich Solmsen, *Hesiodi Theogonia, Opera et Dies, Scutum*, Oxford, 1970。同时参考了韦斯特（M. L. West）的笺释本 *Hesiod: Theogony*, Oxford, 1966；*Hesiod: Works and Days*, Oxford, 1978。

② 诗人向奥林波斯的缪斯祈求时提到了众星和天空，见行105-110，但一些编辑者把行108-110视为后人的篡写。

③ 《荷马的〈伊利亚特〉》(The *Iliad* of Homer), Maynard Mack 编，见《退克汉姆版蒲柏诗集》(*The Twickenham Edition of the Poems of Alexander Pope*), 卷八，New Haven and London, 1967, 插图18。另一版本见 Malcolm

图景有两点获得了所有画家的一致同意，即中心的圆盘①和四周的大洋。荷马在描述阿基琉斯之盾时最后提到大洋的外沿："最后他顺着精心制作的盾牌周沿，附上了伟大的俄刻阿诺斯的巨大威力"（18.607 起）。复制阿基琉斯之盾的制盾者和艺术家都小心谨慎地把大洋刻在盾牌的外周。塞浦路斯的 Koulia-Palaipaphos 有一个"心涌"（Herzsprung）型的盾牌，其外沿呈现出波状的纹理；弗拉克斯曼（John Flaxman）所打造的盾牌亦然（藏于牛津的阿什莫尔 [Ashimolean] 博物馆）。②这个盾牌并非平面小盾，其隆起的盾面呈现了一个三维的世界图像（imago mundi）。天穹为青铜所制，一如荷马的描述（《伊利亚特》5.504："青铜之层 [layer] 的天空"）。荷马在隆起的盾面上描绘自然世界的广阔场景，显然比早期的爱奥尼亚（Ionian）地图制作者和他们的"大地之环"（circuits of earth）便利许多。后者的宇宙是扁平的，刻于青铜板上。③当阿里斯塔哥拉斯（Aristogoras）离开米利都

M. Willcock,《〈伊利亚特〉导引》(A Companion to the Iliad, Chicago, 1976), 页 210, 重印于 J. B. Harley / D. Woodward 编,《地图绘制史》(The History of Cartography, Chicago and London, 1987), 页 131, 图 8.1。

① ［译按］即盾牌中央描绘天空诸象的区域。

② 见 Heide Borchhardt,《荷马稽古：古希腊盾形》(Archaeologia Homerica: Frühe griechische Schildformen, Göttingen, 1977), 页 40, 图 d。弗拉克斯曼的阿基琉斯之盾, 见 Klaus Fittschen,《荷马考古：阿基琉斯之盾》(Archaeologica Homerica: Der Shild des Achilleus, Göttingen, 1973), 表 VI, 图 a。

③ 巴比伦的世界地图残片（公元前六到四世纪）或可为这种平板的、以圆规标刻世界的版画提供一个类似的例证，参 Charles H. Kahn,《阿纳克西曼德与希腊宇宙论的起源》(Anaximander and the Origins of Greek Cosmology, New York and London, 1960), 页 88, 图 1; Harley / Woodward,《地图绘制

（Miletos），去斯巴达为爱奥尼亚叛乱向希腊内陆求援之时，他随身"带着一个青铜板，板上雕刻着全世界的地图，地图上还有所有的海和所有的河流"（希罗多德，《原史》5.49）。由于阿基琉斯之盾有着隆起的盾面，荷马可以把天空高高地呈现在大地之上的圆环之中，并与其周沿的大洋相对称。

然而，在阿基琉斯之盾所描绘的世界下面有些什么，荷马无法予以描述。事实上，荷马晓得下界的塔尔塔罗斯。① 在《伊利亚特》卷八开头，试图干涉特洛伊战事的众神聚集在奥林波斯山上，宙斯警告他们说，谁想参与这场战争：

> 我就要捉住他，
> 扔到雾气沉沉（ἠερόεντα）的塔尔塔罗斯，
> 那地方远得很，是地下的深坑，大门是铁的，
> 门槛是青铜的，它与冥土（Ἀίδεω）的距离之远，
> 犹如天空在大地之上。（《伊利亚特》8.13-16）

在这一奥林波斯场景中，宙斯继而向众神描述了自己的力量。这一描述基于一种隐含的对宇宙结构性的图解（行17-27）。如果从天上吊一根黄金绳索，所有其他诸神抓住绳子往下拉，也无法把宙斯拉到地上（行17），但如果宙斯想要往上拉，就能够把大地和大海给提上来，然后把绳索系在奥林波斯峰顶，让世界

史》，前揭，页114，图6.10。另见本文结尾"大地的尽头"部分。

① 在《伊利亚特》14.277-279，赫拉向睡眠神起誓时，她是凭住在塔尔塔罗斯之下的、被称为提坦的神来发誓。睡眠神则在行271-276提到了与克洛诺斯住在一起的"下面的"神以及斯梯克斯之水（亦见《神谱》775-779）。

悬在半空——"我比天神和凡人就是强大这样多"（行 27）。这一警告背后的宇宙观念令人疑惑，芝诺多图斯（Zenodotos）认为行 25 和 26 荒谬至极，系后人伪作，① 因为奥林波斯自身就是大地之上的一座山。但我们应该看到，在《神谱》中，该亚有时并没有夹在乌拉诺斯和塔尔塔罗斯之间，乌拉诺斯与奥林波斯联系起来，塔尔塔罗斯与该亚联系起来（比较《神谱》行 841）。

这一段不可避免地让人觉得，它并非出于《伊利亚特》的作者，而是出于一个后于荷马且劣于荷马的诗人。但是，其中（《伊利亚特》8.16 起，8.27）所暗示的宇宙结构引人注目，因为它指向一个复杂的结构，在这个复杂的结构中，一个三层的结构与一个双层的结构协调在一起，而且自然世界与神圣世界相平行。对一个口述诗人（oral poet）而言，对诗作进行图解似乎不太恰当，但对现代读者而言，图解的方式或能澄清蕴含在宙斯警告之语背后的观念。尽管这一警告的细节并不充足，某些古代读者仍然大胆地为这个世界作出了图解，在 A 和 T 抄件中就有一幅（见图一）；或许，与字典词条中抽绎出来的 "荷马的世界构想" 相比，视觉图像会更具表现力。②

从奥林波斯观看的这一世界图景存在颇多问题。最棘手的问题是 *aēr*［雾气、空气］处于大地之下的位置。另一种描绘世界的三个层次的方法是依照某种结构表述它们：

---

① H. Erbse,《荷马〈伊利亚特〉中的希腊文旁注》(*Scholia Graeca in Homeri Iiadem*, Berlin, 1969), ii. 301。

② 如 E. Buchholz,《荷马通典》(*Die homerischen Realien*, Vol. 1, Leipzig, 1871) 中的 Himmel［天空］、Aether［以太］、Luft［空气］、Hades（Erebos）、Tartaros 和 Okeanos 等词条。事实上，A 和 T 抄件中的旁注（scholia）中都有为此而作的插图，本文图一即是其中之一。

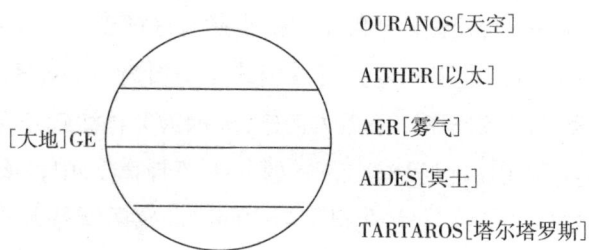

图一 （依据 H. Erbse, *Scholia Graeca in Homeri Iliadem* ii.301）

Ⅰ． A 天空（ouranos）
　　B 冥土（Hades）/ 大地（gaia）
　　C 塔尔塔罗斯（Tartaros）
Ⅱ． A1 奥林波斯 / 天空（ouranos） 宙斯
　　B1 大地　其他诸神

Ⅰ栏表达了三个层次的距离：塔尔塔罗斯（C）远离冥土（B），正如大地（B）远离天空（A）。Ⅱ栏则显示出宙斯（A1）与其他诸神（B1）的力量的垂直对比。第一栏中只有一个神圣名称，即冥土（Hades），第二栏中则一个都没有，但和第一栏一样，其中的名称（奥林波斯和乌拉诺斯）可以互换。

一种宇宙观念隐约地呈现出来：宇宙的中心到两极有相等的垂直距离；宇宙的两极还很对称，天空（ouranos）是青铜的，塔尔塔罗斯的门槛亦然。然后，当这一原初的结构从自然世界转向宙斯的力量与其他诸神的力量的对比时，最底层的塔尔塔罗斯被省略了，或者是被纳入了大地之下，正如《神谱》行 725 以下所描写的地下神界（chthonology）和"大地深处的塔尔塔罗斯"（τάϱταϱα γαίης，行 841）一样。既然所有的力量都被视为降自天空（或奥林波斯），关于世界的自然观念就受到了重申和威胁。我们会看到，这一结构与赫西俄德《神谱》中对地下神界的描述（行 720-725）十分类似：赫西俄德把 A 和 B、B 和 C 之间的等距关系描述得非常清楚。① 另外，《神谱》还有一点与荷马相类似：与《伊利亚特》卷八中的段落一样，提坦（Titans）和提丰（Typhoeus）对宙斯和世界秩序不断进行威胁，结果却揭示了世界潜藏的复杂性中的秩序。

卷八中的段落让我们看到垂直纵列的荷马世界，阿基琉斯之盾则让我们看到天空、大地、海洋的三维图景。但是，这一世界图景的其余部分则模糊不清。荷马的世界终于神秘的西方和 ζόφος [昏暗]（斯特拉波，《地理志》3.6）。太阳在世界的东极离开大洋之河，沉入西方的幽暗。世界的边界没有清晰的南方和北方。白鹤向南迁徙，飞向大洋的支流，给侏儒种族（Pygmies）带来死亡和毁灭（《伊利亚特》3.5）；基尔克（Kirk）为奥德修斯指出北方大洋的边界，即雾霭笼罩、暗无天日的基墨里奥伊人（Kimmerians）的居所（《奥德赛》11.13-19）。然而，荷马的世界中心不管多么明确，外缘多么模糊，仍然是一个稳固的世界，是宇宙图景学的绝佳题材。许多人受其启发，试图在可称作"赫卡泰奥斯投影"

---

① 这种沿垂直轴线分层的结构与古埃及 Nüt-Geb-Naunet 的三分结构非常类似：Geb 到拱罩其上的 Nüt 女神的距离，相等于 Geb 到下面的 Naunet 之水的距离。参 H. Frankfort / H. A. Frankfort / J. A. Wilson / T. Jacobson,《哲学之前：古人的思想历险》(*Before Philosophy: The Intellectual Adventure of Ancient Man*, Harmondsworth, 1949)，页 55 J. A. Wilson 的绘图。关于表示天空的象形文字 *pet*（Gardner 用 N1 来表示），便于查看的绘图可参 Richard H. Wilkinson,《阅读埃及艺术》(*Reading Egyptian Art*, London, 1992)，页 126 起。另见本文图二。

（Hekataios Projection）的布景上画出这个世界。①

只有在《伊利亚特》卷十四"欺骗宙斯"的片段中，我们才能窥见这个世界的起源。我们可以看到，必须向大洋之中寻找世界的起源。荷马对俄刻阿诺斯有两次描述。第一次是赫拉假装说要到大地的尽头去看望她的家人（行201=302，伊利斯［Iris］重复了赫拉的话）：

> 我要去丰产大地的尽头看望
> 众神的始祖俄刻阿诺斯和始母特梯斯（Tethys）。
> （《伊利亚特》14.200–201）

第二次则是睡眠神（Hypnos）把俄刻阿诺斯描述成万物的源泉（行246）。② 将俄刻阿诺斯视为原初之物，视为诸神（行201=302）和万物（行246）之起源，这一观念并不见于荷马史诗的其他地方，但可以看到，柏拉图和亚里士多德在书写其哲学史时，这种说法吸引了他们的注意。

荷马史诗的许多段落展现了一个更广大的世界，比特洛伊平

---

① 如 Ginn & Co 公司就曾在其出版的《古典地图志》（*Classical Atlas*, Boston, 1886）中描述了"荷马的地理志"（The Geography of Homer）（页2起）。对此须向我的同事 John Younger 谨致谢意。［译按］赫卡泰奥斯指米利都的赫卡泰奥斯（Hecataeus of Miletus，约公元前550–476年），古希腊史家、地理学家，著有《世界游记》（*Ges Periodos*，存残篇），附有一幅他所构想的世界地图。

② 普鲁塔克（《论月面》［*De facie*］938d）在引用时衍出了一行（246a），其中有短语"为诸神和人类"（ἀνδράσιν ἠδὲ θεοῖς），这表明诗人想要表达一个模糊的中性复数。这一行清楚表明了发源自俄刻阿诺斯的东西，从而消解了这一中性复数的含混性。

原上行动的人的世界更为广阔。这些段落有时候（不可避免地）被人从语境中剥离出来，以便把荷马呈现成前苏格拉底宇宙论的先驱，因此，有必要把这些段落带回史诗本来的语境。首先，赫拉从奥林波斯下降到特洛伊平原（《伊利亚特》5.767 起）；然后，宙斯在奥林波斯山上警告诸神（8.1-27）；接下来，伊达山（Ida）上的宙斯受骗（14.153-362, 15.1-366）；最后，赫淮斯托斯在奥林波斯打造阿基琉斯之盾（18.480-608）。这些段落有一个共同的特点，即神界超拔的高度。无论是奥林波斯的山巅、伊达山的迦尔迦朗（Gargaros），还是萨摩色雷斯（Samothrace）的萨奥克（Saoke），① 整个世界都从神界的广阔视角铺展开来。正是从这些山巅上，我们窥见赫西俄德《神谱》中的世界。荷马知晓赫西俄德描绘"诸神的种族"时所涵括并整合的传统，正如《神谱》中的提坦大战和提丰大战也表明赫西俄德知晓史诗中对战争的描绘。② 在《伊利亚特》的宇宙之诗中，荷马对这些"神谱传统"（theogonic tradition）的意识变得明显。他的叙述离开特洛伊的平原，来到诸神栖居的山巅，而且，正是从这些山巅上，我们才看到俄刻阿诺斯、大地、天空、斯梯克斯河（Styx）和提坦诸神，正如从赫利孔的山巅——"崇高和神明广布的赫利

---

① 《伊利亚特》13.10-31；比较斯特拉波，《地理志》10.457。萨摩色雷斯即今天的冯加里（Fengari）。据"蓝色导游"（Guide Bleu）丛书，时至今日，人们仍然可以从海拔 1600 米的冯加里山巅俯瞰特洛伊平原。[译按]"蓝色导游"丛书系法国自 1841 年开始出版的旅行指南丛书。

② 参 Robet Mondi，《赫西俄德"提坦大战"中的传统与革新》（"Tradition and Innovation in Hesiod's Titanomachy"），见 Transactions of the American Philological Association 116（1986），页 25-48。该文清楚地列举了《神谱》行 617-720 的提坦大战与《伊利亚特》中战斗场景的相似之处。

孔"——所看到的、远远延伸至西方的那个世界。

三　宇宙学家赫西俄德

1. 赫西俄德的哲学

现代哲学划分了"从秘索斯到逻各斯"（vom Mythos zum Logos）的僵硬畛域，将荷马和赫西俄德与前苏格拉底哲人区分开来，① 古人却并不承认这一区分。我们通常将 mythos 和 logos 的划分归于柏拉图，但柏拉图却似乎严肃地把荷马和赫西俄德视为早期的自然哲人。在《泰阿泰德》中，苏格拉底援引《伊利亚特》中的神秘诗行和"宙斯受骗"场景——其中将俄刻阿诺斯描述为诸神与万物的"创始"（genesis）——证明荷马是第一个将世界视为流变（flux）的自然哲人。② 亚里士多德在追述先前的希腊哲学史时，曾郑重其事地谈到某些思想家，他们认为泰勒斯

---

① Wilhelm Nestle,《从秘索斯到逻各斯》（Vom Mythos zum Logos，Stuttgart，1975 第二版），页 21–52。

② 《伊利亚特》14.201=14.302=KRS,《前苏格拉底哲人》，前揭，段 10；比较《泰阿泰德》152e。在苏格拉底的历史建构中，普罗塔戈拉作为一个哲人不仅继承了赫拉克利特（DK22 B12，B91）和恩培多克勒（DK31 B26.10–11）的观点，也继承了两种主要戏剧文体的代表——谐剧的代表艾毕卡尔摩斯（Epicharmus）（DK23 B2；这一论证在希腊化时期发展成为"增长论"，参 A. A. Long / D. Sedley,《希腊化时期的哲人》[The Hellenistic Philosophers，Cambridge，1987]，段 28A）和肃剧的代表荷马——的观点。[译按］"增长论"（growing argument），即关于事物究竟是不断增减变动还是保持相对不变的问题而展开的论争，注释提及的《希腊化时期的哲人》段 28A 即普鲁塔克转述和批驳的斯多亚派对这一问题的处理，其中中译及相关论述，可参汪子嵩、陈村富、包利民、章雪富著,《希腊哲学史》，第四卷（上），人民出版社，2010，页 437–439。

（Thales）以水为物质的原始形式的构想类似于荷马上述诗行中的构想。① 在柏拉图与亚里士多德之后，仍然有许多哲学家将赫西俄德以及荷马（但频率不及前者）与"自然学"（physiologoi）或自然哲人联系起来。而且，最重要的是，在柏拉图与亚里士多德之前，有许多前苏格拉底哲人用"扬－抑－抑"六部诗格（dactylic hexameter）写作，并探讨世界及其当前状态的起源，他们对格律的选择，对前人的明确暗示，将他们与荷马、赫西俄德联系在一起。柏拉图认识到了帕默尼德（Parmenides）"意见之路"（Way of Doxa）中的宇宙演化论与赫西俄德《神谱》之间的关联：在《会饮》178b，斐德若先征引了赫西俄德，又引用了帕默尼德对赫西俄德的暗中修正。②

但是，荷马和赫西俄德也被彼此区分开来，荷马常被独立地看成一个诗人而非哲人，这确乎符合实情。赫拉克利特谴责某些诗人应当被逐出公共赛会，举的例子就是荷马和阿尔基洛科斯（Archilochos）（DK22 B42）；而他在一首警句诗（epigram）中将赫西俄德与毕达哥拉斯、克塞诺芬尼（Xenophanes）和赫卡泰奥斯（Hekataios）并举，来说明他们博学的无知（DK22 B40）。他

---

① 《形而上学》A 3.983b27–984a。亚里士多德虽然用的是复数，但显然是在暗示柏拉图和苏格拉底在《泰阿泰德》152e 的宏论。参见 J. B. McDiarmid,《忒奥弗拉斯托斯论前苏格拉底的肇因说》（"Theophrastus on the Presocratic Causes"）, *Harvard Studies in Classical Philology* 61（1953）, 页 85–156。

② 斐德若征引的是《神谱》行 116–118 和 120。他也举出宇宙论者阿库西勒俄斯（Akousilaos），认为其观点与赫西俄德和帕默尼德一致，都认可爱若斯在世界生成中的古老性；比较帕默尼德, DK28 B11（和亚里士多德《形而上学》A 4.984b23）和阿库西勒俄斯, DK9 B2。《会饮》195c 又一次对举了赫西俄德与帕默尼德。

虚情假意地把荷马赞为"希腊人中最智慧者",只是为了表明荷马的智慧如何被小孩子的谜语驳倒(DK22 B56)。赫西俄德则得到了他的认真对待。他说"赫西俄德,大多数的教师(teacher of most)"——不知他想说"大多数事物"还是"大多数人"(DK22 B57)。这个"大多数的教师"也教导了一种不必要的多样性,赫拉克利特转而猛烈抨击了他区分日夜、区分吉凶之日的偏狭观念。① 看上去,在前苏格拉底哲人那里隐含的早期思想史中,赫西俄德作为思想者的形象最为突出。后来,年轻的伊壁鸠鲁为赫西俄德的"卡俄斯"概念所困惑,这显然让他得出了其自然学开篇的格言:"没有什么东西从无中产生。"②

2. 无意图的目的论

后世哲人对赫西俄德的关注也值得一说。赫西俄德的世界图景展现了宇宙各组成部分的多种关联:有些部分隐喻人类的繁殖方式,其余部分则可称之为"单性繁殖"(parthenogenic)。还有些部分基于对场域的隐喻。我们看到,该亚未与乌拉诺斯结合就生下了蓬托斯。大海是大地本身的一个部分。但是,人格化的俄刻阿诺斯河来自于该亚与乌拉诺斯的结合,因为,像乌拉诺斯自己一样,他也与该亚分离,并限定了该亚的范围。在赫西俄德关于创世的谱系比喻中,最初之物是后来之物的"父母",并与之区分开来。对爱奥尼亚宇宙论的发展更重要的是,《神谱》中暗含着一种原始的目的论:当下之事在过去已经早有安排。

---

① 关于区分日夜,他指的是《神谱》行123起和748-757;区分吉凶之日,指《劳作与时日》行765-828。

② 第欧根尼·拉尔修(Diogenes Laertius),《名哲言行录》10.2, 10.38。

先来看其宇宙演化论的第一个阶段。最早产生的是卡俄斯，然后是该亚，她协同乌拉诺斯，限定了与卡俄斯一起打开的空隙（gap）的范围。① 该亚限定了卡俄斯的范围，是神族的第一个神；而且，她被预先描绘为"拥有奥林波斯的诸神之基座（seat）"（《神谱》行116-118）。有趣的是，前人在引用这段话时，并未全都引用行118。② 这非常容易理解，因为行118描述了一个未来的状况，并不适合出现在宇宙论的第一阶段：在这一阶段，该亚只是填充了她列处其中的空隙。"拥有奥林波斯的诸神之基座"这一同位语几乎等于"将要成为（to be）占据奥林波斯的诸神之基座"。赫西俄德描述诸神的修饰语，像是把现在投射回了过去。只有从我们线性的思考方式看，这才可以算作"年代错置"（anachronistic）。③

这种独特的、缺乏规划的目的论在《神谱》的宇宙演化论中非常明显。首先出现的是卡俄斯，然后是该亚，然后是爱若斯（Eros）。该亚并没有立即产下乌拉诺斯；她产下乌拉诺斯只是在诗人说到爱若斯之后：

---

① 我赞同F. M. Cornford对卡俄斯的解释，参《赫西俄德〈神谱〉的一个仪式基础》（"A Ritual Basis for Hesiod's *Theogony*"），载《未成文的哲学》（*The Unwritten Philosophy*, Cambridge, 1950)，页98。Kirk亦支持此观点，见KRS，《前苏格拉底哲人》，前揭，页36-39。[译按] 据CornFord文，"卡俄斯"（Chaos）词源上有间隔、裂口、开口、空洞等意思；许多古代材料表明，该词指称天地分离所打开的空间。

② 柏拉图《泰阿泰德》152e，亚里士多德《物理学》208b30，塞克斯都（Sextus）9.8都引用了这段，但都没有引用行118。

③ 关于这种预示性的修饰语，尤其是赫西俄德在宙斯出生前就用"通过伟大宙斯的计划"这一表述来形容克洛诺斯的命运，韦斯特的《神谱》笺释（前揭）有许多深邃的洞察。

该亚最先孕育与她一样大的

　　繁星无数的乌拉诺斯，结果（ἵνα）乌拉诺斯整个儿罩住她，

　　她得以（ὄφρα）能够成为极乐神们的牢靠基座。（《神谱》行126-128）

这里的"结果连词"（final conjuction）① 揭示了行117形容该亚的同位语"万物永恒的基座"② 的隐含之意。该亚孕育乌拉诺斯，并不是为了产生一个绝佳的物质半球来整个笼罩她，或是为了给诸神提供一个新的基座；但对赫西俄德来说，这是她产下乌拉诺斯的结果或最终的演变。

在荷马那里，奥林波斯而非乌拉诺斯才是众神的基座（如《奥德赛》6.42）。但是，荷马把奥林波斯形容为"永生者的基座"（《伊利亚特》5.360，8.456），在语言上非常类似于赫西俄德，除了ἵνα一词的用法。③ 在荷马那里，ἵνα是关系副词；在赫西俄德那里，ἵνα和ὄφρα［以便］是"结果连词"。荷马的世界已经稳固下来，在《伊利亚特》的宇宙之诗中，仅暗示了这个世界并非一直都像现在这样。赫西俄德的世界则是一个创生中

---

① ［译按］结果连词引导推论或结论。《神谱》行127-128的ἵνα和ὄφρα在这里都是结果连词。

② ［译按］行117 πάντων ἕδος ἀσφαλὲς αἰεί，作者此处译作forever the seat of all things，但 πάντων 是修饰行118的ἀθανάτων，应译为forever the seat of all gods，作者前面译作 the seat of the gods who hold Olympos。

③ ［译按］《伊利亚特》5.360，8.456均有 ἵν' ἀθανάτων ἕδος ἐστίν。ἵνα是关系副词，表示"在那儿"，指前面的奥林波斯。

的、最终达到稳固的世界。赫西俄德的目的论是一种无意图的目的论（teleology without a purpose）。该亚不同于柏拉图《蒂迈欧》中的创世者（demiurge）或《创世记》中的上帝——她没有制作任何东西（比较《蒂迈欧》29e-30c和《创世记》1.4）。赫西俄德的目的论更像是前苏格拉底哲人，尤其是阿纳克西曼德（Anaximandros）的目的论。它的意图和目的是进行说明，而非对一种规划或一个规划者的发现。瓦雷里（Paul Valéry）在评论爱伦坡（Edgar Allen Poe）的宇宙诗篇《欧莱卡》（*Eureka*）时，以一句精到的隽语来形容这无意图的目的论："关于事物起源的所有思考，从来都只是一个关于事物的实际状况的幻梦，一种实存衰退的方式，一种存在的变异。"①

阿纳克西曼德的"无限"（ἄπειρον）在这一点上与赫西俄德的卡俄斯（χάος）相似：若要想象世界的构成尚未划分为以太（αἰθήρ）、空气（ἀήρ）、水、土的历史时期，唯一可能的途径便是倒退（degeneration），即把当下拉回过去，这个过去产生了当下，但与当下相对立。② 阿纳克西曼德的世界的原始状态缺少其现实世界的πείρατα或界限；尽管缺乏现实世界的清晰划分，却受现实世界的界限界定。ἄπειρον的前缀a-包含着否定，正如第欧根尼·拉尔修（Diogenes Laertius）所记载的解释传统所表明

---

① 引自《选集：散文与诗》（*Morceaux Choisis: Prose & Poésie*，Paris，1930），页123。

② 赫西俄德的"卡俄斯"与阿纳克西曼德的"无限"之间的关联常被认为很微弱，Friedrich Solmsen成功修正了这一看法，参氏著《卡俄斯与无限》（"Chaos and Apeiron"），见 *Studi Italiani de Filologia Classica* 24（1950），页235-248；重刊于氏著《短论集》（*Kleine Schriften*）卷一，Hildesheim，1968，页68-81。

的，"米利都的阿纳克西曼德，普拉克西亚德斯（Praxiades）的儿子。他声称世界的本源和原初元素是无限（τὸ ἄπειρον），而且他没有区分空气、水或其他东西"（《名哲言行录》2.1=DK12 A1）。这既断言"无限"是世界之界限的起源，又包含着一种否定——这种否定可见于忒奥弗拉斯托斯（Theophrastos）对阿纳克西曼德思想的表述（拉尔修的说法似乎来源于此）：组成世界所从出的原初物质的，"既不是水也不是任何所谓的诸元素"，而是无限。①

在阿纳克西曼德的残篇中，我们可以发现他如何构想世界的有限构成从无限之中生发出来，而且，确有一些关联可以让我们把阿纳克西曼德的宇宙学与赫西俄德的宇宙学联系起来。但是，相比于阿纳克西曼德否定性的无限，以及某些稍后的前苏格拉底哲人所想象的源初状态，赫西俄德的卡俄斯是一种更具肯定性的构想。恩培多克勒（Empedokles）的宇宙学是循环的而非线形的，而且，当描述"结合"（φιλία, union）的力量将以太、空气、水、土这些基本元素结合在一起时，他声称，"在这时候，将分不出太阳那迅捷的肢体，也分不出大地或海洋那粗糙的力量"（DK31 B26.1 起）；阿波罗尼亚的第欧根尼（Diogenes of Apollonia）在其著作开篇声称，这个世界上的所有独特之物都有着相同的起源（DK64 B1&2）；阿那克萨戈拉（Anaxagoras）的著作则以"万物一体"开篇（DK59 B1）。面朝过去来否定当前

---

① 忒奥弗拉斯托斯的话载于辛普里丘（Simplicius）的亚里士多德《物理学》评注（24.13 = DK12 A9）。忒奥弗拉斯托斯所否定的元素理论，在亚里士多德《形而上学》卷 A 的"自然学"史中受到摒弃。参 McDiarmid，《忒奥弗拉斯托斯论前苏格拉底的肇因说》，前揭；Kahn，《阿纳克西曼德与希腊宇宙论的起源》，前揭，页 32 起。

清晰的构造，这方面的例子可谓不胜枚举。①

众多前苏格拉底哲人都假设，今日条理明晰的世界始于一种源初的混沌（confusion），而且，奥维德（Ovid）的《变形记》（*Metamorphoses*）中的宇宙论（1.5-7）也引人注目地表达了这种看法。②但是，这种思维方式在某一方面与赫西俄德非常不同：赫西俄德在卡俄斯（χάος）中看到当下世界的面孔；对赫西俄德来说，卡俄斯并非混沌，而是随着该亚和乌拉诺斯的结合被包裹起来的空隙。

赫西俄德的宇宙论有三个阶段。第一个阶段中，通过两性结合或相互联合，自然世界的各种元素和各个部分得以形成。第二个阶段中，宙斯与提坦之间的暴力争斗威胁并扰乱了赫西俄德世界的秩序，尽管也揭示了这个演进后的世界所蕴含的复杂秩序。这便是提坦大战（《神谱》行617-725），其中还描述了地下神界，即宙斯和百手神囚禁提坦的地下疆域（行726-819）。最后是提丰大战，这也是对宙斯权威及其所象征的世界之稳定性的最后威胁（行820-880）。

3. 提坦大战中的世界

赫西俄德的世界最初出现时，清晰地划分为三个基本的组成

---

① 可参西库鲁斯（Diodorus Siculus），《历史大全》（*Bibliotheca Historica*）1.7.1；阿里斯托芬，《鸟》行694；欧里庇得斯，残篇484（Nauck本，第二版）；阿波罗尼乌斯（Apollonios of Rhodes），《阿尔戈远征记》（*Argonautica*）1.496–500。

② "在海、陆以及复盖一切的苍天尚不存在之前，大自然的面貌是混圆一片，到处相同，名为'混沌'（Chaos）。"［译按］中译从《变形记》，杨周翰译，人民文学出版社，1984，页1。

部分：可以依次称之为大地、天空和大海，也可以称之为该亚、乌拉诺斯和蓬托斯。其中也提到了塔尔塔罗斯（行119，中性复数 Τάρταρά），但某些校勘者删除了这一行。当时还没有出现任何类似于爱奥尼亚人或恩培多克勒所说的"以太"的元素，也没有出现火元素。大地"未经交欢的激情"（行132）就产下了蓬托斯，所以蓬托斯显然是该亚的一个部分；大洋则不同，他由该亚与乌拉诺斯结合而生，从而异于该亚（行133）。赫西俄德对已变得稳固的世界的描述，宙斯的闪电对这个世界的稳定的威胁，都确认了世界的这种规划。起先有诸多二元搭配。阿特拉斯（Atlas）在大地的边缘撑着广阔的天空（行517-519），海洋和陆地区分为两个不同的部分（行189，582）。但是，更广阔的宇宙景观展现在《神谱》两个最"伊利亚特式"的部分中：提坦大战（行617-725）和提丰大战（行820-880）。

在这两个部分，宙斯的闪电所代表的火元素被引入进来，火元素对赫西俄德的世界产生了威胁，但也揭示了这个世界的复杂性。这些段落似乎阐明了赫拉克利特关于宇宙之火的箴言：火来到这个世界，让世界变得清晰、可以理解（DK21 B66）。而且，伴随着火的到来，人类的技术和金属铸造都在《神谱》中得到了记载，诸神和人也一起来到了该亚的地表。

在俄特吕斯山（Orthys）和奥林波斯山之间的平原上，诸神和提坦展开斗争，这场斗争影响了提坦和第三代神（由瑞娅［Rhea］和克洛诺斯［Kronos］所生）诞生之前的原始世界。蓬托斯、该亚（γῆ/γαῖα）、乌拉诺斯（οὐρανός）、奥林波斯、塔尔塔罗斯和俄刻阿诺斯都被撼动——文本校勘者们为 γαῖα 和 οὐρανός 的首字母是否应该大写犹豫不决。宙斯"从天空和奥林波斯山"（行689）扔出闪电，并在下面的平原上刺瞎提坦（被形容为 χθόνιοι［地下的］，行 697）① 的眼睛；大地与乌拉诺斯/奥林波斯之间的空间"充满了神圣的火光"。赫西俄德用卡俄斯（χάος）来形容这样一个空间（行 700）。随着宙斯将火焰掷于俄特吕斯的平原，不仅赫西俄德的世界一片混杂，而且，随着以太（αἰθήρ）元素的引入，《神谱》的文本也开始变得淆乱：

> 整个大地一片沸腾，还有大洋的流波
> 和荒芜的深海。灼热的蒸汽围住
> 地下的提坦；大火蹿升至神圣的以太。
> （《神谱》行 695—697）

正如拿波尔（Naber）所见，行 697 在抄件中的校读 ἠέρα 是错误的，② 否则这句诗就是在描写宙斯的电光火焰蹿升到了"神圣的雾气（ἀήρ）"③ 即包裹大地、充塞塔尔塔罗斯的雾气（mist）。显然，此处应当改为 αἰθέρα。在《神谱》中，以太（Aither）是夜神（Night）和幽冥（Erebos）的儿子（行 124）；但是，以太作为自然世界的一部分，仅在此出现一次。提坦大战中的以太

---

① 这一修饰词（见于下面的独立引文）造成了颇多困惑。尽管行 695 明确提到了 χθών［大地］，韦斯特笺释本（前揭，对行 697 的注解）和 Mondi（《赫西俄德"提坦大战"中的传统与革新》，前揭，页 41—47）都认为，这个词表示提坦在大地之下，而非在地上。

② 但拿波尔并未予以论证，见 *Mnemosyne* 4（1855），页 207。比较韦斯特笺释本的校勘注（apparatus），前揭，页 137：697 αἰθέρα Naber: ἠέρα codd.Σ（sscr.τὸν μέγαν αἰθέρα Z）。

③ ［译按］ἠέρα 是 ἀήρ 的宾格。

为《神谱》引入了一种新的元素——纯净、高升、闪光的空气，并在后面与火联系起来。火焰从天空和奥林波斯降到地上，让大地（χϑών）、大洋的波流和大海（皆由该亚所生）一片沸腾（行695起），《神谱》正是在这时候出现了一种新的对立。火降临大地，灼热的温度侵入了卡俄斯——这一只有天空和大地才能包裹的空间——然后回到神圣的以太。以太被置于与雾气沉沉的塔尔塔罗斯——也即充满空气（άήρ）的塔尔塔罗斯——相对立的位置。在这个被围住的空间，一个巨大的"空隙"（χάσμα，行740）与提坦大战中出现的卡俄斯（χάος）正相匹配（行700）。

对自然的研究者们来说，赫西俄德的卡俄斯比伊壁鸠鲁还要让人迷惑，并将一直晦暗不明；但是，提坦大战的暴力场景使赫西俄德世界的某些元素变得更加清晰，不像在赫西俄德宇宙论的开篇时那么模糊。世界最初的构成得到重现，并在描述地下神界的部分得到进一步发展。当宙斯之火威胁到自然世界的秩序时，赫西俄德的宇宙论开始向后退。卡俄斯重新出现（行700），大地和天空面临崩塌，描写这一场景的诗行长久以来让校勘者们煞费脑筋：

> 举目看那火光，侧耳听那声响，
> just as 大地和宽广的天空撞在一起之时。
> 这种声响会升起，当大地崩塌，
> 天空从高处坠落。（《神谱》行700-704）

读者期待的限定词可能是"正好像"（just as if），可是，这里的表述明显关联于过去，其中的假设性陈述仅由行703的情态

小品词 κε 引入。①

4. 地下神界

我们已经看到,在荷马那里,西方之地模糊不清。② 西方是大地的边缘,太阳沉入其中,黑暗从中涌出。奥德修斯与同伴登上基尔克的艾艾埃岛(Aiaie)时,谈到了希腊水手们的无知(与奥林波斯山上锻造金属的神正相反。[译按]即赫淮斯托斯)。这座岛"被无边的大海所环绕"(《奥德赛》10.195)。奥德修斯鼓舞同伴,但也承认对宇宙无知:"朋友们,我们不知道幽暗(ζόφος)之地,不知道黎明之地 / 也不知道太阳从哪里落入大地并在大地之下闪光 / 以及它从什么地方重新升起。"(《奥德赛》10.190-193) 大地之下的世界——在荷马那里与冥土相联(《伊利亚特》8.13-16)——是个诱人猜想的地域,在荷马和赫西俄德的猜想中,这个地域与可见的、有界限的世界之间有着精确的比例。

---

① [译按]作者所引希腊文行 701 写作 ὡς ὅτε,但有些版本作 ὡς εἰ,即表达"正好像"之意。行 703 的小品词 κε 用于引导虚拟语气。下附《神谱》行 700-704 希腊文:

> εἴσατο δ' ἄντα
> ὀφθαλμοῖσιν ἰδεῖν ἠδ' οὔασιν ὄσσαν ἀκοῦσαι
> αὔτως, ὡς ὅτε γαῖα καὶ οὐρανὸς εὐρὺς ὕπερθε
> πίλνατο. τοῖος γάρ κε μέγας ὑπὸ δοῦπος ὀρώρει,
> τῆς μὲν ἐρειπομένης, τοῦ δ' ὑψόθεν ἐξεριπόντος.

② 阿伯代拉的赫卡太奥斯(Hekataios of Abdera)的世界地图或可为之图解,参 Dorothea Gray,《航海学》("Seewesen"),见《荷马考古》(*Archaeologia Homerica*, I G, Göttingen, 1974),页 3。

正如我们为了给赫西俄德的世界重绘地图而检审的几乎每个段落一样，赫西俄德描绘地下神界的段落（行720-819）被认为出自一位或多位篡改者。但是，《神谱》中这一长段的作用非常明确：它展现了那不可见的、地下的另一半世界的性质。提坦在俄特吕斯平原上战斗时，曾被描述为"地下的"（χθόνιοι，行697）；他们战败后，被驱赶到大地之下囚禁起来（行717）——其与大地的距离，与从天空到大地一样远（行721-725）。荷马也认可这种比例结构（《伊利亚特》8.13-16）；克塞诺芬尼也提到了这种结构，但予以否定。① 赫西俄德还对这两部分的距离作了说明：一个铜砧要花九天九夜才能从天上掉到地下，从大地掉到塔尔塔罗斯也需要九天九夜（行721-725）。这个等距关系惊人地精确，例子本身也令人吃惊。在荷马那里（《伊利亚特》1.592起），赫淮斯托斯从奥林波斯掉到利姆诺斯岛（Lemnos）花了整整一天。至于这个铜砧，其修饰词"青铜的"（χάλκεος）则是第一次在《神谱》中出现。乌拉诺斯巨大、广阔、布满繁星，但不是青铜的。金属和铸造现在才对这个世界变得重要：该亚生下了库克洛佩斯（Kyklopes），即布戎忒斯（Brontes）、斯特若佩斯（Stropes）和阿尔戈斯（Arges），他们送给宙斯鸣雷（库克洛佩斯出生时，宙斯尚未出生），为他铸造闪电（行139-

---

① DK21 B28 = KRS，《前苏格拉底哲人》（前揭），段 180。据后人辑述，阿纳克西曼德计算出大地的深度是其直径的三分之一，参 KRS，《前苏格拉底哲人》，段 122A（=DK12 A25）和 B（= 罗马的希坡律图 [Hippolytus of Rome]《驳一切异端》[*Refutation of all Heresies*] 1.6.3=DK12 A11）。KRS 在梳理克塞诺芬尼的看法时举出了阿纳克西曼德，这很可能是正确的，尤其是因为，克塞诺芬尼在表达他对阐明世界之边界的努力的怀疑时，用了 ἄπειρον 一词。参《前苏格拉底哲人》（前揭），段 175，179，186-189。

141；比较行 501-506）。金属在赫西俄德的地下神界以及提丰大战中都占据重要位置。塔尔塔罗斯四周环绕着青铜的围栏（ἕρκος），夜神用三重幕"圈着它的脖颈"（大地和海洋的根则从上面长出来）。波塞冬在上面安置了一个巨大的青铜大门，并围以高墙。这里就是阴暗的大地、雾气沉沉的塔尔塔罗斯、海洋和繁星无数的天空之源泉与边界（行 726-728）。

本文将在最后回到大地的这些地下边界。现在需要注意青铜的出现："青铜匠"波塞冬，塔尔塔罗斯的"喉咙"，以及对一个由四种元素组成的世界的新构想。赫西俄德把这一令人厌恶的地域描述为一个"巨大的空隙"（χάσμα μέγ', 行 740），这便澄清了前面说黑夜圈住"塔尔塔罗斯的脖颈"的含糊表述。正如天地之间有个空隙（行 700），大地和塔尔塔罗斯之间也有个空隙。可见的已知之物让诗人构想了不可见的未知之物。赫西俄德用熟悉的词语描绘了三个部分：塔尔塔罗斯"雾气沉沉"（行 736，比较行 119），大海"荒凉"（ἀτρύγετος），天空"繁星无数"（行 737）；大地（与 χϑών [大地] 相区分）则被形容为"阴暗的"（行 736），凸显了它地下的特征。到此为止，赫西俄德已用"黑色的"（行 69）、"宽胸的"（行 117）、"多子的"（行 365）、"无垠的"（行 187；比较行 878）、"宽广的"（行 159，479，505；比较行 821，858，881）修饰了大地，但大地地下的特征只有一次被提到，即被描述为"阴暗的"（行 334）。在那里，形容词 ἐρεμνός [阴暗的] 显然是用来描述在西方的尽头守护赫斯佩里得斯（Hesperides）的金苹果的那条蛇的地下居所。

此处的对立非常尖锐：地表可以描述为黑色的、宽胸的、宽广或广阔的；大地内部则是阴暗的，或者说像 ἔρεβος [幽冥] 一样。塔尔塔罗斯的雾气（考虑到行 736 的 ἠερόεις）与上界的

"以太"（αἰθήρ，行697）两相对立。在此，昏暗的夜神的居所包裹在黑蓝色的雾中（行744起）。与夜神相连的是阿特拉斯，他以头和手支撑着广阔的天空，其站立的地方是黑夜与白昼的汇合之地——黑夜跨进青铜门槛，白昼就会离开，二者还会彼此问候（行746-755）。《神谱》之前提到过阿特拉斯，说他是伊阿佩托斯（Iapetos）和大洋女儿克吕墨涅（Klymene）的儿子（行509）；赫西俄德讲到宙斯以闪电击打阿特拉斯之弟莫诺提俄斯（Menoitios）并将之逐入幽冥（εἰς Ἔρεβος）时，又一次提到了阿特拉斯（行510-515）。看来，提到幽冥，就必然要描写阿特拉斯："而（δέ）阿特拉斯迫不得已支撑着无边的天/在大地的边缘，毗邻歌声甜美的赫斯佩里得斯姐妹"（行517起）。仅有小品词δέ表现了从幽冥到阿特拉斯的过渡，但其中的关联显而易见：幽冥被认为位于西方，处于大洋和落日所在的地域。当赫西俄德再次说到阿特拉斯时，他或许念念不忘这一关联，因为，在描述了夜神的居所之后，他紧接着就提到了阿特拉斯（行744-748）。

夜神的居所中也居住着诸多人格化的神。大洋的长女斯梯克斯（Styx）就住在那里。诸神承认，斯梯克斯的冥河对起誓具有约束力：在《伊利亚特》中，赫拉就曾在睡眠神（夜神之子）面前凭其河水起誓（14.271）。在进入最终威胁宙斯权威的提丰大战所展现的世界之前，斯梯克斯"著名的寓所"有一点还值得注意：银柱支撑着她岩洞的洞顶，"直上天空"（行778）。这一段落还提到了另一种金属：黄金。伊利斯"用金罐"（ἐν χρυσέῃ προχόῳ，行785）盛着斯梯克斯的河水升到奥林波斯。在提坦对宙斯权威的暴力威胁之下，赫西俄德的世界展现出了纵深度（depths），而这种纵深度在提坦大战前仅有两次影射：一次是

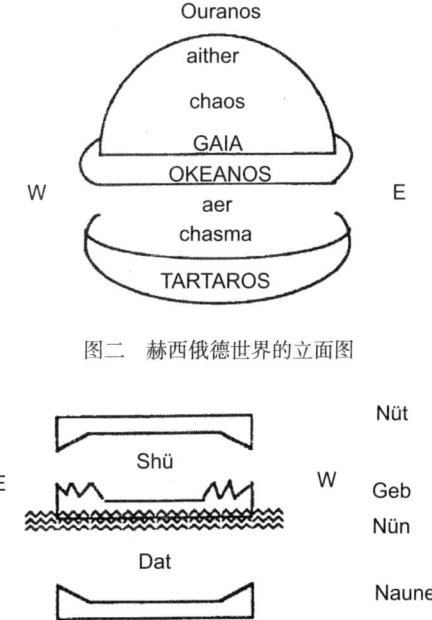

图二　赫西俄德世界的立面图

图三　依据 J. A. Wilson, *Before Philosophy*, 页55

宙斯打败克洛诺斯,将诸神从地下解放;另一次是宙斯将莫诺提俄斯打入幽冥。《神谱》的边注本(scholia)并没有插图,但我们不妨沿着一条垂直的轴线画出赫西俄德世界的对称结构(如图二)。我画了图二,但我很清楚,卡恩(Charles Kahn)就赫西俄德对塔尔塔罗斯的描绘所说的话,"作一幅与这番描绘相配的图解毫无希望",[①]一点没错。例如,如何能画出夜神在塔尔塔罗斯的周围"围了三圈"(行726起)?这三圈围绕着塔尔塔罗斯的"脖颈",仅有这一描绘暗示塔尔塔罗斯可能是圆形的,或如伊夫

---

① Kahn,《阿纳克西曼德与希腊宇宙的起源》,前揭,页82。

林-怀特（H. G. Evelyn-White）所说的像某种"项圈"。① 另外，从东方到西方的青铜围栏一定有入口（行748-757）。不过，这幅赫西俄德世界的立面图还是可以理解的，因为它展示了这个世界的诸多对称和比例，这些对称和比例也可由一幅埃及的宇宙立面图得到阐明（图三）。在赫西俄德的世界图景中，乌拉诺斯整个地（μιν περὶ πᾶσαν ἐέργοι，行127）罩住了该亚，且与该亚一样大（行126）；一个青铜围栏（χάλκεον ἕρκος）围绕着塔尔塔罗斯。该亚和乌拉诺斯围着混沌（行700）；该亚和塔尔塔罗斯之间敞开了一个巨大的空隙（χάσμα μέγ'）。而且，乌拉诺斯到该亚的距离与该亚到塔尔塔罗斯之间的距离一样远。

5. 提丰大战中的世界

《伊利亚特》中有一个明喻，指向提丰大战所揭示的世界构想。提丰大战是对宙斯的宇宙权威的最后一次挑战，这一挑战来自该亚最小的儿子，也是她和最后一个丈夫塔尔塔罗斯唯一的儿子。《伊利亚特》中的这个明喻描述的是地面上的事，即"船队点将录"（Catalogue of Ships［译按］特指《伊利亚特》2.494-759）所描绘的阿凯亚（Achaian）军队列队进兵一事：

> 他们进军，就像整个土地着了火一样，
> 大地在脚下呻吟，就像在发怒的雷神
> 宙斯脚下一样，当他在阿里摩人的国境内
> 鞭打土地时，据说提丰就睡在下面。

---

① H. G. Evelyn-White，《赫西俄德、荷马颂诗及荷马残诗》（*Hesiod, The Homeic Hymns, and Homerica*，Cambridge MA and London，1914）。

> 大地就是这样在军队行进时呻吟,
> 他们行军,很快就踏过特洛亚平原。
>
> (《伊利亚特》2.780-785)

对提丰大战的探讨从《伊利亚特》中的明喻开始,并以《奥德赛》中的一个明喻结束,这么做很恰当。蛇一样的提丰出自该亚,他构成对宙斯最后的冒犯:宙斯早先释放了因于大地内部的库克洛佩斯,从后者得到闪电、霹雳和鸣雷(《神谱》行501-506)。该亚旺盛生殖力的终末也成了宙斯"对诸神和人"之统治遭受威胁的终末。这部分也是我们最后一次看到赫西俄德世界的清晰划分以及最后一场"宇宙动乱"(Cosmic Disturbance)。①

提丰大战(《神谱》行820-880)似乎重复了前面的提坦大战,正因为此(以及其他原因),有的校勘者怀疑这部分系他人伪作。②但是,有充足的理由表明,"提丰大战"必然紧随对"地下神界"的描绘,而且,"提丰大战"是以该亚与乌拉诺斯的结合开端的历史的终点和结局——提丰是该亚最小的儿子。

宙斯高居奥林波斯,向大地和提丰投下闪电,这种战斗场景与提坦大战中的描绘非常相似(尤其行696-700)。而且,其中几行(行853-858)与《伊利亚特》卷二"船队点将录"中的那个明喻非常相近。世界的各个部分又一次颤抖在惊雷之下:大地、高高的广天、大海、俄刻阿诺斯的激流和大地的冥界(行

---

① Robert Mondi,《赫西俄德"提坦大战"中的传统与革新》(前揭,页43)以此称呼这一主题。

② 韦斯特(前揭,对行381-383的评注)概述了那些否认提丰大战是《神谱》有机组成部分的论证,并认为提丰大战是《神谱》有机且必需的组成部分,还提出了有力的论证。

839-841）。但是，提丰大战中有两点新的东西。其一，不起眼但很重要的是，塔尔塔罗斯被描述为"广阔的"（行868），这一修饰词更加明确了塔尔塔罗斯和"广阔的乌拉诺斯"之间的对称（参看图二）。其二，非常引人注目的是，出现了一个壮美的明喻，也是《神谱》中第三个和最后一个明喻。宙斯用雷电把提丰劈倒在深谷，提丰身上喷出火焰，让大地也开始燃烧熔化：

> ……好比锡块
> 被强壮的工人们精巧地丢进带孔的熔瓮里
> 加热，又好比金属中最硬的铁块
> 埋在山谷中经由炙热的火焰锤炼，
> 在赫淮斯托斯巧手操作下熔于神圣土地。
>
> （《神谱》行862-866）

《神谱》中的第一个明喻把女人所带来的麻烦比作蜂群（行594-602），第二个明喻则把宙斯电击大地的效果比作天地相撞（行700-705）。这第三个明喻引人注目，因为喻体取自人类技术而非自然世界。正是这一点让人想到《奥德赛》中的两个明喻：奥德修斯弄瞎了库克洛佩斯的双眼，他形容说，他和四个同伴将一个仍在灼烧的橄榄木旋进库克洛佩斯的眼窝，正如两个船匠将钻子旋进船板；巨人眼睛发出咝咝的声响，如同铁匠锻造宽斧或锛子时将刃部浸入冷水淬火（9.384-395）。

荷马的明喻纵然生动，却有些不协调，因为它似乎涉及一种把库克洛佩斯视为金属工匠的传统，但这种传统未见于《奥德赛》的别处。在《神谱》中，库克洛佩斯与火和金属铸造紧密相关。该亚和乌拉诺斯生了三个库克洛佩斯（布戎忒斯、斯特若佩斯和阿尔戈斯），他们送给宙斯鸣雷并为之制造闪电："他们行动强健有力而灵巧"（《神谱》行 139-145）。这句话的含义体现在，宙斯释放库克洛佩斯（被称为"乌拉诺斯之子"[Οὐρανίδης]）之后，后者赠给他闪电和配套的东西以示答谢。这些东西从前由宽广的该亚"隐藏"（《神谱》行 501-505）。

在《神谱》最后的宇宙大战中，该亚和乌拉诺斯联合起来，正如他们在时间的开端一样。大地和天空中都出现了火的元素，不仅展现了赫西俄德地下神界中提到的各种金属，而且展现了金属的锻造——既有赫淮斯托斯在奥林波斯山上的锻造，也有人类在大地的林间山谷中的锻造。从乌拉诺斯落到该亚、又从该亚落到塔尔塔罗斯的铜钻，似乎象征着《神谱》最后阶段所出现的东西。我们只知道一例天上的铜钻，它出现在赫淮斯托斯在奥林波斯的作坊（《伊利亚特》18.476；《奥德赛》8.274）。赫西俄德在《神谱》中讲述的是神族历史，人类并不是这个历史的一部分，但是，当提坦大战、地下神界、提丰大战展现出大地的幽僻处时，人类的技术却成了诸神的历史的一部分。青铜、白银、黄金、锡和铁：赫西俄德在《劳作与时日》中用其中四种金属描述了人类的四个时代（行 106-201）。在赫西俄德描述宙斯以雷电击打提丰躯体的效果的明喻中，既提到了神的金属锻造工作，也提到了无名的人类工匠的金属锻造工作。

赫西俄德在其神谱中并没有对人类的产生作出解释。奥林波斯上的缪斯歌咏"人族和巨人族"（《神谱》行 50）来愉悦诸神，但这并非赫西俄德在《神谱》中的歌咏。诗中提到人类的存在及其依附于大地的有死性：一方面，宙斯被称作"诸神和人的父亲"，暗示了诸神和人的结合；另一方面，诸神（不死，定居天空）与人类（有死，居于大地）的固定对比又表明了两者的分离。在叙述普罗米修斯在墨科涅(Mokone)的献祭与宙斯的审判时,诸神和人结合在一起(但没有为这种结合交代一段历史或一种说明)。这一文段带有赫拉克利特式的暗示,即可以将诸神描述为有死的(ἀϑάνατοι ϑνητοί, ἀϑάνατοι ϑνητοί [不死者是有死的,有死者是不死的], DK22 B50):

> 起初,诸神和有死的人最终分离
> 在墨科涅……(《神谱》行535-536)

在此,赫西俄德揭示了女人起源的原因:女人是宙斯因普罗米修斯盗火而设计的报应。虽然火理所当然地由人在大地上用于祭祀(《神谱》行556起),但它显然是属于天界而非大地上的元素(《神谱》行558-569,570-612)。赫淮斯托斯把他的泥塑艺术品"带到其他诸神和人们所在的地方"(行586),不死的神和有死的人都为之惊叹(行588)。赫西俄德没有告诉我们诸神与人类是怎样分离的,但诗句将二者并置,暗示两者远古曾经结合:

> 不死的神和有死的人无不惊叹。(《神谱》行588)

在《劳作与时日》中,有诗句清楚地表明了有死者与不死者之间的源初关联,这句诗把赫西俄德所叙述的普罗米修斯故事与人类种族的历史联系起来:

> 诸神和有死的人来自同一个起源。
> (《劳作与时日》行108)

在赫西俄德的世界中，火是一个具有区分性的元素，类似于恩培多克勒《论自然》（*On Nature*）中区分男性与女性的火（*κρινόμενον πῦρ*，DK31 B62.2）。在《神谱》中，火首次出现于宙斯和普罗米修斯的故事中，又重现于提坦大战，最后一次则见于描述天界之火烧灼提丰的明喻。然而，这个明喻同样也暗示，该亚自身包含着火，正如赫西俄德之前描述该亚隐藏了宙斯的闪电和霹雳（行504起）时所暗示的。这一描述背后可能存在着一种观念，即大地包藏着火山的火焰和轰响，① 蔡策斯（Tzetzes）似乎就把行860的形容词 *αἰδνῆς*［阴暗的］校改为 *Αἴτνης*［埃特纳的］，以指称埃特纳火山的地下之火。不过，这种地下之火的出现扰乱了前面图一和图二对世界的清晰描绘。该亚居于《神谱》的世界中所有可辨识、相区分之物的开端，此外，它还包含着在世界的演化中相互区分开来的那些元素：火和金属，诸神和人。可以说，即使赫西俄德的世界演化为三个层次，该亚仍然"为大家所共有"（套用《伊利亚特》15.193中波塞冬的话）。

6. 大地的尽头

该亚在《神谱》的开端似乎得到了明确限定。她生下乌拉诺斯，与自己一样广大，以便将自己完全罩住。不管该亚的形状是怎样的，她都被乌拉诺斯的范围限定。这一安排富有条理，并被认为是阿纳克西曼德几何性的、比例性的世界的先驱。② 的确

---

① 参韦斯特（前揭，对行505的注解）。在赫西俄德残篇120.25 MW 中，波瑞阿德斯（Boreades）的 *περίοδος γῆς*［游记］提到了埃特纳火山。

② 尤其是 Gregory Vlastos,《希腊早期宇宙论中的平等和正义》("Equality and Justice in Early Greek Cosmologies")，见 *Classical Philology* 42（1947），页156-178，重刊于 D.J. Furley / R.E. Allen 编,《前苏格拉底哲学研

如此。在这个世界的立面图中，各个部分有着严格的对称和比例（如图二所示）。但如果把赫西俄德的世界画成"平面图"，就要把乌拉诺斯和塔尔塔罗斯排除在外。从《神谱》中，我们无从得知俄刻阿诺斯的准确形状：与荷马的阿基琉斯之盾（《伊利亚特》18.607起）和赫西俄德的赫拉克勒斯之盾（《赫拉克勒斯之盾》行 314-317）上的描绘不同，《神谱》没有把俄刻阿诺斯描述成环绕该亚的圆环。但是，俄刻阿诺斯的修饰词"回流的"（《神谱》行 776）照应《伊利亚特》（18.399）和《奥德赛》（20.65）中俄刻阿诺斯的修饰词，而且，"完成环流的大洋"（τελήεντος ποταμοῖο，《神谱》行 242）这一名词性短语也表现了相同的观念。而且，在《神谱》中，俄刻阿诺斯有一女儿名为安斐洛（Amphirho），意为"环流的女子"（行 360）。另外，该亚有其界限，既在水平方向上延伸至西方（行 335，622），也垂直向下抵至塔尔塔罗斯（行 731）。如果注意到这些细节（同时忽略其他细节），就可以看到一个拥有界限的世界，各个组成部分之间有着明确的疆界。这是一个拥有界限（πειράτα）和极限（ἔσχατα）的世界，其范围可以帮助我们理解阿纳克西曼德和克塞诺芬尼那种否定界限的世界图景。

但是，如果把赫西俄德的世界绘制成一副平面图，它就非常奇怪地拒斥将世界各部分描绘成有界限的。在荷马和赫西俄德那里，希腊文 πεῖραρ（复数 πειράτα）意为"界限"或"疆界"，或是时间上的"分界点"。其否定形式为 ἀπεῖρων，或者较为少见的 ἀπείριτος（或 ἀπειρέσιος），即"无限"、"无界限"。令人难

究》卷一（*Studies in Presocratic Philosophy I*，London，1970）页 59-61；尤其参页 75 和注释 101。

以置信的是，我们发现大地和海洋（该亚和蓬托斯）都被描述为"无限的"；大地在别处（正如《奥德赛》中环绕基尔克之岛的大海一样）也被描述为 ἀπείριτος（《神谱》行 878；《奥德赛》10.195）。①

同一个诗人怎能既谈论大地的界限，又在同一首诗中将该亚及其独自生下的大海描述为无限的（ἀπείρων 或 ἀπείριτος）？要理解这种矛盾，一种方法就是留意《神谱》中用 ἀπείρων 形容该亚时的语境。在行 187，"在无限的大地上"（ἐπ' ἀπείρονα γαῖαν）用来形容墨利亚仙子（Melian Nymphs）所处之地。《劳作与时日》行 160 有一个相近的表述 "遍布无限的大地"［κατ' ἀπείρονα γαῖαν］，用于修饰 ἡμίθεοι［半神］），另外，《神谱》行 878 描述说，风破坏 "遍布无限的大地的"（κατὰ γαῖαν ἀπειρῶνα）、"生于大地的"（χαμαιγενέων）人们的劳作。在这些文段中，我们下降到了有死的人类的大地，下降到了迷失在 "无边的大海" 的某处的奥德修斯的视角（《奥德赛》10.195）。一旦赫西俄德从天空来到地上，他的宇宙立面图就由简明变得淆乱不堪。

赫西俄德的世界地图，不是爱奥尼亚的地图制作者们所绘制的几何性的、范围明确的世界地图。它更为接近本文曾简单提到的巴比伦世界地图。图四描绘了新帝国时期（约公元前六世纪）巴比伦人所知道的世界。其中的圆圈是 "苦河"（Bitter River），幼发拉底河则流入长方形的巴比伦。中心的圆洞或许是圆规画图时的支点。由圆规画出的世界并不是封闭自足的，因为，"苦河"的外沿还有六个（或八个）三角形，居于希腊人称作俄刻阿诺斯的圆周之上，表示那些偏远区域。三角形之内和周围的楔形文

---

① 《神谱》行 187，878；比较《劳作与时日》行 160。

字表明，这些偏远区域存在着奇异的生物，这些生物遍布于巴比伦世界各个方位的外侧。①

巴比伦的世界地图与赫西俄德世界的平面图在一个方面有所不同：若在赫西俄德的世界安置这种三角形的奇异之域，我们只能放在西方，"显赫大洋的彼岸"（πέρην κλυτοῦ Ὠκεανοῖο，《神谱》行215）。俄刻阿诺斯既然被构想为一条长河，其外缘就应该也有河岸。② 正是在这外缘的河岸上，或在"显赫大洋的彼岸"的水中，赫西俄德安置了夜神的女儿赫斯佩里得斯姐妹（《神谱》行215）。他还安置了戈尔戈姐妹（Gorgons），她们"住在显赫大洋的彼岸，朝向夜，在世界的尽头，歌声清亮的赫斯佩里得斯姐妹之家"（《神谱》行274起）。唯一穿过此地的人类（或英雄）是赫拉克勒斯，他曾穿越俄刻阿诺斯的通道（πόρος），"在显赫大洋的彼岸"一个雾蒙蒙的牧场中，发现了欧律提翁（Eurytion）的牛群（行289-294）。所有这些对大洋彼岸的推想都位于西方，其中两个与赫拉克勒斯相关，他是《神谱》这部分唯一出现的人类。三个"显赫大洋的彼岸"的短语都指示人类经验的边界。它们废弃了该亚和俄刻阿诺斯的界限，由于否定了世界的既定边

---

① 参看本文注释13。关于地图本身，参 B. Meissner，《巴比伦和希腊的地图》（"Babylonische und griechische Landkarten"），见 *Klio* 19（1925），页97起；Eckhard Unger，《从宇宙图景到世界图景》（"From Cosmos Picture to World Picture"），见 *Imago Mundi* 2（1937），页1-7。约旦特雷拉－加苏地区（Teleilat Ghassul）的星辰壁画（Star Fresco）上，大洋向外发散出八个三角形，或许与巴比伦世界地图上发散的三角形有可比之处，见 Harley / Woodward 编，《地图绘制史》，前揭，页106，图1。

② 参 James R. Romm，《古代思想中的大地之缘》（*The Edges of the Earth in Ancient Thought*，Pinceton，1992），页15。

界，我们便从中看到了阿纳克西曼德式的无限（ἄπειρον）。但是，在赫西俄德《神谱》的历史中无从发现这些西方之域；只有在奥林波斯的缪斯的歌唱中——她们歌咏"人族和巨人族"（《神谱》行 50）——也只有人类的世界在大地上产生之后，这些西方之域才能得到理解。

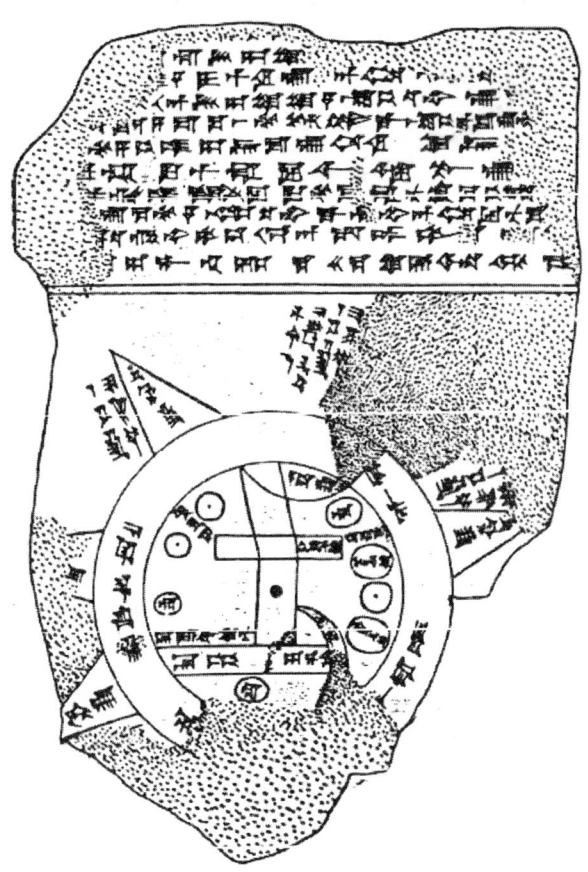

图四　依据 *Cuneiform Texts* 22 Plate 48［BM 92687］

正义之诗：赫西俄德与古希腊法律的起源

加加林（Michael Gagarin） 撰

程　锐　译

当今法学研究有一个成长中的领域，被宽松地描述为"法律和文学"。法律与文学之间的众多相交点之一，就是将法学著作——包括法官和法学家的意见——作为文学的一种形式来研究。① 早在公元前一世纪，就有学者将阿提卡演说家们的演说作为文学来研究，② 但他们是将这些作品作为阿提卡 - 散文的范例，而且他们在文学上的兴趣主要关注修辞和散文文风。与此相似，现代学者延续了对于演说家的这种研究，他们通常不是把法律演

---

① 可参见 Richard A. Posner,《法律与文学：遭误解的关系》(Law and Literature: A Misunderstood Relation, Cambridge MA, 1988); James Boyd White,《赫拉克勒斯之弓：法律的修辞与诗学论集》(Heracles' Bow: Essays on the Rhetoric and Poetics of the Law, Madison, 1985).

② 现存最早的研究文献是哈利卡纳苏斯的狄奥尼索斯（Dionysius of Halicarnassus）的作品，但狄德慕斯（Didymus）和卡里克特的凯基利乌斯（Caecilius of Calacte）也研究过这些演说家。

说看作一个独立的文类,而是看作散文文学的另一范例,与史书和辞藻华丽的演说同类。但是,法庭演说也可以作为自成一类的一种文学形式来研究,其价值由这一文类的专门要求决定。作为这样一种研究的背景,我打算考察荷马与赫西俄德的著作中出现的法庭演说的最早实例。

本文目的是专门考察古希腊法律的某些方面,① 这些方面使得希腊人(本文认为)将法律视为一种言说行为,且与口传诗歌息息相关。我认为,在赫西俄德和荷马那里,"法律"——我认为英语的"法律"(law)一词在某些意义上可与古希腊的"正义"($δίκη$)同而视之——首要地被看作一种言辞(logos)或者言说行为,而且与诗歌的言说行为极为相似。确切而言,法律被认为具有某些属于诗歌的治愈能力,而且同样是形式和内容的统一体。因为,早期希腊法律就根本而言是一种言辞,它不是由外在的惩罚性规则或原则构成,而是包含对相互竞争的主张的专门裁决。法律冲突或竞争的解决主要依靠当事人的言辞技巧,或者为当事人辩护的第三方或"评判员"的言辞技巧。在我看来,这种言辞技巧比迄今所认为的要更加接近诗人的技艺。

在《神谱》的序诗中,赫西俄德首次指出了法律与诗歌的相似性。这篇序诗是献给缪斯们的颂诗,吟游诗人常在其作品的开头按传统呼唤这些女神,以祈求灵感。在这篇献给缪斯们的颂诗末尾,赫西俄德列出每位缪斯的名字,然后选出有死之人中的两类:$βασιλῆες$(常译作"王者",但我译作"法官"[lord])和诗人,他们尤其受益于缪斯们。这个段落值得全文征引:

---

① 我已从不同的角度研究了这些材料,见拙著,《早期希腊法律》(*Early Greek Law*, Berkeley, 1986)。

她［卡利俄佩］总陪伴着受人尊敬的法官们（βασιλῆες）。伟大宙斯的女儿们若想把荣誉在出世时给予哪个宙斯养育的法官，就在他的舌尖滴一滴甘露，使他从口中倾吐蜜般言语。众人抬眼凝望着他，当他施行正义，做出公平决断。①他言语不偏不倚，迅速巧妙地平息最严重的纠纷。明智的法官们正是这样，若有人在集会（ἀγορά）上遭遇不公，他们能轻易扭转局面，以温言款语相劝服。当他走进集会，人们敬他如神明，他为人谦和严谨，人群里最出众。

这就是缪斯送给人类的神圣礼物！因为缪斯，因为强箭手阿波罗，大地上才有歌手和弹竖琴的人，因为宙斯，大地上才有法官。缪斯宠爱的人有福了：蜜般言语从他唇间流出。若有人承受从未有过的心灵创痛，因悲伤而灵魂凋零，只需一个歌手，缪斯的仆人，唱起从前人类的业绩和住在奥林波斯山上的极乐神们，这人便会立刻忘却苦楚，记不起悲伤；缪斯的礼物早已安慰了他。（《神谱》行80–103）②

这一段落的两个部分均让学者们兴趣盎然，两者语辞上的联系已有人指出（详下），但为何 βασιλῆες 和诗人的行为联系如此密切，却仍旧是个谜题。诗人的情况并不棘手，因为他们通常且出于显而易见的理由被当作缪斯们的仆人。然而，为何缪斯们的礼物对于 βασιλῆες 的工作也如此重要？索姆森（Solmsen）和

---

① ϑέμις 有时难以和 δίκη 区分开来；见加加林，《〈劳作与时日〉中的 Dikē》（"Dikē in the *Works and Days*"），*Classical Philology* 68（1973），页85 注20。我把这里的 ϑέμιστας 理解为泛指构成一个共同体的价值的所有准则、习俗、主张和态度。

② ［译按］中译参吴雅凌译本，据英文有改动。

其他学者注意到，βασιλῆες 在审判案件时，能言善道的能力对于劝说诉讼人接受决断极其重要，但这些学者把言说的能力作为一个好 βασιλῆες 的辅助品质，由此他们和其他人一样，认为缪斯们的礼物对于 βασιλῆες 和歌手而言有着不同的功能。① 还有学者依据某种印欧传统——比如 βασιλῆες 所记诵的口传法律，② 或是对君主的劝谏——来理解 βασιλῆες 对缪斯们礼物的使用③ 另外，杜班（Duban）把这个段落看作一种迈锡尼传统的反映，其中 βασιλῆες 体现着神圣的世界秩序，并运用一贯正确的判断保卫该秩序。④

在我看来，以上诸种阐释都没有深入领会修辞技艺在 βασιλεύς 的工作中扮演的综合角色，也没有深入领会赫西俄德所提出的在 βασιλῆες 与诗人的工作之间、在诗歌与法律或正义⑤之间的紧密的

---

① Friedrich Solmsen,《荷马与赫西俄德笔下言辞的礼物》（The Gift of Speech in Homer and Hesiod）, *Transactions and Proceedings of the American Philological Association* 85（1954），页 1–15；F. M. Combellack,《赫西俄德的国王和尼卡图斯的涅斯托尔》（"Hesiod's Kings and Nicarchus' Nestor"），*Classical Philology* 69（1974），页 124；又见加加林,《早期希腊法律》，前揭，页 24 起。

② 比如 C. P. Roth,《赫西俄德〈神谱〉中的国王和缪斯》（"The Kings and the Muses in Hesiod's *Theogony*"），*Transactions and Proceedings of the American Philological Association* 106（1976），页 331–338。

③ 比如 Richard P. Martin,《赫西俄德、奥德修斯和君主的教导》（"Hesiod, Odysseus, and the Instruction of Princes"），*Transactions and Proceedings of the American Philological Association* 114（1976），页 29–48。

④ Jeffrey M. Duban,《〈神谱〉序诗中的诗人和国王》（"Poets and Kings in the *Theogony* Invocation"），*Quaderni Urbinati di Cultura Classica* 33（1980），页 7–21。

⑤ 在这一语境中，我用"法律"和"正义"来翻译希腊文的 δίκη，两词可以互换，但两词都不具有其完整的现代含义。在早期希腊，δίκη 主要

相似性，因为这两者还被看作分离的、性质不同的东西。杜班可能最接近于认识到"这两种功能在动机、方法和目标上基本的相似性",①但他认为这种相似性在于这两种角色的最终目的，即"社会稳定和精神宁静"；他很少注意该目的赖以实现的方式。

问题可能部分在于这个简单的事实：即使每个人都认识到，对于赫西俄德而言，βασιλεύς 并不指拥有绝对执行权力的专制君主意义上的"国王"，但学者们还继续使用这个翻译。这立即会使人想到国王的各种责任和职能，而 βασιλῆες 或"法官"在赫西俄德的社会中的地位非常有限。宙斯或其他的神可能是君主意义上的 βασιλεύς，有时神话中的英雄也被这么称呼（《神谱》行957，985，992，995），但是，作为赫西俄德当时世界中的一部分，每位 βασιλεύς 都是一位法官，或者以其法律角色来被称呼。换句话说，没有迹象表明，在赫西俄德的时代，βασιλεύς 除了法官的角色外还有其他公共角色。我们可以假设一个 βασιλεύς 治理自己的家产，参与商议公共事务的议会，并执行其他一些职务，但对于赫西俄德来说，当一个 βασιλεύς 出现在集会（ἀγορά，即公共空间）中时，他是争端的决断者。我们可以总结说，在《神谱》行80-103中，赫西俄德赞美缪斯特别给予法官和诗人礼物，这就意味着两者的行为之间有着比以往人们所认为的更紧密的联系。的确，在赫西俄德看来，正义是一种言说行为，受到缪斯的启发，与诗歌的言说行为极其相似。

《神谱》对缪斯分别给予 βασιλῆες 和诗人的礼物的描述有重

被看作和平解决争端的程序。由此，它既是法律程序意义上的"法律"，也是司法系统意义上的"正义"。

① Duban,《〈神谱〉序诗中的诗人和国王》，前揭，页8。

要的言辞上的相似，前人早已识出，① 但有必要简略征引于此。两者都收到来自缪斯们的礼物（δόσις，行 93；δῶρα，行 103），缪斯们荣耀（τιμήσουσι，行 81；φίλωνται，行 97）他们，以至于甜蜜的（γλυκερήν，行 83；γλυκερή，行 97）言辞从他们口中流出（ἐκ στόματος ῥεῖ，行 84；ἀπὸ στόματος ῥέει，行 97）。这些表达自身暗示了 βασιλῆες 与诗人在方法上的相似性，除此之外，两者在事功上也有相似性。两者都处理一种惹人厌、招人烦的状况——难缠的纠纷（行 87）或苦涩的悲痛（行 98 以下）。两者都运用其言辞上的天赋促成事态迅速（αἶψα，行 87；αἶψα，ταχέως，行 102 以下）改变（μετάτροπα ἔργα τελεῦσι，行 89；παρέτραπε，行 103），且两者达成这一目标，都是部分通过将听者的思绪从先前的思虑中转移出来（παραιφάμενοι，行 90；παρέτραπε，行 103）。

即使是最敏锐的批评家也不愿接受这些相似中的全部蕴含之意，亦即 βασιλῆες 的工作与诗人的工作——包括方法和实质、形式和内容——的紧密相似性。瓦尔士（Walsh）就早期希腊人关于诗歌性质和功能的看法作了极其精彩的研究，他表明：在荷马史诗中，当评价诗艺时，形式并未和内容分开，因此断言某人说话有技巧与断言某人说出真相并不是相独立的判断，而仅是同一判断的不同侧面。② 瓦尔士这样概括了他的结论：

---

① Herwig Maehler,《关于从早期希腊到品达时期的诗人职业的见解》(Die Auffassung des Dichterberufs im frühen Griechentum bis zur Zeit Pindars, Göttingen, 1963)，页 44 起；W. J. Verdenius,《赫西俄德〈神谱〉序诗注释》(Notes on the Proem of Hesiod's Theogony), Mnemosyne 25（1972），页 225-260，对行 96 的注释；Duban,《〈神谱〉序诗中的诗人和国王》，前揭，页 13。

② George B. Walsh,《魅惑的诸形式：早期希腊关于诗歌性质和功

奥德修斯在《奥德赛》中被比作一个歌手，因为他述说真实，而且他的述说具有言语的"优美形式"（μορφή）（11.367 以下）；他的真实和言辞技巧都可以用一项修饰语来标识，即他 ἐπισταμένως ［富有知识地］言说。奥德修斯本人把丑陋的谎言与愉悦听众、"没有谬误"（ἀσφαλέως, 8.171）的言辞区别开来；在言辞中只有一个"错误"，事实与风格偶然的谬误。①

瓦尔士正确地认为，对诗艺的这种分析也适用于赫西俄德；当我们注意到同样两个副词（ἐπισταμένως, ἀσφαλέως）用在 βασιλῆες 身上（《神谱》行 86 以下），就像用于描写荷马笔下的诗艺一样时，我们或许会以为，关于赫西俄德对这些 βασιλῆες 的工作的描写，瓦尔士会得出相似理解。但当瓦尔士转向赫西俄德对 βασιλεύς 的描写时，他毫无论据地假定，缪斯礼物的两个方面在 βασιλεύς 那里必须分隔开来，尽管他刚刚表明这两个方面在诗人那里是一个统一体。他明显将某些关于 βασιλῆες 的工作的先入之见带入了赫西俄德的段落，这源于他宣称，对 βασιλεύς 而言，不像诗人那样，ἀσφαλέως "在此不必意味着'毫无事实错误'或'真实地'，ἐπισταμένως 更可能意味着国王作出公正决断的能力（行 85 起），而非精通真实的言辞"。② 为了支持他在 βασιλεύς 与诗人之间作出的区分，瓦尔士声称 βασιλεύς 从两个不同的源头，即

能的观点》(*The Varieties of Enchantment: Early Greek Views of the Nature and Function of Poetry*, Chapel Hill, 1984)，页 3–21。

① 同上，页 24。
② 同上，页 24。"真实的言辞"可能意指诗人的言辞。

分别从宙斯和缪斯那儿接受了正义和言辞技巧,虽然赫西俄德的文本中并没有这种区分。① 由此,他得出结论:

> 由于他($βασιλεύς$ [王者])的雄辩并非来自他的正义,因此似乎就并不隐含着自身之外的意思;既不表征说话者的精准,也不表征说话者的得体。所以,王者的技艺并不一定像荷马的歌手的技艺那样统一了内容和形式,我们也不能从他的言辞之美直接推论出他的真实性。(同上,页 25)

不过,文本自身并不支撑区别对待关于 $βασιλεύς$ 的言辞行为与诗人的言辞行为的描绘——对于诗人,瓦尔士愿意接受方法和实质的本质统一。在 $βασιλεύς$ 的判决($δίκη$)中,他说话"确定不移"($ἀσφαλέως$,行 86);他"巧妙地"($ἐπισταμένως$,行 87)了结一宗争端;他"明智"($ἐχέφρων$,行 88);他"轻易地"($ῥηιδίως$,行 90)扭转局面,以温言款语相劝服"。这每一个表达都意指 $βασιλεύς$ 所提出的判决的整体效应,其判决的内容与其表达这一判决的技艺相互交织、不可分割。只有这样,$βασιλεύς$ 的言辞才能拥有与诗人的诗歌一样的力量。②

---

① 瓦尔士指的可能是《神谱》行 96:"因为宙斯,才有法官(lords)。"见 Verdenius 对行 96 的注解,《赫西俄德〈神谱〉序诗注释》,前揭。Verdenius 赞同由 von Fritz 最先提出的观点。但这一诗行表明 $βασιλεύς$ 是仰赖宙斯才拥有其地位和权力,并不表示他的一半能力来自于宙斯。宙斯的权威或许有助于使法官提出的判决易于让当事人接受,但宙斯并没有赋予法官创作可接受的判决的技艺。这一技艺来自缪斯。

② 这并不意味着阿斯科拉的法官实际会以诗行来传达他提出的判决,就像 Eric Havelock 所认为的那样(《柏拉图导言》[*Preface to Plato*],

换句话说，就像诗人言辞的形式和内容被认为不可分一样，对于赫西俄德而言，βασιλεύς 判决的内容与表达判决的形式也是统一体，将判决传达给诉讼人的技艺是这一判决的"正义"的固有部分。因此，βασιλεύς 判决争端是像诗人的诗歌一样的言说行为，是形式和内容不可分的混合，作为一个统一体达成一个相似的效果：一方面了结争端，另一方面安抚悲痛。

学者们不接受该结论的原因可能是，与早期希腊人相比，"正义"对于我们而言是一种更抽象更绝对的东西。我在别处已试图表明，在早期希腊裁定争端的"原初法律"（proto-legal）程序中，争端的各方或多或少会自愿要求法官来解决争吵，期望法官可以提出各方都能接受的解决方案。① 为了让各方都能够接受，判决必须折中处理，显得对各方都公平，所以"直率的"判决自然不符合诉讼人的提议。判决还要对各种损害作出补偿，不管是仅意识到的损害还是已遭受的损害。但是，对一项判决的"正义"的最终考验是各方实际上都能接受这一判决，这种可接受性取决于判决的内容，也取决于判决表达的形式。在这样一种体系中，赫西俄德笔下的好 βασιλεύς 的修辞技艺显然是合宜的。

在这点上，βασιλεύς 技艺的一个方面尤其值得注意，即他能够"转移"（divert）听众的注意力。前面列举了赫西俄德描述

Cambridge MA，1963，页 109）。诚然，在我们所考虑的段落中（以及在其他的史诗表演中），所有法官都以六步格韵律言说，但现实的法官肯定说话不带韵律，尽管他们可能比现代的法官更有诗的色彩，而且和诗歌中的判决一样依靠范例、格言和其他诗性特征。

① 加加林，《早期希腊法律》，前揭，页 19-50；关于"原初法律"，见同书，页 8 起。

βασιλεύς 和诗人的类似表达，其中有两个动词都表示"引导"听众（παραιφάμενοι，行 90；παρέτραπε，行 103）离开原来的想法。普契（Pucci）正确地认为前缀 παρα- 暗示着欺瞒，且评论道："属于好 βασιλεύς 的奇怪言辞。"① 这一评价假定了一个现代的正义标准。我们把法官的任务看作是发现适用于案件的正确或真实的准则和原则，以及宣告与这些原则相一致的判决。清晰透明是一种美德，我们很难因法官的欺瞒而称赞他。但对赫西俄德而言，解决争端的工作要求一定程度的策略，即把每个当事人的思虑从那些最关键的事情上转移开，引向法官想要达成可接受的判决的基础。对于这个程序，"欺瞒"或许是个过于否定的词，但我不认为赫西俄德会否认其潜在的意思。很明显，在荷马那里，一个好诗人必须了解他的听众，并且精心呈现他的素材，使之成为一种有效的转移（譬如，对于佩涅洛佩和求婚者们来说，这种呈现应该是不同的）。与此相似，一个 βασιλεύς 可能也需要合适的"倾斜"来呈现他对争端的处理，以使得当事人可以接受。②

假如我们考虑《伊利亚特》卷二十三帕特罗克洛斯（Patroclus）葬礼竞技中发生的一系列争端或潜在争端，这种原初法律程序的性质将会变得更清楚。虽然《伊利亚特》的大部分内容关注"竞争性"价值，而这种价值与争端的和平解决相龃龉，但最后这种解决的价值——由阿喀琉斯之盾上的著名场景描绘出来（18.497-508）——在阿喀琉斯与普里阿摩斯的和解中

---

① Pietro Pucci,《赫西俄德与诗的语言》(*Hesiod and the Language of Poetry*, Baltimore, 1977), 页 17 起以及页 39 注 28 和注 29。

② 例如，任何擅长解决争端的人都会强调解决方案对各方的益处，而忽略（有时甚至隐藏）其弊端。

得到了承认。我并不想重新开始讨论关于那一审判场景的棘手问题，①不过我可以指出，两塔兰特黄金奖励给了说出最正直判决的法官（ὅς…δίκην ἰϑύντατα εἴποι，行 508）。我更愿意考察一下卷二十三里葬礼竞技中的几个情节。这些竞技构成了从卷二十二中赫克托耳与阿喀琉斯之间血腥的战斗到卷二十四的和谐的过渡。显然，这些竞赛本身是支配《伊利亚特》前二十二卷的战场上的竞争的替代形式，但许多比赛也引发了更进一步的争端，而所有这些争端都得到了和平解决。这些情节是阿喀琉斯转变的关键：虽然并不是所有争端都需要他的帮助，但他是最终的法官和裁判者，借由这样的角色，他为解决自己在诗中最后情节里的争端作好了准备。荷马也用这些情节来说明和谐解决争端的若干方法，因此，这些情节对我们理解赫西俄德的正义和缪斯赐予 βασιλεύς 的礼物大有裨益。

情节一。葬礼竞技中出现的最著名的争端发生在战车竞赛之后，墨涅拉奥斯（Menelaus）和安提洛克斯（Antilochus）之间。② 安提洛克斯"用计谋（κέρδεσιν, 23.515）而不是速度"战胜了墨涅拉奥斯，并索要奖品，一头母马。根据诗人的描述，安提洛克斯超过墨涅拉奥斯所用的策略不合规矩且伴有危险，但不一定不正当或"不公平"，尽管墨涅拉奥斯可能觉得如此。③

---

① 最近的研究是 Raymond Westbrook 的《〈伊利亚特〉的审判场景》（The Trial Scene in the *Iliad*），*Harvard Studies in Classical Philology* 94（1992），页 53-76。他征引近东关于谋杀的法律来支持他的观点：法官决定受害人的支持者的复仇权利应有的"限度"。

② 见加加林，《早期希腊法律》，前揭，页 36-38。

③ 见加加林，《安提洛克斯的策略：〈伊利亚特〉卷二十三中的战车竞赛》（Antilochus' Strategy: The Chariot Race in *Iliad* 23），*Classical Philology* 78

墨涅拉奥斯确实相当愤怒；他感到自己的荣誉被一个年轻人给毁了，这个年轻人虽然驾驭劣马，却凭借从涅斯托尔（Nestor）那儿学来的计谋（μῆτις，行313）打败了他。墨涅拉奥斯并不想赢得那匹母马，因为他自身有更高的卓越（ἀρετή），但他想要他和他的马的优越得到认可。奖品本身倒是次要。于是他提出一个判决（αὐτὸς δικάσω，行579）：安提洛克斯应发誓没有蓄意靠诡计（δόλῳ，行585）取胜。墨涅拉奥斯提出的誓辞非常谨慎，让他的指控显得空泛模糊（"靠诡计"），而不具体（比如"靠偏离指定的车道"或"靠越过禁区"）。他知道，安提洛克斯不可能真地否认使用了诡计，但也不愿意承认靠诡计取胜。从稍后的摔跤比赛可以看出，至少在某些情况下，使用诡计总的来说并非不正当。奥德修斯在第一次摔倒埃阿斯时，"没忘记诡计"（行725），但没人表示不满，"人们看着他们，惊愕不已"。对奥德修斯而言，诡计是正当的策略，并不违反竞赛规则。不像安提洛克斯，奥德修斯可能很愿意承认自己以诡计获胜。

墨涅拉奥斯声称，他给安提洛克斯的提议是个"正直的判决"（ἰθεῖα δίκη，行580）；该提议确实显得是一次合理的尝试，旨在寻找可接受的解决争端的方法。该提议迫使安提洛克斯作出让步，但仍旧给他留有余地，以便达成令人满意的调和。作为回敬，这个年轻人作了一次巧妙的、自我批评的发言（行586-595），同时谄媚墨涅拉奥斯，承认他的年长和德性（σὺ δὲ πρότερος καὶ ἀρείων）。他恭顺地承认年轻人的"罪过"及所有缺点，还装

（1983），页35-39。安提洛克斯超过墨涅拉奥斯所用的策略出于安提洛克斯父亲的设计，这点很重要。在我看来，诗人清楚地说明墨涅拉奥斯的抵触源于主观的反应，而不是对该事件的客观看法。

样子承认了"思想肤浅"（λεπτὴ μῆτις，行590）的缺点。① 这一对个人缺点含糊的承认让墨涅拉奥斯推断，安提洛克斯在承认自己做错了事，虽然他实际并没有具体承认什么。安提洛克斯在发言结束时彬彬有礼地说，要将"赢得的"母马"送给"墨涅拉奥斯（ἵππον δέ τοι αὐτὸς / δώσω, τὴν ἀρόμην，行591起）。

这通发言非常成功。墨涅拉奥斯的情绪"柔软得像麦穗上的露滴"（行598），还回敬了美言懿词（行602-611），慷慨地把母马归还安提洛克斯，"虽然已属于我"。② 像安提洛克斯一样，他在次要的母马之事上也巧妙地让步了，但仍旧保留了赢得奖品的权利以及奖品所代表的优越地位。结果是安提洛克斯赢得了母马，但墨涅拉奥斯也很满意，因为他的卓越已充分得到承认。

在这个插曲中，判决（δίκη）显然让双方都接受；能达成判决，依靠的是每位发言者有说服力的、慰藉人的修辞，也同样依靠各方提议的实际内容。内容和风格鲜明地共同作用，每场发言都让双方更靠近问题的解决；但是，要是没有一个智慧的、有实质内容的提议和传达这一内容的修辞技巧，这些发言都不能成功。对于两位发言者而言，辩才和正义（用瓦尔士的词语）融为不可分割的整体，就像辩才与真实对诗人是整体一样。

此外，在这种情况下，"正义"明显不涉及固执于一个确定

---

① λεπτός 在公元前五世纪的意思是"微妙、精致"和"细薄、微小"，但前一义项未见于史诗。

② 译文出自 M. M. Willcock，《荷马的〈伊利亚特〉：卷八至卷二十四》（*The Iliad of Homer: XIII–XXIV*, London, 1984）。荷马用来表示"露珠"的词是 ἐέρση，赫西俄德在《神谱》行83用同一个词描述滴在 βασιλεύς 舌尖上的甜蜜。正如露珠会使硬实的谷杆变得柔软，安提洛克斯软化了墨涅拉奥斯的心，赫西俄德的 βασιλεύς 则软化了诉讼人的理智。

的规则或抽象的标准,而涉及具体的判决,这一判决经过调整,以适合个人状况的很多复杂因素和双方对公平的普遍看法。与此相似,在这些竞技中发生的其他事件中,争端也由具体的"正义"得到解决,要是我们比较这些争端的解决结果,这一点就会显得很清楚。决定判决的性质的,不是正义的普遍准则或原则,而是具体的状况和性情。

情节二。在战车比赛的早些时候,有着最快战马的欧墨洛斯(Eumelus)出了意外,最后抵达。阿喀琉斯同情他,建议给他二等奖。其他人同意,但安提洛克斯反对,提议阿喀琉斯单独给欧墨洛斯颁发奖品。阿喀琉斯同意这个有说服力且公平的提议,欧墨洛斯也表示同意(如果行565是真实的),在场的其他人似乎同样如此(行534—565)。

情节三。阿喀琉斯把无人认领的五等奖给了没有参赛的涅斯托尔(行616)。虽然没有明说,这一礼物似乎在某种程度上是对先前损失的补偿:涅斯托尔感谢阿喀琉斯时回忆了先前他参加的一系列竞技(行630—642),其中除了战车比赛,他都赢了,因为在战车比赛中,一对兄弟明显以不正当的手段胜了他。

情节四。在摔跤比赛的最后一轮前,阿喀琉斯阻止了奥德修斯和埃阿斯,给了双方同等的奖赏(行735—737)。两人接受了这一决定。

情节五。在跑步比赛中(行740—784),最快的选手埃阿斯(Oilean Ajax)摔倒,仅得了第二名。① 他获得二等奖,被每个人嘲笑。甚至没人提出特别考虑埃阿斯,而在战车比赛中,欧墨洛

---

① 诗中没有明确说埃阿斯第二个到达,但我们可以推测出来,因为他得了二等奖,而安提洛克斯被说成是最后到达。

斯在相似的状况下获得了特别奖。

情节六。跑步比赛之后（行785-797），安提洛克斯谄媚阿喀琉斯，得到了额外的奖励。似乎没人介意。

情节七。在击剑比赛中，人们要求平分奖品，但阿喀琉斯只将奖品授予了狄奥墨德斯（Diomedes）（行822-825）。

情节八。阿喀琉斯提议最后的比赛是投掷标枪（行884-897），但当他看到只有两位竞赛者，亦即阿伽门农（Agamemnon）和墨里奥涅斯（Meriones），他决定不用比赛，直接告诉阿伽门农他就是最好的投掷手，所以阿伽门农理应不用比赛就获得一等奖。阿伽门农同意（墨里奥涅斯显然也同意），但他把奖品慷慨地赠与了传令官塔尔提比奥斯（Talthybius）。换句话说，在这一情形中，仅是固有的能力（或假定的能力）赢得了奖品。①

正如这些场景所表明的，奖品的颁发受制于不同的因素，比赛的实际结果只是其中之一；调节基于这些不同因素的索求，并没有普遍的准则或原则。毋宁说，具体情况具体解决。

我们似乎离赫西俄德对法官（lords）公正解决争端（ἰθείῃσι δίκῃσιν，《神谱》行86）的描绘太远了，但《伊利亚特》卷二十三中这些情形的所有目的都是一样的——解决实际的争端或避免潜在的争端，达成这一目的的手段也相当相似。在所有情形中，最后的解决使得相关的每一个人接受，包括（看上去如此）旁观者们。有时，最初的提议可以毫无争议地被接受；另外有些时候，经过一次或更多的反对意见，方达成能接受的解决方案。有时，阿喀琉斯提出最后的裁决；有时，正如在描述最详细

---

① 或许阿喀琉斯想让阿伽门农避免失败的尴尬，因为他已看到过"更好的"竞赛者的败绩。

的那个情形中（情节一），参赛者自己提出了解决方法。起先是墨涅拉奥斯要求"阿尔戈斯人的首领"（行573起）来解决他的争端，这些首领可能会是法庭，假如"诉讼人"自己或现场的"法官"阿喀琉斯不能解决该争端的话。最后，在大多数情形中（情节一、二、三、四、六、八），解决方案不管是否得到接受，都以言辞的方式提出。我们无须认为，那些没有以言辞方式提出的解决方案不涉及言辞；诗人或许仅仅是选择不记录言辞。总之，在卷二十三的竞赛中，原初法律程序以一个或更多的言辞行为解决争端，其中提出并（有时）被接受的"正义"不是由一个抽象的标准或更高的权威决定，而是通过具体调和相互竞争的索求和性情来决定。①

达成这类"正义的"解决是有可能的，因为这些争端大多并不涉及对既定规则的明显违反。比如，在战车比赛中（情节一），如果参赛者在抵达阿喀琉斯规定的转弯点之前倒转马匹，所有人都知道他违规了，由此产生的任何争端或许不需要借助争端解决程序就能解决；违规者直接会被认为不值得大家关注，会被驱逐出局，就像卷二中的特耳西特斯（Thersites）一样。②

争端不是源于简单的事实分歧，比如谁最先跨过终点线，这可以由某个知道事实的人来解决。这种分歧有可能在战车比赛的观众中出现，埃阿斯和伊多墨纽斯（Idomeneus）在争论谁领先时几乎打起来。伊多墨纽斯（行486起）提出打赌，并交由作为 ἴστωρ [知情者] 的阿伽门农定夺。若有必要，阿伽门农作为

---

① 加加林，《早期希腊法律》，前揭，页19-50。
② 福尼克斯（Phoenix）是转弯处的监测者（σκοπός），所以他能"记得竞赛过程并呈报真相"（《伊利亚特》23.361）。结果他没派上用场。

知情者需要定夺事实问题（谁领先？），但当争端越来越白热化，两位战士相互辱骂时，阿喀琉斯介入，并以镇定的言辞平息了争吵（又一个具体解决争端的例子）。① 显然这场争端已不再是事实的分歧，而恶化成了人身攻击。对此不只需要对事实问题直截了当的裁决，因此是阿喀琉斯而非阿伽门农作出了决断。

比较卷一中阿伽门农和阿喀琉斯的争吵会很有趣。这场争吵也涉及人身攻击，主要关乎各方的荣誉和德性。阿喀琉斯的提议迅速平息了埃阿斯和伊多墨纽斯之间的争端，但在此，涅斯托尔提议的解决方案（1.254-284）遭到双方拒绝。显然错不在涅斯托尔；他对两位领袖没有权威，而后者此时只想按自己的方式解决争端。尽管解决无效，但涅斯托尔显然担任了"法官"或争端解决者的角色，用于描述他的措辞立刻让人想到赫西俄德笔下的 βασιλεύς［王者］："言语甜蜜的涅斯托尔站起来，他是皮洛斯人中声音最清晰的演说家，从他舌头上吐出的语音比蜜还甜（τοῦ καὶ ἀπὸ γλώσσης μέλιτος γλυκίων ῥέεν αὐδή）。"（《伊利亚特》1.247-249）注意对言说能力的强调以及最后一行诗与赫西俄德对诗人的描述（γλυκερή οἱ ἀπὸ στόματος ῥέει αὐδή,《神谱》行 97，比较行 84）如何高度相似。也请注意涅斯托尔提出的解决方案包括史诗般的往事回忆（行 260-273），使得他事实上既是诗人又是法官。整个段落确证了我们已在诗人与解决争端的法官之间建立的高度相似性。

---

① 阿喀琉斯之盾诉讼场景中的诉讼人也寻求知情者（ἴστωρ），但这并不一定意味着他们的争端涉及事实问题，可以由"某个知道"事实的人解决。这一罕见用词的语源性含义在卷二十三中似乎合适，但在卷十八中就可能不合适。

回到卷二十三，安提洛克斯和墨涅拉奥斯之间的争端与这些竞技中的其他争端一样，涉及卓越和具体表现所提出的相互竞争的索求。争端中，竞争者内在的或假定的卓越与实际的竞赛结果有矛盾。解决争端不需要引述被违反的具体规则或一系列具体事实。需要的是诗的或是修辞的技巧，提出一个折中的解决方案，可以让对方接受，或至少为进一步提出双方可接受的解决方案留下可能。对于一项解决方案的内容和风格，参与者不会把它们当成他们的言说行为的两个不同方面，而是当成一个统一体，两者必须得到巧妙地（$\epsilon\pi\iota\sigma\tau\alpha\mu\acute{\epsilon}\nu\omega\varsigma$）表达，以便让各方都感到自己的正当诉求得到了解决方案的承认。最后，解决方案的内容（谁得到母马）并不重要，因为言说行为已经以其安抚性的风格促成了妥协。在这一情景中，各方都拥有提出一项有效的解决方案的技巧，这种技巧我们可以合理地称作缪斯的赠礼。

与此相似，在《神谱》中，赫西俄德笔下的法官（lords）通过全面运用他的言说技巧——像诗人的技巧一样包括内容和形式——来迅速而稳妥地解决争端。他的"正义"是一种言说行为，既指达成解决的过程，也指解决方案本身；如果我们能谈论赫西俄德的社会中的"法律"的话，"正义"（$\delta\acute{\iota}\kappa\eta$）一词就最好地表达了这一"法律"，因为它指的是以这类方式来解决争端的通常程序。

在《劳作与时日》中，赫西俄德仍旧将法律看作他在《神谱》中描述的相同程序，但现在他更直接地关注法律。在前三百行中，他频繁强调法律的重要性，将之作为人类社会区别于动物的一个特征："宙斯给人类设立了下面的生活方式（$\nu o\mu\acute{o}\varsigma$）；鱼、兽和有翅的飞禽彼此吞食，因为它们之间没有法律（$\delta\acute{\iota}\kappa\eta$），而宙斯把最好的法律给了人类。"（行 276-280）①更具体的是，赫西俄德在《劳作与时日》中呈现了他自己与兄弟佩耳塞斯（Perses）关于财产继承的现实争端。②大多数学者觉得，赫西俄德对这一争端的讨论有历史基础；有些人甚至把这首诗看作在判案的法官面前朗诵的某类诉状。③这后一种理论不太可能成立，因为在法官面前对案件的任何讨论肯定会提供给他们关于该案件的更多信息。我认为诗歌可能确实反映了现实的争端，即使生平细节是虚构的，④诗歌呈现的案件仍应反映了赫西俄德时代社会的现实状况，并影射了当时解决争端的程序——赫西俄德经历过这些程序，对之很熟悉。

虽然赫西俄德表面上无意对听众清楚地描绘这场争端，但他呈现的一些细节与我们对当时法律的理解并非不相容。

> 等你有盈余，你［佩耳塞斯］再去滋生纠纷和争端，抢别人的财产。但你再也不能这么干了：咱们这就了断纠纷，就凭来自宙斯的至善的公平断决。当初咱们分家产，你得了大头，额外拿走很多，你给王公们莫大面子，他们受了

---

① 这些诗行的含义见加加林，《早期希腊法律》，前揭，页 1 注 1。

② 我已经讨论了其中一些细节，见《赫西俄德与佩耳塞斯的争端》（Hesiod's Dispute with Perses），*Transactions of the American Philological Association* 104（1974），页 103-111。

③ 例如 Peter Green，《〈劳作与时日〉行 1-285：赫西俄德的隐形听众》（*Works and Days* 1-285: Hesiod's Invisible Audience），载 Harold D. Evjan 编，《回忆：纪念胡黎古典研究文集》（*MNHMAI: Classic Studies in Memory of Karl K. Hulley* Atlanta，1984），页 21-39。

④ 可参 Mark Griffith，《赫西俄德笔下的人物》（Personality in Hesiod），*Classical Antiquity* 2（1983），页 245-263。

贿，一心把这当成公正。(《劳作与时日》行 33-39)

我不会纠缠于对争端的这一简略描述引起的许多棘手难题，而是集中讨论对本文目的有意义的要点。显然赫西俄德看到了两种解决争端的途径：要么是他和佩耳塞斯自己解决，[1] 要么是由有意于此的法官来解决。这两种选择与墨涅拉奥斯在《伊利亚特》卷二十三中（行 570-585）所提出的一样，当时他先请求希腊人的领袖来解决他和安提洛克斯的争端，然后他自己评判，结果他与安提洛克斯自己解决了争端。[2] 赫西俄德更希望他们自己"以公平断决"（ἰθείῃσι δίκῃς）来解决争端。名词复数意味着像墨涅拉奥斯和安提洛克斯那样磋商如何解决。

或许同样值得注意的是，赫西俄德对案情的描述如墨涅拉奥斯的描述那样，含糊而宽泛。他仅仅告诉我们，他和兄弟划分好财产之后，佩耳塞斯试图或已经开始[3]拿走"很多东西"（πολλά）。πολλά 可以理解为"我的份额中的许多（可移动的）东西"，但如果这是赫西俄德的抱怨，他就应该说得更明确一些。即使在一份简短的、宽泛的叙述中，赫西俄德也可以说佩耳塞斯"拿走了我的份额中的很多东西"。人们在讨论自己卷入的争端时

---

[1] 关于这里的中动态，见加加林，《赫西俄德与佩耳塞斯的争端》，前揭，页 107 注 11。

[2] 墨涅拉奥斯在意图对自己的案件提出解决方案时用了主动态（δικάσω，《伊利亚特》23.579），但他的意思并不是"我要自己解决争端"，而是"我（作为希腊人领袖的一员？）要提出一个解决方案"。见加加林，《〈劳作与时日〉中的 Dikē》，前揭，页 84 注 14。

[3] 未完成过去时的使用或许是有意含混，πολλά 也是一样（详下）。见加加林，《赫西俄德与佩耳塞斯的争端》，前揭，页 108 注 14。

通常会站在自己一方，如果有明确而具体的苦恼，他们也不会缄口不提。因此，πολλά / ἁρπάζων ἐφόρεις 的含混性可能意味着具体的争端并不清楚，而且赫西俄德故意含糊其辞。或许财产划分留下了一些未确定的东西，而且佩耳塞斯试图拿走的有争议的份额超过了赫西俄德认为合适的数目。πολλά 传达了一种合理的抱怨（"多过他应该拿的"），但没有作出具体指控。至少我们可以说，赫西俄德语言的含混性给折中的解决开了一扇门。他没有要求归还具体的财产，也没有要求一个佩耳塞斯无法接受的具体解决方案；他寻求对话，希望借由与《伊利亚特》卷二十三中相似的程序，达成一个双方都接受的解决方案。

对于理解《劳作与时日》中赫西俄德的法律观而言，下一事实同样重要：法律在赫西俄德看来首先是一种程序，而不是实体法（substantive law）。虽然两者的分别并不总是严明，[①] 但一般来说，实体法是一系列规则或法令，关涉法律系统之外的世间事物；一条法规通常详细说明违反这些规则的后果和惩罚。另一方面，程序法（procedural law）处理的是法律系统的运作和诉讼人及法律系统内官员的行为。其他早期社会流传的大多数法典——比如古近东的法典——主要由实体法构成，这些法典采取我们熟悉的条件句的形式：条件句阐明一种具体的行为，常常是对法规的违反，结论句表明处罚或者规定应该实行的行为。规则通常普遍施用于某个类别的所有人，不论是社会中的每一个人，还是某一年龄段、某种性别、地位和职业的所有人。下面是汉谟拉比法典中的两个例子：

[①] 见加加林，《早期希腊法律》，前揭，尤其页 72 起。

[14] 如果一个人偷了别人未成年的儿子,他将会被处死。

[111] 如果一个女酒保赊出一瓶酒(pihum),她在丰收的时候会得到五十曲(qu)的粮食。①

我在别处认为,②实体法通常只有在成文法中才可能;或许有些社会是以口头形式保存和传播法律,但古希腊并非如此,至少在荷马与赫西俄德的时代不是这样。一般认为,公元前八世纪末的古希腊仍然主要是口头文化,虽然人们知道写作,但据我们所知,写作的使用相当有限。当然,至少在两个多世纪里,诗歌的创造或制作依旧主要是口头的。成文法首先出现在公元前七世纪中叶的铭文上;可能早到公元前 670 年,如果第一位立法者扎罗库斯(Zaleucus)的传说有任何历史依据的话。不管希腊人在写下法律的时候是否受到近东成文法典的影响,③无论如何都没有证据证明赫西俄德的时代有成文法;④更重要的是,赫西俄德本身没有表现出对成文法或任何等同于法律的规则(无论成文或口头)的任何意识。

---

① 汉谟拉比法典的引文来自 James B. Pritchard 编,《古代近东:文本和图片选》(*The Ancient Near East: An Anthology of Texts and Pictures*, Princeton, 1958),页 138-167。
② 见加加林,《早期希腊法律》,前揭,尤其页 2-12。
③ 同上,页 126-129。
④ Westbrook 推测迈锡尼时代可能有一个成文法的档案室(《〈伊利亚特〉的审判场景》,前揭,页 66),这似乎不太可能。我们现已在多个地方发现 B 号线性文字(Linear B),如果有什么档案室的话,我们肯定早就发现了宫殿被毁之前还在使用的一大类文件。

有人认为《神谱》中缪斯给予法官的礼物是背诵口传法律条文的天赋,①但我们已经看到,对βασιλεύς行为的叙述似乎描绘了一个相当不同的程序。很难想象,背诵口传法律怎么会有益于赫西俄德在描绘βασιλεύς言说正义时所强调的安慰和温和的特性。古代近东的法律肯定没有显示出适合于口头背诵的迹象。当一个法律体系的口传至关重要时,就像在早期冰岛社会那样,牢记法律文本具体细节的能力就会得到充分强调。②然而,尽管在赫西俄德那里众缪斯是记忆女神的女儿(《神谱》行53-55,915-917),但记忆能力从未被当作好法官(或好诗人)拥有的品质。相反,他还反讽地称缪斯会促人遗忘(《神谱》行55)。假如βασιλεύς工作的某一重要部分涉及记忆一套法律条文,那么我们肯定就认为他会提及这一能力。

此外,假如赫西俄德认为βασιλεύς要背诵一套法律来解决争端,我们肯定会期望在《劳作与时日》中找到关于这些法律的证据,因为《劳作与时日》中充满了支配人类生活诸多方面的规则和建议。但是,这些规则没有一条与上文引述的近东法典或古希腊成文法时代的法典相似。赫西俄德经常建议人若想达成某些结果就得怎样做。他还常常警告说,如果一个人做了某件事就会承受某些后果。但是,这样的陈述都是基于对通常发生的状况的观察,且没有暗示以任何人为施加的惩罚来强化通常的、可期待的结果,不管是正式还是非正式的惩罚。

思考下面一小段话,其中有一些条件性的表达:

---

① Roth,《赫西俄德〈神谱〉中的国王和缪斯》,前揭。
② 更多文献见加加林,《早期希腊法律》,前揭,页10。

莫对待朋友如自家兄弟，若这么做了，不要先冒犯他，不要取悦说谎。他若起头对你说了坏话做了坏事，你要记得①双倍报复。他若回头想言归于好，有意补还公道，你要接受。（《劳作与时日》行707–713）

赫西俄德这里所呈现的规则是关于怎样生活的建议。不管这里表达或暗示了行为的何种后果，都可以认为这些后果源于事件的通常进程，而不是源于一个外在权威对规则的施行。我们当然可以把这段话改写成一则法条（比如，"如果有人首先以言辞或行为伤害另一个人，他将为自己造成的伤害双倍补偿受害者"），但赫西俄德并不知道这种表达方式。"法律的"规则也不能轻易从所陈述的建议中推出。赫西俄德经常利用传统的准则和谚语，这些准则和谚语后来可能成了早期立法者凭借的资源，但没有迹象表明赫西俄德知道任何具有法条形式的规则或条例。② 不过，如果赫西俄德时代的古希腊存在口传法律，这些法律肯定至少会涵盖赫西俄德给出过建议的一些行为领域。因此，赫西俄德的建议没有一条以法律形式呈现，这一事实深有意味。

近东文学的影响也很明显，但韦斯特（M. L. West）广为搜集的类似材料都来自劝勉文学或智慧文学，并非来自法律文

---

① 不像法官那样，对于常人而言，记住赫西俄德提出的规则非常重要。

② 在《神谱》行66，诗人说缪斯吟唱诸神的 *nómoi*。韦斯特的《〈神谱〉笺释》（*Hesiod, Theogony*, Oxford, 1966）将此词解为"法令"（ordinances），即"宙斯为每位神立下的 *timaí*［荣誉］"。Verdenius（《赫西俄德〈神谱〉序诗注释》，前揭）解为"风俗"，即"通常的行为方式"。无论如何，这些 *nómoi* 都不是一套"法律"。

本。① 确实，诗中没有迹象表明赫西俄德知道任何法律文本。鉴于他极其关注法律程序，如果他认为此程序涉及引证或背诵法律文本，那么他肯定会在诗中留下这些法律的例证。如下结论似乎无可辩驳：赫西俄德不知道任何口传法律，也不认为阿斯科拉（Ascra）的 βασιλῆες 会背诵法律或以其他方式利用口传法律来解决争端。

在解决争端时，βασιλῆες 当然常常会利用传统的劝勉文学；他们需要知道传统的规则和习俗（θέμιστες），② 可能会征引准则或谚语，甚至是赫西俄德自己的话。但这一建议的形式要贴合当时状况的具体需要，βασιλεύς 的任务就是提出一个适合当时情况的解决方案。当然，他不能肆意地无视普遍的规则和原则，但他也不需要像对待法律那样墨守传统规则的具体细节，也不需要一字不差地引证（或背诵）传统规则。他的任务就是提出诉讼人可以接受的解决方案。

在《劳作与时日》中，与实体法的缺席紧密相关的是对法律程序的密切关注。我已在别处证明，诗中出现的所有 δίκη 要么有非常普泛的指涉（"法律"或"正义"），要么在更具体的语境中指示法律程序。③ 此外，在这些更具体的情形中，δίκη 大多意味着一种程序，明确包含了言说，或是法官提出解决方案，或

---

① 韦斯特，《〈劳作与时日〉笺释》（*Hesiod, Works and Days*, Oxford, 1978），页 3-25。

② θέμις 的准确含义很难坐实，但没有理由将它理解为成文的或是口头保存的"法律"，即一种具体的、固定的规则，与共同体的普遍规则和传统风俗相对。参见 Westbrook，《〈伊利亚特〉的审判场景》，前揭，页 66，彼处参引了《伊利亚特》1.238。

③ 加加林，《早期希腊法律》，前揭，页 47 以下。

是诉讼人申诉或发誓。再者，除了序言中确切阐述的一般规则（《劳作与时日》行 1-9），诗中出现的所有"直/公正"（ἰθύς）和"曲/不正当"（σκολιός）都专指法官或诉讼人的言辞。[1] 如此用法强化了这样的观点：赫西俄德认为法律主要是一种程序，包括法官和诉讼人的言说行为，其目的在于和平解决争端。

我们必须再说说誓言，赫西俄德明显对之极其关注。有些学者把誓言看作一种客观的甚至是自动的司法证明，一种依据明确规定的准则决定案件的手段：如果诉讼人能发一个拟好的誓言，他就会胜诉；若不能，则会败诉。[2] 墨涅拉奥斯提出的誓言（《伊利亚特》23.581-85）似乎能支持该观点：他要安提洛克斯发誓说自己没有以诡计取胜，因为他清楚地暗示，若能够如此发誓，安提洛克斯就能拥有奖品。但是，这样理解誓言的功能会误入歧途，就像战车比赛之后的场景所表明的。早先我们提到，墨涅拉奥斯所提出的誓言非常老练狡猾，令安提洛克斯很难直接接受或拒绝；虽然安提洛克斯确实没有发这个誓，但他也避免了直接拒绝它。其他文学上的例子也表明，大多数诉讼人避免直接接受或拒绝发誓，或者誓言并不会自动地解决案件。[3] 这样的誓言可能曾在古希腊自动发挥作用，但到了荷马与赫西俄德的时代，誓言成了修辞策略的一部分，诉讼人提出誓言以便推进他的申诉。换句话说，誓言完全是构成早期希腊正义的修辞性言说行为

---

[1] 同上，页 48 注 83。

[2] 见加加林，《安提普丰证据的性质》（The Nature of Proofs in Antiphon），*Classical Philology* 85（1990），尤其页 26-29。

[3] 比如，《欧墨尼得斯》（*Eumenides*）中的俄瑞斯忒斯（Orestes）回避了复仇女神提出的誓言，《赫尔墨斯颂诗》（*Hymn to Hermes*）中的赫尔墨斯发了一个很大的伪誓，但阿波罗和宙斯都没有相信，案子继续。

的一部分。

总之，如果我们接受传统的断代，认为现今形式的《伊利亚特》早于赫西俄德的诗，我们就必须得出结论说，赫西俄德不是第一位带领我们探察古希腊法律原初形式的诗人。荷马已经描绘了法律程序或原初法律程序的运作过程，这个程序的大多数要素与我们在赫西俄德那里见到的相似。但问题是，荷马在何种程度上承认法律的价值，他的诗似乎呈现了相互矛盾的画面：《伊利亚特》不时地展现了和平解决争端的好处，如在卷二十三中那样，但竞争性的英雄特征还是更经常地占据主流。相比之下，赫西俄德非常赞同法律并支持法律的运用。不过，对两位诗人而言，法律首先都是一种言说行为的程序，其中诉讼人或其他"法官"提出在理想状况下每个人都能接受的解决方案。如果一位法官在这种情形下能说会道，即，如果他能迅速而轻易地解决争端，"人们敬他若神明"就理所应当。

《劳作与时日》绎读

巴特莱特（Robert C. Bartlett） 撰

程 锐 译

"你知道哪类人，"他说，"比游吟诗人还愚蠢吗？"

"不，宙斯在上，"尼克拉托斯说，"我不知道！"

"因为，很显然，"苏格拉底说，"他们不理解［诗的］隐含之义。"

——色诺芬，《会饮》3.6

赫西俄德《劳作与时日》最明显的意图是，劝导其主要对象——诗人懒惰且极不正直的兄弟佩耳塞斯（Perses）——改变以及怎样改变自己的生活。赫西俄德的教诲包括：对劳作生活尤其是农事及相关活动的至高礼赞（"劳作"）；对从事这些活动异常详细的指导，包括从事这些活动的吉时（"时日"）；或许最突出的是，反复劝诫一定要遵从正义，摒弃不正义。无论是对待外邦人还是同伴、孤儿还是年老的父母、仆人还是国王——当然还有兄弟（行328，707；比较行371与184）——佩耳塞斯一定要选择更高的正义之路（比如行216-217）。① 这样做的首要原因是，宙斯会分别给予正义之人与不正义之人奖赏和惩罚。最终（行218，474，669），正义之人总会顺遂，不正义或肆心之人总会遭受惩罚："宙斯的意志（νοός）没有可能逃避。"（行105）不仅是佩耳塞斯自己的福祉，他的家族和他所属的政治共同体的福祉都仰靠他的正义（思考行240-247和行282-285）。在向他的兄弟回答"如何生活最好"这一人类基本的问题同时也是基本的道德-政治问题时，赫西俄德不得不解释"统治奥林匹波斯山的诸神"的存在对于人类而言有何后果。赫西俄德的道德-政治教诲基于一种特定的神学教诲。

对《劳作与时日》意图的这一阐述很可能使人认为，这首诗顶多是一份充斥着鬼魅的上古世界的遗物，只有不严肃的好古者才对之有严肃的兴趣。也可能有人说，即便赫西俄德的中心问题（"如何生活最好"）仍旧对我们很重要，他的答案也已不再重要。例如，赫西俄德如此崇信奥林波斯诸神的力量，从而对我们所讲的自然秩序的存在视而不见：在《劳作与时日》中，天上之神宙斯降下雨水，地下之神德墨忒尔（Demeter）带来粮食。甚至季节也以被看作神灵的天体的状况为标志：天狼星（Sirius）、大角星（Arcturus）、黎明（Eos）、太阳（Helios）。在其他方面，赫西俄德所居的世界同样奇怪。那里最低等的生物，从蜘蛛和蚂蚁（"有远见的［蚂蚁］"，行778-779）到章鱼（"没骨头的啃自己脚的［章鱼］"）和蜗牛（"背着住所的［蜗

---

① 凡未经特别指出，《劳作与时日》均参考韦斯特（M. L. West）的编本（*Works and Days*, Oxford：Oxford University Press，1978）；《神谱》也参考韦斯特的编本（*Theogony*, Oxford: Clarendon Press,1966）。译文出自本人。

牛]",行 524,571),都被赋予近乎神秘的亦即荒谬的意义;那里的鸟类(行 801,828),尤其是乌鸦(行 679,747),被人类用来辨明最好的行为方式。至于诗中的道德教诲,有人或许会总结说,虽然赫西俄德赞美正义的劳作生活值得称许,但其对兄弟恐吓般的说教则马上就令人生厌。

除非这首诗主要的对象是其唯一对象,最显白的教诲是其唯一严肃的教诲,上面这些结论才可能言之有理。事实上,赫西俄德在《劳作与时日》中不仅对佩耳塞斯言说——他称其为"傻瓜"甚至"大傻瓜"(行 397,286,633)——也明确对缪斯(行 1)、宙斯(行 9-10)和某些"王公"言说。这些"王公"里面既有收受贿赂、审判不公的人(行 263,38-39),也有(如果他们能组成单独一类人的话)"特别注意"或"自己理解"(行 248-249,202)某些事情的人。这最后的表述让人想到赫西俄德对所有人的三重区分,这一区分对于阐释《劳作与时日》的重要性绝不可低估:最好的人是"亲自理解一切"的人;好人是能听取(或服从)他人良言的人;自己不会理解又不把他人忠告放在心上的人,则是毫无用处的人(行 293-297)。赫西俄德因此既对那些"自己理解"的人言说,也对"大傻瓜"言说——前者属于第一类或第二类人(因为他们需要赫西俄德的良言),后者(通过阅读《劳作与时日》)有望升入第二类人但迄今仍名副其实地属于第三类人。赫西俄德本人属于第一类人:他愿意对佩耳塞斯讲解"真实的事情"或者"真理"($ἐτήτυμα$,行 10),①且确实告诉了佩耳塞斯善或高尚之事,因为他理解善或

---

① 有关 $ἐτήτυμα$ 的含义,尤其是与 $ἀλήθεια$ 的区别,见 Jenny Strauss Clay,《赫西俄德的宇宙》(*Hesiod's Cosmos*, Cambridge University Press,

高尚之事（行286）；赫西俄德同样理解只有"很少人"知道的时日（行814，818，820，824），以及凡人"难以"理解或"琢磨不透"的宙斯的意志（行661-662，483-484）。

诚然，并非赫西俄德传达的所有真理都源自他自己的思考或经验。例如，他宣称了解宙斯的意志，因为宙斯的女儿缪斯们教会了他（行661-662）；赫西俄德始终把自己展现成缪斯们的虔诚学生和跟随者。做缪斯们的学生意味着什么？正如我们从《神谱》中知道的，缪斯们知道怎样"把种种谎言说得如真实一般"，也知道"在［她们］愿意时，歌唱真实"（《神谱》行27-28）。缪斯们如此唱歌使得真假莫辨，我们听了她们的歌唱，误以为听到的只是真实，实际上我们也听到了（或只听到了）虚假。我们不清楚是什么促使缪斯们运用如此独特的能力：缪斯们裹着云雾在夜里游走，无人能见（《神谱》行9-10）。但至少我们会疑惑，在缪斯们将赫西俄德从牧羊人变成歌手那天，她们教给他的东西中是否也有这一能力以及怎样恰当地使用这一能力（《神谱》行22-34）。是否赫西俄德也能弄假成真，混淆真话与谎言？他显然有理由这样做。因为，佩耳塞斯有望理解的与更好的那类"王公"所理解的肯定不同：赫西俄德给"那些能自己理解的王公"讲了一个短而神秘的"故事"，却没有从中得出明显的结论，他紧接着规劝佩耳塞斯要聆听正义，也并非由这个故事引申而来（行202-211；比较行213与274-275）。赫西俄德只说过他"想"把真实告诉佩耳塞斯，而不是说他事实上能够这么做（行10）。假如有佩耳塞斯不能理解的真理，赫西俄德就不得不用虚假来代替真实：虚假可以冒充或取代真实。

2003），页60-61。

赫西俄德可能会跟从缪斯混淆真理与谎言,这使《劳作与时日》很可能比初看上去更为复杂和丰富。不管是否考虑这种可能性,我们都会困惑于诗中诸多令人费解的段落,其中就包括那些自相矛盾之处。比如,近乎于在诗篇的开端,赫西俄德展示了不和女神(Eris)既善又恶的双重特点,随后又对与此密切相关的一些观念提出了相互矛盾的说法:劳作是一种严酷的惩罚,意在给人类带来极大的不幸,同时又是极大的恩惠,是财富和繁荣的来源(比较行91及其上下文与308);忌妒既催人奋进,又是"所有可悲的人们""刺耳"、"可怕"、"喜好邪恶"的同伴(比较行23和312与195-196);羞耻既是让人远离罪恶的最后屏障,又"对穷人没有好处"(比较行197-201与317)。① 如果考虑到赫西俄德与他的"音乐/缪斯"老师一样善于唱出欺瞒的歌曲,我们就不仅仅会注意到诗中许多费解的段落,还能够开始理解它们:这些令人费解的段落可能出于赫西俄德受神启示的技艺或有意的设计,他的设计远远不只是为了关切他从不学好的兄弟。②

---

① Jacque Péron 指出了赫西俄德有关 $αἰδώς$ [羞耻] 的矛盾表述,但他试图消除这一矛盾:他认为,赫西俄德用此词既表示"个体的良心",也表示"穷人典型的心态"(《赫西俄德〈劳作与时日〉中抽象观念的分析》["L'analyse des notions abstraites dans les Travaux et les Jours d' Hésiode"],见 Revue des Etudes Greques 89 [1976],页266,272-274)。暂不论赫西俄德本人并没有提供这样的语词索解,我们越细察赫西俄德对一些关键语辞的矛盾表述,以及这些有意的矛盾对诗篇总体的教诲的重要性,上述解释就越没有说服力。

② 正如 Jacque Péron 所言,《劳作与时日》的含义远比赫西俄德与佩耳塞斯间的争吵所蕴含的意思"宏阔得多":它不仅关系到"对于那时的整个社会富有价值的现实状况",还关系到诗人对"永恒统治人类生存的伟大法律的存在"(以及其他东西)的反思(前揭,页265)。

下文旨在勾勒这一设计的轮廓。①

序诗（行 1-10）

赫西俄德以呼唤缪斯歌唱其父宙斯开篇，同时赋予"伟大的宙斯"一种笼统的力量：宙斯决定有死的凡人是否声名显赫，是否被人称道。尤其是，宙斯能"轻易地"施行三样或三对行为：一方面，他使人成为强有力者，另一方面，他又摧毁强有力者；他压抑显赫之人，又抬升卑微之人；他"纠正歪曲的人，挫折傲慢的人"（行 5-7）。这三条陈述全都突出了宙斯具有任意摆布凡人的力量。赫西俄德在此没有明确说到宙斯的善或者正义。宙斯强大的力量受什么控制或主导呢？我们首先注意到，赫西俄德摒弃了列举宙斯前两种能力时所用的句式，在说到第三种能力时没有说宙斯既能纠正歪曲的人，又能歪曲正直的人：当然不能说宙斯会歪曲正直的人。毕竟，这首诗的主要教训基于宙斯的正义或正义的神圣支撑。或许有人会说，正义先于宙斯存在，宙斯在其与人有关的行为中参照并遵从正义。但 $\Delta i\kappa\eta$ [正义女神] 是宙斯的女儿，因此不可能先于宙斯（行 256）；或以赫西俄德所言，正义是宙斯给予人类的"法"（行 276）：宙斯自己定夺何为正义。是什么在指引宙斯的行为——如果我们必须认为答案是正义，那么宙斯又是依据什么预先决定何为正义，最终弄清楚这些问题对我们非常重要。在序诗中，赫西俄德说到有些事情由于

---

① 关于赫西俄德是否有意谋篇布局，相关学术观点的梳理参见 Richard Hamilton,《赫西俄德诗的构架》(*The Architecture of Hesiodic Poetry*, Baltimore and London: John Hopkins, 1989)，页 47-52；Hamilton 本人注意到了"一个宏大布局的蛛丝马迹"（页 50）。

或凭靠宙斯（ἕκητι，行4）才发生，但没有把这些行为归因于宙斯的意志或理智（比较行105，483，661），且我们知道，宙斯有时也在气头上行事（行47，53，138）。难道"凡人与诸神之父"（行59，173b）也易于失控，盲目发怒？与此种可能性相一致的是，赫西俄德直接呼唤宙斯"倾听"——亦即看和听——并"凭靠正义作出公正的审判"（行9-10）。难道宙斯也会有时心不在焉、有时优柔寡断吗？

从序诗来看，整首诗的意图依旧稍显模糊。赫西俄德呼唤缪斯歌唱其父，又呼唤宙斯侧耳倾听并（公正）审判；赫西俄德本人则愿意对佩耳塞斯讲述真实。赫西俄德要给出的教诲是全面的道德教诲，这一教诲本身要求阐明人的生活与神的统治之间的联系，所以，下一节（行11-380）首要且最明显的意图就是廓清缪斯对其父审判者宙斯的歌唱与佩耳塞斯应该倾听的真相之间的关系。诗中有许多段落描写宙斯，这或许就实现了赫西俄德要缪斯歌唱（赞美）其父的请求。但考虑到缪斯是欺瞒的行家，我们必须对其歌唱的真实性心存疑问；在这里，赫西俄德负责讲述真实，缪斯负责吟唱赞歌。的确，赫西俄德首先请求缪斯们"讲述"或"叙说"（ἐννέπετε，行2）她们的父亲，而一个人所讲的话不必是真实的或"正直的"，正如这个动词在诗中仅有的另外两次出现所暗示的：一个坏人，就像一个不正义的王公一样，会"讲述"或"叙说""歪曲"之事（行194，262）。缪斯用赞歌（ὑμνείουσαι）叙说宙斯，这也并不能解决问题。因此，序诗总体上让我们期待下一节会探讨一个微妙的问题：缪斯对宙斯的描述，尤其是对他的完美正义的描述是否真实。

政治-神学的根基（行11-380）

导言（行11-46）

我们现在得知了《劳作与时日》直接的动机或缘由。佩耳塞斯与赫西俄德分好了遗产，但佩耳塞斯通过贿赂某些"王公"诈取了赫西俄德的一部分遗产，赫西俄德既告诫其兄弟勿再如此行事，又鼓励他通过"来自宙斯的最好的公正审判"来解决他们的争执（行34-41；另及396-397）。佩耳塞斯能否改过自新，端赖于他心中牢记（行27，297）甚至理解（行12）《神谱》中所隐藏但赫西俄德或许出于讲述真实的渴望而在此显露的神学真相：① 世上不只有一位坏的不和女神，带来"可怕的战争和争斗"（行14），还有另一位更重要的不和女神，克洛诺斯（Kronos）之子把她置于大地之根，她对人类要好得多（比较《神谱》行225-226以及上下文）。这位好的不和女神激励我们出于妒羡邻居家的财富而劳作，因此佩耳塞斯必须努力谋生而非窃取别人的财产（两兄弟的遗产可能少得可怜：参见行633-640）。佩耳塞斯应该接纳好的不和女神，由她激励自己劳作致富；

---

① 见韦斯特此处的笺释："赫西俄德记着《神谱》的谱系背景。"同样，Hamilton的《赫西俄德诗的构架》也说，"《劳作与时日》提到认为只有一个不和女神的（错误）教诲，从而明显暗指《神谱》"（前揭，页52）。正如伯纳德特（Seth Benardete）所言，"《劳作与时日》以坦承错误开篇；他现在认识到，不和女神不仅是杀戮之神和谎言之神的母亲，也是对抗和竞争——没有它们，各种技艺就没有进步——的母亲"。见《第一哲学的首次危机》（"The First Crisis in First Philosophy"），收入《情节中的论辩》（*The Argument of the Action*），Chicago: University of Chicago Press，2000，页4。

摈弃现在控制他的那个"耽于作恶"的不和女神,由此摒弃他的欺骗、懒惰、市场上看热闹的嗜好(行29)。但我们对此能抱多大期望:有什么(更别说《劳作与时日》了)会促使佩耳塞斯改过自新?因为,除开佩耳塞斯自身的局限,赫西俄德还说,"在必然性的重压下,出于永生诸神的意愿,[凡人]崇拜这沉鸷的不和女神"(行15-16):有谁能击败由诸神的意愿构成的必然性,远离或拒绝崇拜这位不和女神吗?战争和争斗、争吵和争端,难道不是人的生活永恒的特征吗?如果真是这样,赫西俄德就不可能妄想让佩耳塞斯从根本上转变。正如诗篇的主要对象并不是其唯一对象,其最直接的意图也非唯一或最严肃的意图。

赫西俄德有更深的意图,这一点逐渐清晰。为了促使佩耳塞斯不仅接受劳作的必然性,也接受劳作的善,赫西俄德并不满足于仅仅承诺未来的财富。他终于开始详细解释劳作的正义。劳作生活的善最终来自其正义,而其正义又显然依据这一事实:诸神(行42)尤其是宙斯(行47)隐藏了我们的生计(βίος),迫使我们劳作。如此诉诸正义,表明佩耳塞斯并非全然对正义及道德问题置若罔闻。同时,赫西俄德又不能假定佩耳塞斯确信正义本身的好;规劝佩耳塞斯相信劳作生活的正义,或许会等于规劝他(更别说其他读者)相信规避劳作生活的智慧。因此,赫西俄德就将"劳作生活是善的,因为它是正义的"(行27-212)的论点扩展深化为"正义本身是善的,不正义本身是恶的"(行213-298)的论点。这首诗不会如此具有洞穿力,如果其名义上的对象没有经历过不正义的诱惑。因此,利用兄弟行为不轨所给予的机会,赫西俄德全面阐述了正义的善,这一正义最终基于诸神的正义。《劳作与时日》是赫西俄德的《神义论》(*Theodicy*)。

对劳作的正义的

神学-政治论证（行47-212）

曾经，人类虽不是完全不用劳作，但至少劳作一天就能吃上一年。但根据赫西俄德在《神谱》和《劳作与时日》中相互补充的叙述，我们得知了一段彻底改变人类命运的插曲：足智多谋的普罗米修斯当初"狠狠地欺骗"宙斯后，人类的安逸生活就结束了。普罗米修斯用厚厚的脂肪覆盖白骨，又用牛肚裹藏最上等的牛肉，让宙斯在两者之间选择；正中普罗米修斯下怀，宙斯选择了他认为对自己最好的，无意间将更好的一份留给了人类（《神谱》行521-561）。据《神谱》讲，就在这时，宙斯向人类隐藏了火种（《神谱》行562-564），并迫使普罗米修斯忍受被老鹰啄食其不断复原的肝脏的苦痛（《神谱》行521-534）。但在《劳作与时日》中，赫西俄德省略了宙斯对普罗米修斯的惩罚，显得就好像宙斯仅仅通过惩罚普罗米修斯所爱的人类来惩罚他：由于普罗米修斯的缘故，宙斯"为人类设下致命灾难"（行49）。但普罗米修斯并不退缩："为了人类"，"伊阿佩托斯（Iapetus）的高贵儿子"把火盗了回来（行50-52）。不同于宙斯，普罗米修斯自始至终都为人类谋求福祉（行51，88）。作为得到火种的代价——宙斯懒得再次收回——宙斯许诺"为你自己［普罗米修斯］和人类降下巨大的灾难"（行56-57），为此他设计了潘多拉（Pandora），[①] 让潘多拉把她瓶子中的种种不幸在世上散播开

[①] 对潘多拉神话的接受史的全面评述，见 Immanuel Musäus,《潘多拉神话的接受：从赫西俄德到鹿特丹的伊拉斯莫》（*Der Pandoramythos bei Hesiod und seine Rezeption bis Eramus von Rotterdam*, Göttingen: Vandenhoeck &

来。比对普罗米修斯的第一次惩罚更明确的是，这次惩罚完全由人类来承担。更糟糕的是，人类将承受的灾祸使普罗米斯黯然神伤，却让"人和神的父"欣喜：宙斯为此哈哈大笑（行59）。

为了向懒惰的兄弟说明劳作的必要性，赫西俄德解释说劳作是宙斯亲自给予我们的惩罚：劳作实际上就是惩罚，是辛苦，但这符合宙斯的意愿。但是，确立了劳作的必要性，还不等于确立了劳作的正义。虽然在讲述普罗米修斯的故事之前，赫西俄德已提及宙斯的公正审判（行36），但在当前的上下文中，他从未称宙斯的行为正义。宙斯命令永生诸神创造潘多拉，其中并没有正义女神。按赫西俄德所说，人类被迫承受的劳作仅仅是用来惩罚普罗米修斯爱人类的行为——应该说，普罗米修斯爱人类的行为不是出于人类的恳求。对于人类，宙斯的行为不是狡猾冷酷，就是乖谬无常。正如在序诗中，在此宙斯的力量比他的正义更突出。

紧接着，赫西俄德给出了质疑宙斯的力量的理由。因为，对于潘多拉的创造和装扮，如果比较宙斯对四位神灵（赫淮斯托斯，雅典娜，阿芙洛狄忒和赫尔墨斯）的细致吩咐，我们可能会惊讶于四位神灵享有的自由。例如，阿芙洛狄忒没有参与潘多拉的装扮，而是被美惠女神（Graces）、劝诫女神（Persuasion）和时序女神（Seasons）代替（比较行65-66与73-75；从行521以及上下文看，对"阿芙洛狄忒忙活的事"一无所知的人或许应受赞美）；赫淮斯托斯（Hephaestus）没能把人类的声音（αὐδήν，行61）或力气注入潘多拉体中；赫尔墨斯（Hermes）却赋予她一种声音（φωνήν，行79），但将宙斯所要的"狗的心和诡诈习性"换成了"谎言、能说会道和诡诈习性"（比较行

Ruprecht，2004）。

67 与 78）：狗会叫，但不能说话，因此赫尔墨斯给予潘多拉一个强大的工具去哄骗和引诱。或许最令人震惊的是，赫尔墨斯为他们所造的这个女人所起的名字：他唤她作"潘多拉"，因为"所有（πάντες）住在奥林波斯的神"都给了她一件礼物（δῶρον）。正是潘多拉这个名字让我们注意到，宙斯仅仅吩咐四位神灵执行的任务却被所有奥林波斯神灵擅自完成！宙斯的命令与命令的执行之间的出入说明，世界并非井然有序，或者说混沌（Chaos）确实是世界最初的、决定性的原则（《神谱》行 116）。由于诸神背离了宙斯的指示，潘多拉成了一个比最初的设计更加迷人的"圈套"或"陷阱"（行 83），所以，这种背离也并不是出于对人类的关爱。开篇的普罗米修斯－潘多拉故事迫使我们首先质疑宙斯的正义，随后质疑宙斯治理人类的能力。统治人类世界的那个存在真正正义吗？究竟有没有什么存在在"统治"呢？

普罗米修斯和潘多拉的故事明显与赫西俄德的首要任务息息相关，因为它解释了我们以往和现在被罚而为生计劳作的缘由。令人吃惊的是，赫西俄德在这一语境下仅仅提及一次劳作（行 91），并更详细地说到疾病和希望（行 92，102-104；96-99）。事实上，潘多拉故事以其对希望（ἐλπίς）的描述而最为人所知，但其确切含义自古以来就让评论者伤透脑筋（见韦斯特此处的笺释）。希望被纳入潘多拉的邪恶之瓶，但希望何以是邪恶之中的一种？此外，既然人类仍旧怀着希望，赫西俄德又怎么能说希望未能飞出而留在了"牢不可破"的容器里呢？①

---

① 正如韦斯特所言，"它们［疾病］飞出瓶子来到人间，希望被封藏于瓶中却也来到人间，这怎么可能？"（见韦斯特此处的笺释）。又见 Strauss Clay，《赫西俄德的宇宙》，前揭，页 102-103。

《神谱》中对普罗米修斯受惩罚的描述（行507-616）远比《劳作与时日》中的相应段落更加强调了潘多拉代表女人（特别见《神谱》行590-603）。合观两处，可以看出女人带给了凡人（尤其是男人，行56，82，92）一种希望。我们强烈地意识到这个希望，但永远无法看见它实现。希望差点飞出瓶口，现在却封于瓶内；希望近乎来到了我们中间，实际却没有来到。或许有人会说，拜潘多拉所赐，我们现在有关于希望的希望。更确切地说，凡人心怀希望这一特征源于看到"潘多拉的"美（行62-63，71-76）——她的美唤起了我们心中"愁煞人的渴望"（行66）——还源于潘多拉的语言才能。（厄庇米修斯[Epimetheus]感受到潘多拉的美，一定伴随着给予和接受λόγος，伴随着对美的承诺的思考或言说，因为一个没有λόγος的存在——例如一只狗——可能会感受到被吸引，但不能感受到被美吸引。）这种爱或渴望——确切来讲是被美所唤起——构成了凡人大多都会感受到的希望。但我们所渴望或希望的对象是什么？赫西俄德在这一语境中告诉我们，宙斯对我们的惩罚包括"给人类带来厄运／死亡（κῆρας）的沉重疾病"（行92；比较《神谱》行211）。我们所探讨的希望与我们的必死性息息相关：潘多拉模样像"不死的女神"（行62），又经所有神灵装扮，她的美让我们希望可以克服自己的"厄运"。宙斯让疾病夜以继日、"无声无息"因此毫无预警地祸害我们（行102-104），疾病的悄无声息与潘多拉的声音共谋，因为两者都以自己的方式激励我们相信可以逃避厄运。

宙斯对普罗米修斯说，他为我们安排的具体灾祸（κακὸν），就在于让我们热烈拥抱（ἀμφαγαπῶντες）那令我们满心欢喜的造物（行58）；潘多拉是个καλόν κακόν［美丽的祸害］（《神谱》行

585）。这种拥抱是一种惩罚，因为它唤起了不会也不可能实现的希望：我们凡人所有的希望是"空洞的"或"虚妄的"希望（思考行498和500，名词"希望"在赫西俄德现存作品中仅有的另两次出现）。那不空洞的或能实现的希望被锁在"牢不可破"的瓶子里。不谈象征意义，单从字面上讲：爱让我们充满希望，以为能克服人类生而注定（κηριτρεφέων ἀνδρώπων，行418）要面对的厄运或死亡，但这一希望实现不了。《劳作与时日》因而包含了有关女人的两重教诲。一重教诲直接提出了关于妻子的非常精明而实际的建议（行373-375，405-406，695-705）。① 另一重教诲间接暗示出我们通过潘多拉的美丽并在其中瞥见的希望的欺骗性，也暗示出如何能不顾宙斯的意图，拒绝屈服于这个希望。但正好在这个方面，我们不能屈服于虚妄的希望，因为在普罗米修斯－潘多拉故事的结尾处赫西俄德断言道，"宙斯的意志没有可能逃避"（行105）。我们总是希望能克服我们的有死性，像诸神一样永生，却总是希望落空。这就是凡人的定命。

赫西俄德随后讲述了人类的五个时代（行106-201），其中包含的更令人震惊的启示之一就是，我们曾经的确"像诸神"一样生活过（行112）。赫西俄德的这一叙述有若干地方令人吃惊，让人疑惑。例如，开头赫西俄德许诺要讲一个 λόγος［故事］，"恰当而巧妙地"解释"诸神和凡人有同一个起源（ὁμόθεν）"（行106-108）。然而，这与佩耳塞斯需要倾听的有关劳作必要性

---

① 在这一语境中，我们可以指出，依据诗的最后一节，不宜生女的日子有两天，但没有不宜生男的日子（行782-84，785-86）；有四日或五日宜生男，但只有两日宜生女（行783，788-789，794-795，812-813，还有792-793；比较794-795和812-813）。

的论证有什么关系呢？我们可以解释说，赫西俄德仅仅是说诸神和人类"在开始时一样"（韦斯特于此处的笺释），他讲述人类的堕落史——从没有愁虑、远离辛苦和不幸的种族（行111-112）堕落成现今我们这种可怜的造物——是为了教育佩耳塞斯（和我们）看到我们的处境实际多么悲惨。但这样解释还是不够。对五个时代的叙述并不完全是一部堕落史，第四代种族就优于第三代种族（行158），而且赫西俄德还预见未来的第六个时代会有所进步（行175）。除此之外，赫西俄德也明确说到了人神的共同起源。① 然而，赫西俄德又清楚地说过（奥林波斯）诸神与凡人产生于不同的起源：奥林波斯诸神"创造"了第一代人类即黄金种族（行109-110），但大地和广天的结合产生了奥林波斯诸神（《神谱》行43-47及上下文）。那么，赫西俄德怎么会说两者有相同的起源呢？要回答这个问题，最好细读对人类五个时代的叙述，并特别关注凡人是怎样产生的：五个相连续的时代都促进了"人类"的创造——至少第五代种族的我们是以"人类"这个名称来理解这个造物。

黄金种族肯定先于潘多拉的创造，因为那时克洛诺斯仍统治着天庭，而且他们远离"所有邪恶"，当然也包括疾病。赫西俄德立即在这种语境下想到了死亡：这个种族毕竟是有死的凡人，

---

① 至少，我们必须同意 Verdenius 的笺释，他认为"根本不能确定" ὁμόθεν 只是意味着神和人"在开始时一样"，见 W. J. Verdenius,《赫西俄德〈劳作与时日〉笺释》（*A Commentary on Hesiod: Works and Days*, vv. 1-382, Leiden: E. J. Brill, 1985）。David Grene 将这一行理解成"诸神和凡人怎样从相同的开端出现"，见 Stephanie A. Nelson,《神与土地：赫西俄德和维吉尔笔下农事的形而上学》（*God and the Land: The Metaphysics of Farming in Hesiod and Vergil*, Oxford University Press, 1988）。

不管他们在多大程度上活得"像诸神",他们并没有那似由"潘多拉"带来的关于自己的终末的(虚假)希望。那么,黄金种族怎样直面他们的死亡,或与他们的必死命运搏斗?他们似乎没有这样做:"他们死去如沉睡一般"(行116)。黄金种族死得毫无痛苦,没有预兆,甚至连疾病和衰老的迹象也没有,因为他们的"双手和双脚永是有力"(行114)。这些凡人似神的性质当然不在于他们的不死,而是对死亡的无知;他们就像真正不死的诸神一样对死亡漠不关心。他们的需求或渴望——其中只提到了食欲——在休息时就能得到轻易满足:丰饶的土地自动或自愿（αὐτομάτη）产出充足的粮食。这里并没有提到德墨忒尔,尽管这些凡人"深受极乐神们眷爱"(行120),但没有说他们崇拜或祭祀神灵。极其有限的需求被轻易满足,死亡温和而毫无预兆,这让崇拜神灵变得没有必要甚至不可思议。

大地"埋葬"或"掩藏"了黄金种族,大概是因为他们只能有一代人,在适当的时候不得不消亡:没有女人就没有繁衍,而且如果他们看见自己的同伴没能从睡梦中醒来,他们最终会意识到自己终有一死。当黄金种族有一天从最后的睡梦中醒来,会发现他们仍在大地上(行123),但是因"伟大宙斯"的意愿,他们变成了精灵(daimones),凡人的守护者和财富的赐予者(行122-126)——可能是守护和赐予后来的种族,包括我们自己的种族(思考行254-255及上下文)。成为凡人在此意味着承受自己存在方式的改变,而不是完全停止存在。随着对宙斯的引入,赫西俄德对宙斯暴力推翻其父克洛诺斯的事一带而过(《神谱》行71-73,390-396,453-506)。但不可否认,黄金时代的逝去与宙斯的上位同时发生。

第二代是"差得很远"的白银种族,也由奥林波斯诸神创造，但在身材和智力上不同于自己的前辈（行129）。（不过，身材或智力上的差异不一定就是一种退步。）与手脚"永是有力"、不知年幼与衰老的黄金种族形成鲜明的对比，白银种族要在"慈母"身边度过一百年的童年：现在世上有了母亲和女人，正如现在有了家庭一样（行130-131）；奥林波斯诸神"创造"了第一代白银种族，但之后数代都由生育而来。潘多拉一定来过这个世界，尽管她携带的所有邪恶未必全来过。虽然白银种族的童年像黄金时代的所有人那样无忧无虑——白银种族的每个成员在家玩耍一百年，是个"大傻瓜"——但他们也会走向成年，然后由于自己的愚蠢而经历痛苦，走完短暂的一生。他们无法让彼此远离"无度的肆心"，也不愿意侍奉不死的神灵或在神灵的祭坛上祭祀。白银种族遭受的各种痛苦一定包括不得不劳作，因为世界现已陷入贫瘠。父母必须供养孩子一百年，而且虽然土地不再自发地丰产，但他们也不崇拜神灵，即使是德墨忒尔。他们拒绝拜神，或许与此处赫西俄德对疾病和老年的沉默有关；白银种族的成员似乎在短暂的成年中死去，即风华正茂时死去（行132-133）。白银种族不像黄金种族那样容易满足，他们很可能被迫向诸神请求帮助，因此而崇拜神灵。但对于死亡，他们至多只比黄金种族多一丁点意识——一百岁的小孩会充分理解父母的死亡吗？——他们没能搞清楚自己所处的状况。①

---

① Jean-Pierre Vernant 也揭示了前后相继的时代中衰老和死亡意识的有无，见《赫西俄德的种族神话》（Le Mythe hésiodique des races），收入《希腊的神话和思想》（Mythe et Pensée chez le Grecs, Paris: François Maspero, 1966，页41-42）。我们各自方法的主要不同可见于以下评论："为什么赫西俄德如此关注正义，并且正义在他的宗教世界中占有这样中心的位置？……回答这一问题，不能通过对神话的结构性分析，而要通过一项历史的研究，

了解了宙斯的所作所为，我们就不会惊讶他出于愤怒埋葬了白银种族。宙斯的愤怒倒不是因为他们的肆心使他们彼此伤害，而是因为他们的肆心使他们不去崇拜神灵（比较行138-139与134-136）。但这第二个种族也受到崇敬；他们被称作"幸福的凡人"，并且住在地下。这些凡人也会死去，但不会消亡。

之后宙斯创造了自己的第一个种族，青铜种族，由梣树做成。尽管宙斯把火从做成他们的梣树中移走，但他们肯定有火去锻造青铜——他们是第一次被说要劳作的凡人（行151；比较行119的 ἔργα [劳作] 和韦斯特的笺释）——因此一定受益于普罗米修斯的盗火。宙斯在创造他们时肯定力图使他们摆脱那种曾使他大为恼怒的缺陷，而他们在某种程度上确实没有这种缺陷。他们并没有由于自己的肆心而拒绝崇拜任何神灵，而是关注一位因其肆无忌惮的行为知名的神灵（行145-146）：他们擅长阿瑞斯（Ares）的作为。他们可怕、强悍，拥有强大而坚硬的心灵，不食五谷——所以他们不依赖德墨忒尔——但估计他们会吃掉自己杀死的人。他们彼此大肆屠杀；如果他们相互吞食，那他们之中就没正义可言（思考行276-280）。但赫西俄德并未说宙斯对这个种族不满，他们是因为自己的原因而不是宙斯的行为灭亡的。这样的种族在宙斯看来满意吗？迄今为止，青铜种族在某些方面最像人类：他们是首次被"黑色的死亡"抓走的种族；他们直接了解死亡，因为他们首次用自己的双手带来了死亡（行152），

这一研究旨在揭示公元前七世纪左右社会生活的变化向这位波奥提亚的小农夫提出的新问题。"（页44）下文将表明，我并不认为正义最终在诗中占据中心地位，就像我并不认为赫西俄德最终竟会关心渺小的波俄提亚的农夫们的问题。

而不是不知不觉地死于睡梦中或无声的疾病；他们首次去到阴冷的哈德斯的潮湿住所，那个地方现正等候着所有的凡人。在当时（现在也是），这种来生——即继续的生存——必将到来，但也是迄今所描绘的来生中最不吸引人的。不管他们有什么缺陷，青铜种族最为了解有死的凡人的真相。

或许由于已没有凡人来敬神，宙斯创造了第四个种族，也是他负责的第二个种族，即称作"半神"的英雄种族（行 157-159）。他们所具有的部分神性当然不是拥有不死之躯，而是他们的正义：他们比青铜种族"更公正更好"。他们的正义与下一事实相关：尽管白银种族和青铜种族都生活在家庭里（行 131，150），但只有英雄种族被认为住在城邦里；正义在 πόλις [城邦]、在政治群体中趋于繁盛。那些为了俄狄浦斯的牧群在七座城门的忒拜城下战斗的人——或许暗示厄特俄克勒斯（Eteocles）与波吕涅克斯（Polyneices）的内战（韦斯特的笺释）——和那些为了特洛伊的美发的海伦（Helen）而战的人，都在战争中丧生，亦即出于政治的原因，而非仅仅因为"无度的肆心"，更不用说是因口腹之需了。与黄金时代的人一样，英雄们享受着大地的丰产（比较行 172 与 117-119），但与前者不同，他们并不满足；与青铜时代的人一样，他们战斗并惨烈地死去。但与前者不同，他们这样做是为了他们群体的福祉或说为了某种"道德事业"。与这个种族更大的正义相称，他们所知的来生远远好过紧前面的种族所知的来生，因为宙斯在大地的尽头为他们中的一些人提供给养和住所，他们无忧无虑地——又像黄金种族一样（比较行 170 与 112）——住在大洋（Oceanus）旁边的极乐岛上。他们所享有的福祉包括克洛诺斯的王政统治，并且"远离永生者"，即远离其他的永生者。① 赫西俄德由此清楚地指出在第五个时代亦即当前时代宙斯统治的缺陷。

四代种族的来生似乎与他们的功过完全吻合：从继续生活在大地上到继续生活在大地下，再到居于黑暗的哈德斯，最后是居于极乐岛上。现在只有一个难题。赫西俄德明确说宙斯只将一部分英雄安置在这些岛上（行167-172）；我们没有理由怀疑其他英雄的正义和善良，但他们仅仅被"死亡的终结（τέλος）""湮没"或"吞噬"（行166）。有关他们的状况，赫西俄德只字未提。赫西俄德首次暗示出这样的可能性：凡人的终有一死并不仅仅意味着去另一个地方生活，而是整个生命的终结。半神们愿意为了一项"事业"直面死亡，尽管不确定等待他们的是极乐的生活还是湮灭无存——他们超人般的英勇气概是否就在于此？

赫西俄德最终开始描绘第五个亦即当前的黑铁时代，他的描绘几乎完全着墨于预言黑铁时代将终结在宙斯手中。当出生的婴儿两鬓花白，当强者的"正义"取代真正的正义，当家庭、社会和城邦的纽带相应地破裂时，宙斯将毁灭我们（行181-201）。现在和将来都会有城邦，因此也会有对正义（和不正义）的意识；当下堕落中的时代会和英雄时代稍有类似。但我们不同于我们的所有祖先，主要因为我们出生时"两鬓花白"：黄金种族从不衰老，白银种族经历一百年的童年，然后在短暂的成熟期死去，而我们出生即老去，所以总是贴近死亡。我们越来越意识到自己终有一死——五个种族的发展轨迹显明了这一点——这让我

---

① 或许"大洋"并不被看作一位不死的奥林波斯神。这可能与《神谱》行21及其上下文相抵牾，但请注意那里将奥林波斯诸神与宇宙的或自然的"诸神"区别开来：比较《神谱》行11-18与19-20。

们认识到自己趋于衰老或虚弱的大限。我们蔑视老人，但老人却不断提示着我们必有一死（行 185-189）。正如赫西俄德所展现的，人人难逃一死，这可以说导致了不正义的胜出，并导致人无知地漠视诸神的惩罚（ὄπιν，行 187 以及上下文）。那些知道自己生而即死的人不再为了来世的奖励或惩罚约束自己；至少从他们的行为来看，他们相信某些英雄的命运会成为所有凡人的命运，或者相信没有来生。回想潘多拉故事的首要主题，我们认为，意识到人终有一死与希望死后在别处继续存在相结合，就会导致神灵的崇拜和祭祀。当这个希望摇摇欲坠，屡次被现实世界明确击破时，我们就可能被死亡意识压倒，从而抛弃虔敬的信仰，同时抛弃基于虔敬的正义。

赫西俄德对五代凡人的叙述是一种人类起源说（anthropogeny），与他的诸神起源说（theogony）相辅相成。这一叙述解释了虔敬崇拜的根源。这些根源包括"生计上的匮乏"、对人之必死越来越多的意识和反思、对正义的关注，以及政治生活的兴起。但是，赫西俄德的这段叙述是为了解释神与人的共同起源。或许可以说，赫西俄德实际指出的是人类眼中的所有神的起源；他甚至在这一语境中强调，对人类而言，对人类自身而言，在极乐神灵的圣坛上祭祀"根据他们的习俗"是"合法的"或者"正当的"（ϑέμις）（见 Verdenius 的笺释）。人类崇拜什么以及怎样崇拜因地而异，因为这两者取决于习俗，也就是取决于意见，但所有人共同的意见在于，认为崇拜不死的神灵是必需的道德要求。（这一普遍性让黄金种族的人性更受质疑。）赫西俄德许诺要告诉我们诸神和凡人的共同起源，这至少迫使我们思索神和人的起源问题，并提醒我们注意他在作品中对此问题的处理。在这点上，我们注意到，赫西俄德曾说我们死时是大地"埋葬"或"湮没"

了我们（行121，140，156），所以他随后将大地称作"万物之母"（行563，强调为我所加）。在《神谱》中，正是大地孕育了奥林波斯诸神：（奥林波斯）诸神和凡人根本都不是最原初的事物，即根本的原因，奥林波斯诸神和凡人的诞生只能从"大地"和"这个"世界来理解。

赫西俄德突然转而向"能自己理解的王公"讲述一个"故事"或"寓言"。凶猛的鹞鹰用利爪抓住一只夜莺，并趾高气昂地对它说：

> 妙物啊（δαιμονίη），你干嘛嚎叫？比你强得多的抓了你。
> 我去哪儿，你就得去哪儿，即便你是一个歌手。
> 只要我愿意，我可以吃了你，也可以让你走。
> 与强者抗争是愚者所为，不仅会惨败，受辱之外还要遭受痛苦。（行207-211）

鹞鹰试图"教导"夜莺，强力胜于歌声或胜于夜莺能以歌声来证明的价值。假如正如学界普遍同意的那样，鹞鹰代表王公，夜莺代表"歌手"赫西俄德，那么赫西俄德声称的价值便是他关于真实的知识（行10，293-294）；赫西俄德所讲的故事关涉政治力量与诗所特有的智慧之间的冲突。但是，赫西俄德期望王公们从专为他们讲的这个故事中明白什么呢？

首先，这段插话采取鹞鹰的口吻，没有给出夜莺的任何反驳，赫西俄德借此承认王公们拥有更强的力量；他十分清楚鹞鹰会说什么。赫西俄德并未否认——没人能否认——鹞鹰能说到做到，绝非吹嘘。当然，我们已经在赫西俄德与狡诈的佩耳塞斯的争执中见到歌手的脆弱，佩耳塞斯能恣意妄为并非因为他是王公,而是因为他贿赂那些王公。这一兄弟间的争执仅仅是现在所探讨的鹞鹰与夜莺、王公与诗人的冲突的一个极小的例子。这一冲突最终关涉的与其说是强力,倒不如说是正义的地位:为什么要正义?为什么强者不能吃掉弱者,从吃掉歌手开始?不管怎样,赫西俄德倒是提供了王公们这样做的一些动机,因为他将尖锐批评收受贿赂的王公,规劝他们改邪归正。夜莺会保持缄默,赫西俄德却不会。但是,赫西俄德对"人为何要正义"这个问题的详尽解答,或说他为正义所作的辩护,最终非常复杂。赫西俄德逐渐深入,时而明确向佩耳塞斯言说,时而向王公们言说。我们必须理解其中每一个要素以及这些要素间的差异,还要理解提出运用这些要素的必要性,如此便能理解整首诗的精髓。

反对不正义、支持正义的
神学-政治论证(行213-298)

赫西俄德开头直呼佩耳塞斯——"佩耳塞斯啊!"(行213)——并规劝其兄弟倾听正义,规避肆心。随后的论证分为三部分:不正义和肆心的恶(行213-224);正义的善(行225-237);不正义和肆心的恶(行238-247)。对不义的反驳比对正义的支持更加得到强调。赫西俄德论证的基础极富神学性——祸害女神($Ἄτη$)、誓言女神($Ὅρκος$)和正义女神($Δίκη$)将会惩罚不义之人——但他随即又转向政治层面的思考:每当受贿者强拉开正义女神,审判不公正,就会喧哗四起,正义女神就会哭号着跟随来到城邦和人们的居所,将厄运带给那些赶走她且行事不公正的人(行220-224)。当赫西俄德回到对不义的反驳时,他甚至说一个人违法乱纪、淫佚无度的行为常常会毁了整个城邦(行240-241)。与亚伯拉罕(Abraham)的上帝形成对照,奥林波斯的宙斯（行245）会为了惩罚一个不义之人而毁掉整个城邦。宙斯在毁灭包括妇女和小孩在内的无辜者时毫不手软，与之相反，先知亚伯拉罕参照且遵从的正义原则明显独立于启示或上帝的意志，但上帝最终也遵从了这个原则，从而看上去改变了祂的意志（行243-245；《创世记》18:23-32）。此外，我们注意到虽然赫西俄德在开头生动描写了不义之人自身的毁灭，但在结尾却暗示不义之人会毁掉家庭和城邦；由此，他诉诸佩耳塞斯（当然是潜在地）对他人福祉的关切。

相比之下，正义不仅为正义之人，也为整个共同体许诺了所有好东西，包括政治上的和神学上的好东西：正义者的城邦会兴旺，里面的居民会繁盛，和平（Εἰρήνη）将会驻留，饥荒（Λιμός）和毁灭（Ἄτη）不会光顾，生活资料（βίος）充足，妇女会生育酷似父母的健壮孩子，土地富饶多产，人们无需出海远航。赫西俄德似乎在暗示，只要整个城邦都是正义的，我们就可以摆脱宙斯使我们陷入的不可逃避的劳作。的确，正义的践行使我们有望重回黄金时代（比较行231与119，行237与117），或是前潘多拉的时代，或许还是更好的时代：即使诸神没有隐藏我们的生计，凡人还是不得不出海，尽管时间不长，但正义之人显然从不会必须出海（比较行45与236-237）。正如赫西俄德的描述，对人的幸福而言，对正义之人自身和整个共同体的幸福而言，正义是必要和充分的条件。

赫西俄德现在呼告王公们——"王公们啊！"（行248）——劝告他们"仔细留意"（καταφράζεσθε）"这个"正义，让他们模仿留意（φράζονται）不义之人的诸神。（同属人类的王公可能比诸神更关注人类，虽然诸神也靠近人类。）但是，正如我们在这一节的结尾看到的，其中的论证（行248-273）也是对佩耳塞斯说的："佩耳塞斯啊,把这话记在心上。"(行274)初看上去是赫西俄德给予王公们的教诲,最终表明是给佩耳塞斯的教诲。我们认为,赫西俄德在此向王公们呈现了他们必须向佩耳塞斯及其同类提出的那类论说;这大体上是政治演说的一次实例教学。其中,赫西俄德不仅重申了他前面用以反驳不义的若干神学-政治论证,而且在言辞上更加引人注目或夸张。现在我们知道,有"三万个"不死的、隐身的宙斯的卫士,他们在各处监视并威胁人类;我们再次碰见正义女神,现在她被看作宙斯的处子之身的女儿,每当有人在酝酿不义,她就会得到宙斯的关注;而且,在向对王公们的再次直接呼告的过渡中,赫西俄德警告我们:为王公们的淫侈无度偿付代价的是民众($\delta\tilde{\eta}\mu o s$)。①

再次呼告王公们之后,赫西俄德却作了一个有些不同的简短断言(行263):一个人伤害了别人也就伤害了自己,一个恶的或坏的计划对计划者自己最有害(行265-266)。赫西俄德目前为止的论证,除了完全依靠诸神的干预,还寄望于正义者的善与其他人的善的某种结合;现在的论证却仅仅寄望于正义者的善:伤害他人是坏的,因为如此就会伤害自己。很可能有人会反驳说,这一论证太过自私,或恰当地说,低于道德论证的要求。但是,对于那些主要依据自己的善来生活的人而言,这样的论证是必要的。必须要说,不管王公或佩耳塞斯到底怎样,赫西俄德就是依据自己的善来生活的人之一:

---

① 伯纳德特依据荷马《奥德赛》(22.235),认为这句话意思是"(以恶)回报王公的恶",见《赫西俄德的〈劳作与时日〉:一次初步的阅读》(Hesiod's *Works and Days*: A First Reading),载 *Agon*(1967),页172注15。但是,Verdenius 的笺释、韦斯特的笺释和 Grene 所译的《劳作与时日》都不作此理解,而且更明显的阅读与行240及其上下文充分吻合。

> 如今，我自己在人群中不想做正义的人，
> 我儿子也一样——因为做正义的人没好处，
> 如果一个人越不正义就会得到越多权利（δίκην）。
> （行 270-272）

引导赫西俄德生活的是他关切得到更大份额的权利（right），因为他认为权利对他是最好的；假如不义变得比正义对他更好，他会承认或坚持去实践不义。有人可能会说，善是比正义更高的标准。诚然，对赫西俄德来说，合适的生活方式包括关心他儿子的幸福，而在上述情况下他会建议儿子践行不义。但这不该掩盖赫西俄德对于他原则上关切之物的坦诚。

暂时回到赫西俄德的寓言，我们注意到夜莺嚎哭但没有谴责鹞鹰；这只鹞鹰没有因为其行为而成了邪恶或不义的鹞鹰。毕竟宙斯的法定准了动物间不存在正义，它们的互相残杀就是证明（行 276-278）。鹞鹰和夜莺之间的关系是与道德无关的或超道德的。那么有人可能认为，赫西俄德用以支持正义的论证也是超道德的，尤其是当他向王公们言说时，他是严格依据一己之利或自私来捍卫正义：正义有利于正义之人。的确，这正是阿德曼图斯（Adeimantus）在柏拉图的《理想国》中对"出身高贵的赫西俄德"的批评。诗人没有因为正义本身，而是因为诸神奖励正义之人的很多好东西而赞扬正义（《理想国》363a5-b4，引用了《劳作与时日》行 232-234）。阿德曼图斯希望知道，践行没有奖励的正义也是值得选择的。可以肯定地说，赫西俄德没有满足这一愿望。相反，正如我们所见，赫西俄德竟然承认，假如宙斯停止奖励正义的行为，他自己就不会选择正义。但与此同时，赫西俄

德的叙述也并不完全是实用主义或精于算计的，因为其中含有确实可以称作道德的要素：不义之人必须认识到他们会带来整个城邦的毁灭。这种呼吁完全在意料之中，因为甚至鹞鹰也表明自己关心准道德的考虑：夜莺应该臣服于更高的力量，部分因为不这么做就会遭受耻辱（行211）。至少从赫西俄德对他们陈述的论证来看，不管是佩耳塞斯，或许甚至是王公们，都没有完全超越道德关切，由此也没有超越道德论证的范围。只有赫西俄德最接近于超越这一道德论证；他让自己显得比他们更热衷于正义，因为他比他们更清楚这样做有利可图。

那么，在何种意义上正义有利于正义之人，不正义有损于不正义之人？在考虑了"做正义的人没好处，如果一个人越不正义就会得到越多权利"的可能性后，赫西俄德说，"但我想大智的宙斯还不会让这些事情应验"。① 又说：

> 宙斯眼观万物，洞悉一切，
> 现在甚至注视着这些事情，如果他愿意，他绝不会忽视城邦里持守的正义是怎样一回事。（行267-269）

不义的恶（或正义的善）完全依赖于宙斯：撇开了正义的奖励或惩罚，我们就不能讨论正义固有的善。然而，诗人至此传达的信息是：宙斯既没有完美的正义，也没有绝对的权力，也不特别关爱人类。在当前的上下文中，赫西俄德犹豫不决，因为他必须犹豫不决：宙斯俯瞰且洞悉一切——"如果他愿意"这样做

---

① 另可翻译为："但我还没有［一点也不］期望［希望］大智的宙斯会让这些事情应验。"

（行273，强调为我所加）。假如有时候宙斯不愿意注视俗尘凡事，那么据赫西俄德而言，坚持正义还是明智的么？

赫西俄德最终没有根据正义行事，这在接下来的诗行（行274-380）——这一节和整首诗的高潮——变得明显。诗人在这里主动提出要告诉佩耳塞斯他自己所理解的"美好事物"（ἐσθλά）；或许，这些美好事物就是那些与黑铁时代的邪恶混合在一起的美好事物（比较行286和179）。作恶多端是很容易的事情，通往邪恶的道路平坦且邻近。但是，不死的诸神在美德前面设置了汗水；通往美德，道阻且长，而且开头很艰难。然而，虽说困难重重，人一旦爬上了巅峰，就变得轻松。赫西俄德没有控诉诸神让通向邪恶的路变得轻松（比如，快乐就足以让人走向邪恶），但他的确认为诸神在美德（ἀρετῆς，行289）前面设置了障碍。我们可以通过"巅峰"来理解所谓的障碍或者"汗水"是什么："方方面面最好的人（πανάριστος）自己（αὐτὸς）理解一切，在最后还看清随后什么更有利（ἀμείνω）"（行293-294，译文依据Verdenius的笺释）。人类至高的卓越在于对"万物"独立自主（αὐτὸς）的智性理解；黄金时代无忧无虑或天真幼稚的闲散或许在诸神眼中是最好的，但对赫西俄德绝非如此。这种意义上的美德的障碍必定会很多。例如，并不是所有人都同等具有能获得美德的资质，从赫西俄德这里的三重划分便可看出。此外，赫西俄德之前向佩耳塞斯坚称，通向"正义之物"的"道路"更崇高，但他在这里认为通向对万物的正确理解的道路最好（比较行216-217与288-291）。因此，现在就有两条根本不同的道路或方式，每一条都认为自己最好，而我们必须在两者间作出选择。通往（真正的）美德道路上的首要障碍，是难以认清这条道路特定的目的地不是正义之事的践行，而是对"万物"的理解。再者，因为诸神是正义或正义生活的主要支持者——《劳作与时日》整体上坚持了这个观点——他们设置了美德之路上的路障，甚至他们自己就构成了路障，所以，如果一个人要在更好的道路上走到头，就要克服诸神或诸神的影响。很明显，赫西俄德不期望佩耳塞斯对此有所理解：这段话一开头他叫佩耳塞斯"大傻瓜"，结束时又提醒佩耳塞斯必须做什么（行286，298-299）——劳作！

从更好"道路"的性质上的这一含混可以看出，赫西俄德起初在《劳作与时日》中呈现的人生的基本选择——懒惰的因而不正义的生活与勤劳的因而正义的生活之间的选择——不可能是他最后的教诲。现在似乎有第三条生活道路高于劳作者和懒惰者的生活道路，那就是歌者的生活，作为缪斯的仆人，歌手尤其关心理解真理。① 换句话说，凡人特有的关切不是"劳作"——诸神和野兽也关切劳作（行146，521；46）——而是言辞或言说真理的歌谣，λόγοι [言辞] 或 μύϑοι [神话] 或 ἀοιδαί [歌谣]。② 佩耳塞斯应该关注"劳作与时日"，但是赫西俄德最终关注"歌谣和黑夜"，即关注那些在夜间游荡的神祇所教授的歌谣（《神谱》行9-10）。③ 在辛勤劳作的人看来，歌手应归入乞丐阶

---

① 参施特劳斯（Leo Strauss），《古典政治哲学中的自由主义》（The Liberalism of Classical Political Philosophy），见《古今自由主义》（*Liberalism Ancient and Modern*，Chicago: University of Chicago Press，1968），页36。

② 参见行106；10，194，206，263；659（比较583），662。λόγοι 可能会充满诡诈：行78，789。

③ 比较施特劳斯1939年10月10日致克莱因（Jacob Klein）的信，见《施特劳斯文集》卷三（*Gesammelte Schriften*，Band 3），Heinrich Meier 编（Stuttgart / Weimar：J. B. Metzler，2001），页582："你曾经问过，[《劳作与时

层（思考行 25-26）；这迫使赫西俄德首次揭示出黑夜（"宜人的时光"）是真正仁慈或关爱人类的（行 17，560，730）。

这一节剩余的部分（行 299-380）反复向佩耳塞斯强调劳作和正义的必要性。赫西俄德的论说在这里显得非常粗陋或庸俗：因为他絮絮叨叨说，我们应该好好对待乞援人、外乡客、兄弟、孤儿、父辈，当然还有诸神——以便使我们自己变得富有！好邻居是有用的；给予是为了求回报。正义远不是"善本身"或人类幸福的核心和实质，而仅仅是赚取金钱的手段。如果说赫西俄德和佩耳塞斯对于善高于正义没有分歧（赫西俄德本应该让他的兄弟看清楚他最想要的是什么），那么他们对于善自身的性质肯定有分歧：正如赫西俄德之后指出的，仅仅对于"可怜的凡人"而言，"钱财是灵魂［生命］"（行 686）。① 赫西俄德在此迎合他当下的听众，说得好像财富的增加就是人生的合理目标，正义对于这一目标虽然必要，却是从属性的。不过，兄弟间展露的一致也使赫西俄德享有一定的自由，可以从他刚刚说过的美德的"巅峰"的角度来言说；要理解赫西俄德，我们仅仅需要把"钱财"替换成"理解万物"。赫西俄德的主要关切是，一个人在自己的劳作中得到"衡量"（行 306，349-350；另思考行 648，694 的 μέτρα［尺度］），这一衡量取决于对具有最大利益或"增值"（ἐπιθήκη，行 380）的所有事物的计算；他警告要提防"坏的利益"（行 352），这等于说他警告要提防那些看似赚钱但实际不能

日》］这个标题是什么意思。我的回答是：用从诗本身可以证明的对立面来代替每一部分：epē kai nyktes［诗和黑夜］，即委婉的说话。"

① "灵魂"一词在《劳作与时日》中只出现在这里。见 Johannes Paulson,《赫西俄德索引》(*Index Hesiodeus*, Hildesheim: Georg Olms, 1962)。

的事情；真正有利的事情则要以一切手段去追逐。

色诺芬笔下苏格拉底的一些评论可以确证这一暗示（《回忆苏格拉底》[Memorabilia] 1.2.56）。色诺芬告诉我们，一位匿名的控告者说，苏格拉底常常从最负盛名的诗人那里挑出最卑贱或最下流的内容（πονηρότατα），并把这些内容用作证据，来教导他的同伴作恶和当僭主。苏格拉底常常引用的下流诗行之一，来自我们现在思考的《劳作与时日》的这一章节："劳作不是耻辱，懒惰才是耻辱"（行311）。

据这位控告者所说，苏格拉底这样解释这一诗行：诗人此处命令我们不要逃避任何劳作，即便是不正义或可耻的劳作，也要为了利益去从事。色诺芬在其反驳中认为，苏格拉底会非常同意劳作对于一个人既有利又好，而懒惰对于一个人既有害又坏。所以，劳作是好的，懒惰是坏的，那些做好事的人才是在劳作，才是好的劳作者。苏格拉底常常把那些赌博的人或做其他卑贱又无利可图之事的人叫做懒人。色诺芬的辩护向控告者承认，苏格拉底最看重的是好和有利；事实上，对一个人有利的或好的任何东西就是"劳作"，无利的或坏的任何东西就是"懒惰"。色诺芬对于正义保持沉默，尤其未将正义作为据以评价各种各样劳作的、高于利益的标准。与此相一致，赫西俄德在这一颇具争议的诗行下面的第六行教导我们，羞耻不会提供给一个有需要的人好东西（行317）。羞耻——像嫉妒、争执和劳作自身一样（参见上文）——根本上是含混不清的；羞耻的善或有益的特征，不能"绝对地"（categorically）来认识，而要依据一个人的具体情况。①

---

① 当赫西俄德在接近诗的末尾再次提到不和女神时，他的确用的是单数（比较行804和11—26）。但后一说法显然被归于缪斯（φασιν [传说]，

劳作（行 381-764）

向佩耳塞斯确立了劳作的必要性之后，赫西俄德转而讨论有哪些具体的劳作以及如何进行劳作。① 这一节由三部分组成：

1. 良好安排（εὐθημοσύνη）的重要性（行 382-492），包括对诸神（行 397）特别是德墨忒尔（行 393）分派给凡人的劳作的一般性介绍、耕地的准备（行 414-447）、耕地的时令（行 448-472）和良好安排的结果（行 473-492）；

2. 依据时节进行的劳作（行 493-764），包括一般的畜牧（行 493-617）、航海（行 618-694）和婚姻（行 695-705）；

3. 与其他人相关的劳作，包括与伙伴（行 706-714）、宾客（行 715-723）和诸神（行 724-764）相关的劳作。

赫西俄德列举这些繁多的劳作，似乎是对家庭和农活的安排的详尽指导。但是，因为这一节也是一个整体的一部分，而该整体至此以对宙斯的正义——或者更宽泛地说，是对指引人类世界的原则的性质——的检审达致高潮，所以我们也期待赫西俄德会以某种方式继续这种检审。

首先，他的论说较少根据奥林波斯诸神，而更多依靠昴宿星七姐妹（Pleiades）的位置、流逝的日夜的天数以及年岁自身。我们倾向于把这些因素称作是"自然的"，而赫西俄德称之为"田野的法（νόμος）"（law of the fields），这法既适用于农夫，也

行 803），她们也在《神谱》中吟唱过不和女神并欺骗了我们。

① 注意这一节开头强调性地使用了与"劳作"有关的语词：ὧδ᾽ ἔρδειν, καὶ ἔργον ἐπ᾽ ἔργῳ ἐργάζεσθαι ［劳作，劳作，再劳作］（行 382）。

同样适用于非农夫（行388及其上下文）。① 因此，对人类而言，有两种基本的法：宙斯的法，采取 Δίκη 的形式（行276-277）；田野的法，亦即天空和大地的法，因为每个人都该遵守此法，且赫西俄德没有说这个法由谁授予。如果人类不会彼此吞食证明宙斯的法存在于我们之中——宙斯的法本身富有争议——那么《劳作与时日》给人的印象就是，宙斯的法几乎不断遭到践踏。相反，田野的法却依照不变的规律得到严格遵守。因此，赫西俄德会在两种指引的源头之间摇摆：一是宙斯的法，一是田野的法；一是奥林波斯诸神，一是宇宙诸神，他们先于前者，并被所有的人知晓（又见《神谱》行43-47及其上下文；柏拉图，《法义》886a2-5及其上下文）。我们的任务首先是进行观察，然后尝试解释赫西俄德的这一摇摆。

考虑到第一小节的首要主题是"良好的安排"——亦即人类依靠自己天生的能力（包括其灵巧和热情或坚定）能够做也应该做的事情——奥林波斯诸神的指引很大程度上退出了视野：太阳灼烧的热力消退，头顶天狼星所正处的位置，树叶落地，所有这些都表明耕地的时间到了。只有秋雨被归于（一般是在希腊）宙斯（行414-419），一个掌握技巧性知识的劳作者被说成归雅典娜管（行430）。与强调人类可及的知识相一致，赫西俄德极其精确地论述了一个人所应造的耕犁的尺寸。佩耳塞斯应该

---

① 不论把行388的 οὗτός [这个] 理解成向后指整个的行381-387（我倾向于这样做，部分基于行682和行697的模式），还是理解成向前指行391-395（参见 T. A. Sinclair 编，《劳作与时日》[London: Macmillan, 1932] 此处注释；以及韦斯特的笺释），我们所谈论的这一"法"都是以季节的必然性作为指导原则。

准备两个犁，一个犁的接缝处或弯弧是加工过的，另一个犁的弯弧看上去是自身形成的（αύτόγυον，行434）。不管是天然的还是人工的，都可以且应该为我们所用。与此相似，关于牛和人的知识都是必要的，而且也可以非常精确：佩耳塞斯需要买一条九岁的公牛，再雇佣一个四十岁的人（行436，441）。这些忠告可能显得过于精确，因为八岁或者十岁的公牛毫无疑问会干得一样好。即使是源于真正的知识或技能的最完备或最详细的规则，也难以预料最终的所有细节——例如，一个三十五岁的人可能极其理智——所以，必须在现场用独立的、审慎的判断来补充或代替这类规则。但我们不能确信佩耳塞斯具有这样的判断；赫西俄德甚至必须告诉他天冷时如何穿衣服（行536-558）。因此，赫西俄德在此才吩咐他只买九岁的公牛。那些更普泛的规则亦即法的情形与这些规则相同。如果田野之法不可违反，而宙斯的法经常遭到践踏，为了佩耳塞斯的缘故，我们应该认为人类为自己设计的法律——虽然事实上并非对于每种情况都恰当——是完全恰当的，因此也是绝对稳固和不可违反的。

当赫西俄德转而讨论合适的耕地季节时，他只提到一个自然事物（一只鹤）和一年的流转；甚至他提到的雨也不再归于宙斯。之前他反复强调关心自然事物（公牛）和人造事物（货车）的必要性，并表明人必须采取一切人力所及的措施（例如，逐渐培养自身和劳工们的热情），现在他特别赞美夏季的休耕地：它不会欺骗你——令我们想到普罗米修斯对宙斯的欺骗（行48；另思考行373和323）——还会保护你和你的孩子们不受伤害（字面意思为"远离阿瑞斯"）（行461-464）。①

---

① 我拒绝了韦斯特的臆测性读解，而采纳了下面三人的看法：Friedrich

这些评论暗含的倾向让我们对赫西俄德随后的规劝感到意外："向地上的（native）宙斯和纯洁的德墨忒尔祈祷"（行 465；唯一另外一次明确规劝祈祷是在行 738）。因为，现在我们知道谷穗会累累垂地——"如果那位奥林波斯神随后赐你好结果"（行 474，强调为我所加）。谨慎奉行和遵守田野的法，或付出人力所及的所有才智和照看，都不能保证丰厚的收成。因为"持盾者宙斯的意志因时而异，有死的人类难以理解"（行 483–484）。我们无法确知宙斯是否会奖励按时耕种的农夫，或他是否会惩罚迟误耕种的农夫。迟误耕种的人可以求助于一剂药方（φάρμακον），亦即适时适量的雨水，但这些全然仰赖宙斯（行 485–490）。赫西俄德之前展示了人类主宰世界的愿景，但他现在主张，只有祈祷才能促使宙斯变幻无常的意志顺应我们的需求和愿望。

赫西俄德随后转向依据时节进行的各种劳作——包括一般的畜牧和航海——祈祷不再重要，奥林波斯诸神的统治也随之再次淡出我们的视野。赫西俄德跟随季节的脚步，冬天（行 493–563）、春天（行 564–570）、夏天（行 571–608）和秋天（行 609–617）；提及星座和季风的次数远远多于提及奥林波斯诸神的次数，后者在这里以其世俗礼物的形式出现，比如性欲（阿芙洛狄忒，行 521）、谷物（德墨忒尔，行 597）和酒（狄奥尼索斯，行 614）。① 当赫西俄德转向讨论航海时，这种对自然世界及其标

Solmsen 编, Hesiod, *Opera*, 第三版, Oxford: Clarendon Press, 1990; Evelyn-White,《荷马的颂歌与托名荷马作品》(*The Homeric Hymns and the Homerica*), Cambridge, MA: Harvard University Press / Loeb Classic Library, 1914; Wilamowitz-Moellendorff,《赫西俄德的〈劳作〉》(*Hesiodos Erga*), Berlin: Weidmannsche, 1962（首版于 1928 年）。

① 如果我没弄错的话，唯一的例外是提到宙斯完成了时日（行 565），

志的参照和遵从延续下来。宙斯在这里只是带来雨水,如果不采取必要的预防措施,船只或许会因雨水腐烂;宙斯还给人们降下贫穷,对此人们当然必须努力摆脱(行626,638;比较718)。

不过,这一节中的确重新出现了宙斯统治的问题。赫西俄德在指出为了航海所必须作的准备时,宣称我们会出海平安,

> 除非撼动大地的波塞冬下定主意,
> 或是诸神之王宙斯希望毁灭 [你]。
> 因为好事坏事的结局都仰赖他们。(行667-669)

赫西俄德在此声称,这就是缪斯教导他理解的"宙斯的意志",也是他承诺要讲述的"宙斯的意志"。好事坏事的结局都仰赖宙斯的意志。就佩耳塞斯而言,这个事实会激励他彻底服从正义亦即宙斯的法——我们假定,他也会因此满怀希望地祈祷。①

同时,赫西俄德把关于宙斯意志的这一说法追溯到缪斯,这暗示我们应该警惕该说法的真实性。我们至少必须比佩耳塞斯多思考一下赫西俄德的教诲。万物的好与坏——简言之,我们的幸福——都仰赖宙斯的意志,但正如我们所见,宙斯的意志变幻无常。服从宙斯的法,我们是否必然会得到我们所希望的奖励?当然,这首诗的确强有力地教导说,宙斯"最终"一定会奖励我们,只要我们坚持正义且向他祈祷。然而,这并不是《劳作与时

但上下文提到太阳回归(即冬至日)、大角星(Arcturus)和大洋(Oceanus)——它们都不属于奥林波斯诸神(又见注释2)——从而抵消或盖过了这一例外。

① 赫西俄德在两个地方说到希望得到或(这一动词也可翻译为)期望一些事情,从而暗示信奉宙斯必定心怀希望:见行273和行475。

日》唯一的教诲。且不说赫西俄德认为美德在于理解，宙斯也并非始终如一地遵从人类所可能理解的（因此也与人类相关的）任何对正义的理解；这首诗表面上恰恰教导说，我们根本的困境源于宙斯对我们的残酷惩罚，而宙斯还以对我们的惩罚为乐。从人类的视角——我们能够进入的唯一视角——来看，宙斯最终显得像是一个我们必须要提防的、神秘莫测的僭主。[①]

　　贯穿着其对"劳作"的讨论，赫西俄德指出了两种方案：跟随自然世界的指引，或者跟随奥林波斯诸神的指引。后一种方案最终并不令人满意。那么前一种方案呢？赫西俄德强调，我们仅仅在一定程度上可以寻求自然事物的帮助，并且可以发明某些器具来更好地利用自然事物；他忠告我们去认识不同的季节及其对于我们的重要性。比如，男人、女人结婚都有其最佳时机，赫西俄德在这方面提出的建议源自对唾手可得的信息的合理思考。最好娶一位临近的少女，你和你的朋友们都认识，以免你成为邻里的笑柄（行695-705）。与此相似，虽然春天也可以航海，赫西俄德自己——他在这里强调性地说到自己（ἔγωγε，行683），所以他也就不再举出缪斯——却强烈反对，部分因为他考虑过命丧大海的情形。自然世界当然不是在方方面面都顺应人类，比如，冬天和夏天都会非常严酷（行493-563；586），虽然两者也伴随着一些快乐（行493-495；585）。至于那最为重要的考虑，赫西俄德仍旧没有在任何地方保证凡人会兴旺发达，不管他们怎

[①] 除此之外，宙斯所分配的奖励和惩罚取决于我们行为是否出于自愿（行282，又见《神谱》行232），但是，至少那些可以追溯到邪恶的不和女神的行为是必然性的产物，这种必然性自身可追溯到诸神的意愿（行15-16及其上下文）。

样遵从田野的法。换句话说，机运的统治在这世上无法消除，我们的幸福根本上受它影响。一个人要是寻求理解万事万物，他终究会理解这个严酷的事实。对于那些不能承受这一严酷事实的人，赫西俄德出于慷慨，将在余下的篇章中提供相似的慰藉。

时日（行 765-828）

在关于劳作的最后一节中，赫西俄德论及与同伴、宾客和诸神相关的劳作，亦即我们应该怎样对待他人或者我们对于他人的职责，这为转向凡人的吉日与凶日作好了铺垫。这一讨论主导性的前提是诸神的复仇（行 706，比较 187，251）。这一节的结尾列举了大量净化仪式，我们必须靠它们来避免诸神的"惩罚"（行 741）。其中一些仪式确实有助于公共生活——比如关于生育和身体卫生的一些习则；有些仪式虽看上去毫无道理——长柄勺子在碗中放置的正确位置——但至少会让那些遵从的人感到有得到净化的希望或期望。

诗的结尾讨论"来自宙斯的时日"，目的是在某种可能的程度上使佩耳塞斯接受机运或不确定性对人间事物的统治。结尾这一节绝非无关紧要的累赘——维拉莫维兹（Wilamowitz-Moellendorff）和尼可莱（Nicolai）甚至全部予以切除①——而是起着极为重要的作用。赫西俄德描述了一个似乎没有不确定性的世界：在特定的日子里要做特定的、可以预料结果的事情。这种特定性的存在日复一日地提示着诸神的庇佑。虽然赫西俄德确实

---

① 参见 Ulrich von Wilamowitz-Möllendorf,《赫西俄德的〈劳作〉》，前揭；Walter Nicolai,《赫西俄德的〈劳作〉：结构的考察》(*Hesiods Erga: Beobachtungen zum Aufbau*, Heidelberg: Carl Winter, 1964)。

一定程度上遵从了生长周期（growth cycle）（韦斯特的笺释，页347-348），①但他对时日的讨论完全撇开了曾指引他讨论劳作和季节的主要思考：或许最好在"月中第六天"栽苗，②但必定并非任何月份或每个月份都是如此。现在我们尽可能地远离了"田野的法"。与此相一致，赫西俄德在此给出的关于婚姻的建议在精神上完全不同于我们前面所见：新郎应当先请教必要的鸟卜，然后在一个月的第四天带新娘回家，绝不能在第五天（行800-801；比较行695-705）。神人之间的冲突贯穿整首诗，在此却只有零星暗示。神圣的时日与适合"凡人的劳作"的时日形成对照（行765-772），对人类特别吉利的两个日子并不是神圣的日子。诸神所要求的不同于我们所要求的。我们必须尽力避免成为谣言或恶意的流言（φήμη）的对象，因为一旦流言开始散布，我们就难以摆脱它们。不管我们是否应受惩罚，φήμη［流言］都会惩罚我们，因此她可以称作"一类女神"（行760-764）。

　　这一节还讨论了那些易变的时日，这些时日"并无定命"或并不带给人类什么——它们待凡人有时如生母有时如继母（行825）——由此赫西俄德似乎再次引入了机运（行823-826）。这些时日构成了大约一年的三分之一，③如果厄运在某个这样的时日降临到佩耳塞斯身上，他至少可以对此作出一种解释：一件既定

---

① ［编注］韦斯特认为吉利的日子大都集中在一个月的上半段，月亮逐渐由缺到圆，预示着生长。比如，月初第九日宜种植，第十六日不宜种植，十一日到十三日宜收集长成的东西（剪羊毛、收割庄稼），但不宜开始播种，十七日宜脱谷和伐木，这些事都应在生长停止前完成。

② ［编注］作者此处或许讹误，行782云"月中六日不利植株"。

③ 伯纳德特，《赫西俄德的〈劳作与时日〉：一次初步的阅读》，前揭，页169。

的事情发生在了某个不可预测的日子。与此相似，鉴于他最新获得的关于时日的知识，佩耳塞斯必须接受他命定的或被分派的低等地位（再思考行293-297），因为我们必须假定，是赫西俄德而非佩耳塞斯出生在一个宜于生男的日子，甚而出生在"伟大的第二十天"——思维敏捷的"智慧的凡人"（ἵστορα φῶτα，行792）将在此日降生。这一节结束于一项最后的劝告或预言，这当然也是整首诗的结束：

> 有福而喜乐的人啊，
> 知道这一切，劳作，在诸神眼中没有过错，
> 能辨识鸟谕，且避免忤逆。

至少从上下文的内容来看，甚至在敦促佩耳塞斯遵从鸟卜的结果时，赫西俄德也向我们提示了真正的巅峰（πάντα εἰδὼς [知道一切]）。

结　语

《劳作和时日》着重教导说，必须要献身于正义（如果会有健康的政治生活），也必须借助于强大而全知的诸神（或一个神）来支持这种献身，诸神（或一个神）会确保现在或最后正义之人得到奖赏、不义之人遭受惩罚。但是，这首诗还悄悄地教导理解高于正义，高于宙斯对待人类的有缺陷的方式，不管这种方式正义或不正义。那么问题在于，世界在赫西俄德看来最终是一个κόσμος 即有秩序的整体，还是κόσμος 的反面。《劳作与时日》暗示，歌手及其（欺骗人的）缪斯的介入是必要的，以便让我们

维系自己的希望，即正义必定会得到奖赏，尤其是会换来个体的永生。就这个根本的方面来看，在一个缺乏这种诗性介入的现实世界里，我们不可能完全安适。千真万确的是，赫西俄德着手写作《劳作与时日》，并认为应当倾尽己力，不仅为提升一个好的公共生活，也为提升那些有能力的人对"万物"的理解。因此在赫西俄德而言，这样的理解是可能的。即便不是我们的每个希望，但至少我们求知的欲望——当然包括知道真正的好或有利的事物的欲望——在此可以得到满足。但是，经历这种欲望的满足是否足够补偿似曾指引我们的希望的丧失，依旧不甚清楚。

与这一含混一致，赫西俄德对于现在的黑铁时代仅仅指出，恶和一些未明说的美的或好的事物混淆在一起（行179）。或许拥有黑铁本身就是一种安慰，因为铁是四种金属中最强的，青铜种族要是有铁可用的话也会使用铁器（行151）。我们可以随心所欲地为自己发明强大的工具。但我们所享有的最大好处之一，无疑有赫西俄德吟唱的诗歌。在《神谱》一个精彩的段落中，他告诉我们：

> 如果有人灵魂新近遭受悲痛，忧伤不已，
> 在伤痛中耗尽心血，这时
> 缪斯的一个仆人唱起了从前人类的荣耀
> 和掌管奥林波斯的幸福神灵，
> 瞬间他就忘却了烦忧，记不起他的烦恼；
> 缪斯女神的礼物很快带他脱离一切苦恼。（行98-103）

赫西俄德诗歌的一项极重要的功效在于帮助我们"忘却"烦恼，尤其是那些与悲痛相关的烦恼。现在我们理解，为什

么黄金种族——他们生活在克洛诺斯统治下,因此也在缪斯之前①——没有缪斯所带来的诗也能生活得幸福:他们对死亡毫无意识,也就不需要诗。面对我们时代所有潜在和实在的邪恶,缪斯的礼物会安慰我们。此外,我们还没有出生时就"两鬓苍白",因为同一首歌既教导我们终有一死的严酷真理,同时也通过隐藏这一真理来慰藉我们。赫西俄德的诗歌也更加明确地向我们讲述了从前人类的荣耀和奥林波斯的诸神——正义之人继续在神佑的幸福中生活,诸神在天上看着我们,惩罚我们,当然也奖励我们。记忆女神的女儿们(《神谱》行53-54)擅长让那些听到她们的歌手唱歌的人习惯遗忘。

歌手自己怎样呢?能够授予先辈身后延续的荣耀,正如我们在赫西俄德对人类的五个时代的叙述中看到的那样。歌手决定怎样"称呼"死者,决定他们是"默默无名"还是留下名姓(行141,159,154);赫西俄德把决定凡人是否为人称道的权力归于宙斯(行3-4),而实际上这是属于歌手自己的权力。如果崇拜神灵在任何地方都是人类的特征,那么,最伟大的歌手至少可以决定崇拜哪些神灵以及怎样崇拜(见希罗多德,《原史》2.53)。当然,对于歌手而言,这一切包含着一定程度的荣耀。我们甚至可以说,通过运用诸神所拥有的一种权力,歌手享有了人类唯一可获得的永生。然而,从赫西俄德所呈现的我们最大的希望来说,这一永生或说永生的荣耀最终是一件赝品。或许诗人与英雄或半神最为接近:他吟唱美妙的歌曲部分是为了其他人的利益,同时也完全清楚"死亡的终点"会降临到他身上。

---

① 比较施特劳斯,《古典政治哲学的自由主义》,前揭,页37。

古典作品研究

老 子 辨

斋藤拙堂 撰　桥本荣治 编
熊　宸 译

[译者按] 1922年3月13日至17日间，梁启超在《晨报副镌》上发表了《评胡适之〈中国哲学史大纲〉》一文。该文涉及诸多关于先秦诸子的问题，但大多未引起学术界的认真回应，唯独其中第五节《论〈老子〉书作于战国之末》却引发了一场激烈讨论。一时间，老子并不是《老子》书的作者、《老子》书乃是伪托之书（对其断代甚至有定在《淮南子》之后的，理由是《老子》书的某些文句与《淮南子》一致或相仿）等论调几成定论。及至帛书《老子》、郭店竹简《老子》相继出土，其说方略有止息，但其回响至今仍然不绝。梁任公此文可谓开启了中国现代学术"疑古"思潮的先河（在顾颉刚《古史辨自序》及其各种学术自传中都可看出这一点）。

不过，中国现代各种"疑古"思想，就其发端来说，大体都有其西方或日本近代学术界的根源。某些所谓创新的"疑古"思想，究其本质甚至可以说只是日本学者观点的迻译、变化而已。这种思想的渊源关系，经过有心的遮掩，今天看起来虽已有些模糊不清，但人们通过认真的研究，毕竟能够发现那些很难完全视而不见的逻辑线索——比如《中日学术交流与古史辨运动：从章太炎的批判说起》（见《中华文史论丛》2012年第3期）一文对顾颉刚与白鸟库吉之间学术承继关系的考察，就值得引起重视。梁启超此文是否完全出于原创，学术界也并非完全没有争议。詹剑峰教授在其《老子其人其书及其道论》中就曾指出，梁任公关于老子年代的观点，受到过日人斋藤拙堂思想的影响。遗憾的是，对于詹先生这个提示，国内学界至今鲜有人士作出认真回应。因是之故，译者尝试着将斋藤拙堂的《老子辨》转译成中文，希望对于澄清中国现代学术史的一些基本面相略有助益。

斋藤拙堂（さいとう せつどう），宽政九年（1797年）–庆应元年7月18日（1865年9月7日），江户末期的儒者，伊势人，名正谦，字有终，号报堂，通称德藏。别号**铁研学人拙翁**、**铁研斋**。早期曾肄业于江户最高学府"昌平书院"，从**古贺精里**研习朱子学。曾在津地（今津市）藩校"有造馆"任教职，后历任侍读郎、郡宰、督学等职。他和**土井聱牙**是当时津藩最有名学者。拙堂晚年本来可以提拔为幕府的儒官而享有更甚的官方荣誉，但他却放弃了这个大好机会，而终身侍奉于藤堂家。拙堂学识渊博，尤其擅长诗文，特别在古文批评上有所建树。其著名作品包括评论古今汉文的《拙堂文话》，谈论武士道精神的《士道要论》、警世书《海防策》《海外异传》等。

斋藤拙堂先生的《老子辨》原文本应是文言日语，但现已难觅原文，本文是从日本学者**桥本荣治**所编的《斋藤拙堂·土井聱牙》（明德出版社1993年6月）转译的。《老子辨》一共有五篇，桥本不仅将其全部整合译为现代文，并且在每一篇后都附有"要旨"，颇有提纲挈领之功效。而在五篇《老子辨》之后，桥本荣治还简要介绍并评价了近代日本学界探讨该问题的大致倾向和趋势，并征引了山田统氏《老子》中对斋藤先生的相关评论。这些评论有助于我们了解日本学界关于老子研究的基本情况，译者因此一并译出，但用仿宋体字与正文作了区分。

桥本荣治（はしもと　えいじ），大正十二年（1923年）生。昭和三十四年（1959年）毕业于大东文化大学文政学部的中国文学专业。现在二松学舍大学文学部任教授一职。除了《斋藤拙堂·土井聱牙》，主要著作还有《王阳明全集》（合著），《井上金峨·龟田鹏斋》（合著）、《斋藤拙堂·土井聱牙》等。

本译文选题得到陈奇佳老师指导，日文原作由郭诚先生在日本帮助复印，在此一并表示诚挚谢意。

一

在我第一次阅读《史记·老子韩非列传》时，见到孔子问礼于老子一事，就怀疑这恐怕是好事之人假托老子而编造的故事，如今总算弄清，这的确是子虚乌有。

孔子熟知"礼"，这早已是人尽皆知。（《史记·孔子世家》中，鲁大夫孟釐子在临终前对嗣子孟懿子交代说："今孔丘年少好礼，其达者欤？吾既没，若必师之。"）韩宣子也曾说过："周礼尽在鲁矣。"（《左传》召公二年，韩宣子从晋国出使到鲁国，见到《易》的象辞和《鲁春秋》而发出"周礼尽在鲁矣"的感慨。）孔子自己也说，"鲁多君子"（《论语·公冶长篇》，"鲁无君子，斯焉取斯？"），这还不够，还要求诸周。若是求礼，本应追随那些通明博达之士，为什么要特地去向一个老人请教呢？两人见面之后，（孔子）还称赞"老子真是龙一样的人啊"，难道老子当真值得这样的尊敬吗？（孔子的）这个态度，简直就像是无知村妇遇到老僧人时的那种感激与虔信，自己却还完全没有意识到。那么孔子问礼于老子，这到底是怎么回事呢？长久以来，老子就是那种游戏人生、蔑视礼法之人，即便是无知之人也不会向这样的人问礼。可孔子自己却没有察觉到这一点而与老子相见，结果被他以傲慢的态度相待。这哪里像个圣人呢？虽然孔子本来就不耻下问，但也不会去做这种白费功夫的事吧？孔子谈论古今圣贤，上自二帝三王（尧舜及禹王、汤王和武王），下至夷惠管晏子产（伯夷、柳下惠、管仲和晏婴、子产），这些人都有着无论如何汲汲追求亦难以望其项背的风度，何况若真是亲身受教之人，就本应更加盛赞才是，可关于老子他却一点也未提及。

孟子跟从孔子教诲，辅佐圣人之道，攻击异端邪说，这毋庸置疑。若老子是贤明之人，那么（孟子）也会像称赞惠夷那样去称赞老子吧；而若是异端邪说，则会像打击杨墨（杨子和墨子，都是孟子批判之人）那样去打击老子吧，但是他却一点也没有提及老子。谈论整全和道，没有比《论语》和《孟子》更加上乘的著作；记录历史事实，也没有著作比《春秋》更加博大精深，而我们在这些文献中却几乎见不到老子的事迹。根据司马迁在《史记》中的记载，老子既非春秋以前的人，也不在孟子之前，更不用说在孔子以前。孔子问礼之事原本见于《庄子》一书。而庄子追随老子的学说，贬低孔子，因此其观点只不过是想表明"孔子是吾师老子的弟子"，这正如佛家将孔子视为儒童菩萨（佛家对孔子的称谓）一类而不值一提。那么司马迁为什么要否定儒家学说呢？又为什么要去拾取道家的糟粕呢？这不是在蔑视圣人、应和异端邪说吗？庄子的那些无稽之谈，及至彼时已成为了真实故事一样，但其实荒唐无稽，完全不可信。尧时代的许由，禹时代的伯成子高，汤时代的卞随、务光等等，本来这些都是无根无据之人，没人相信他们的故事，而到了孔子拜老子为师这件事上，却没有人怀疑其真实性了。这到底是谁的过错呢？虽然司马迁也认为庄子的那些寓言空谈不是事实，明知其虚构诞妄，却还是不能舍弃那些说法。这就像是用伪造的证据来作证明一样，反正于我无论如何都不相信。

要旨：孔子和孟子都没有提到过老子，因此可以说老子是孔孟以后之人。虽然老子之名散见于《庄子》，但作为道家的庄子尊老抑孔，实欲表明"孔子是吾师老子的弟子"。其荒唐无稽，不可信任。至于司马迁，他一边说庄子的寓言空谈不是事实，一边又在《史记·孔子世家》中记录孔子问礼一事，这也不可相信。

二

《史记·孔子世家》中，孔子见老子一事发生在其三十岁之前。由于孔子生于周灵王二十一年（即公元前551年），三十岁时当是景王二十三年（即公元前522年）。而老子年龄不可考，只知其年长而有德，为孔子所敬重。如果这位高龄老人有子嗣，那也必定是中年人了。《老子传》（即《史记·老子韩非列传》，下同）中，老子之子名宗，为魏将，封于段干（魏邑）。而魏的建国在周威烈王二十三年（即公元前403年），与孔子三十岁之前所发生之事已经相距近一百三十年了,及至宗成为该国将领,则更在这之后了。父亲(老子)与儿子(宗)的年代怎么会相差如此之远呢?这是第一点疑问。其次,宗之子名注。注之子名宫。宫之玄孙名假。假在汉孝文帝时为官。而假之子解又成为了胶西王卯的太傅。卯为景帝时人。景帝元年与未满三十岁的孔子差不多相隔了有三百七十年。李氏(老子之姓)的传世子孙仅有八代(按一代有三十年计算)。从孔子晚年到司马迁完成《史记》那一年为止,之间不可能有三百六十年。可是,孔子的世系却总共(到孔安国为止)历经了十三代。为什么李氏子孙大多长寿、而孔氏子孙却并非如此呢?这是第二点疑问。《老子传》开头时说,老子系楚国苦县人氏。《史记索隐》(唐代司马贞著)也说:"苦县,原隶属于陈。"春秋时期,楚灭陈,苦县遂归附于楚国。各方证据表明,楚灭陈与孔子卒同年。既然老子在孔子之前,就应该说老子是陈国苦县人氏才对。之后苦县才不属于陈,而附属于楚。这是第三点疑问。根据以上三点,可知老子应该是战国时人。按照《史记·魏世家》的记载,安厘王三年,有一个据说是段干(姓段干,名木)的人物。由《战国策》可知,其名为崇。(《战国策·魏下》的《安厘王》中记载,"明年,将使段干崇割地而讲。")根据《路史》,段干为李姓城邑("段干氏初邑段,以邑干,因邑为氏。")这与司马迁记载宗为魏将、封于段干的事实相符。因古时崇宗音通,那里的崇恐怕就是老子之子崇。不言李耳而言段干,这就像谈及柳下时言惠,谈及东里时说子产那样。段干崇也就是李崇。崇为将领,因其战功卓著而获得封邑,后来成为一个姓氏。这期间恐怕得经历了三、四十年的时间吧,如此就有六七十岁的年纪了。其少壮时期正值襄公、哀公之际，①及至汉景帝初期有大概一百七、八十年左右，也就是七、八个世代。从这一点来推断，老子应该是周显王以后之人，仅仅稍晚于孟子，而由于《老子》（即《老子道德经》）又著于其晚年，那么他当然不可能与孟子或者孔子见过面。

要旨：关于孔子问礼一事，尚有诸多疑点：（一）年龄问题；（二）相差的年代问题；（三）老子的籍贯问题。根据这三点，老子应该是楚国人，仅仅稍晚于孟子的时代。

三

《老子传》中记录："老莱子亦楚人也……与孔子同时云"。又说"自孔子死之后百二十九年，而史记周太史儋见秦献公。或曰儋即老子，或曰非也。"想来是因为老子为隐君子，故世人莫知其终始。于是司马迁便选取了各类传闻而拼缀成了《老子传》一文，至于老子到底是何时之人，他也无法正确得知。另外，司马迁认为以老子的年龄难以达到孔子的时代，是以不得已时而将其年龄取为一百六十岁，时而又定为二百来岁。出于这样的牵强附会，就会产生各种疑问。如果太史儋就是老子的话，那么以孔子享年七十二岁再加上殁后的一百二十九年，一共就有二百零二年。如果老子果真有二百岁的话，那就应该生于孔子去世后三年；若果真有一百六十岁，那就应该在孔子去世后四十余年出生。因此在孔子三十岁之前，并没有老子这个人。

---

① ［译按］此处似乎有误，若是将李崇少壮时期定为襄公、哀公时期似乎过早，不符合下文中的相隔"一百七、八十年"，于此存疑。

《老子传》中还记载,"居周久之,见周之衰,乃遂去。此后遇关尹(关所的差役)而著《老子》五千言"。这样看来,他在见献公之后身体依然康健。如是这样,那么即便他能保有二百岁高龄,到了孔子的壮年时期也应已不在人世。这也是《老子传》中的一处破绽。

　　要旨:老子、老莱子和太史儋或许为同一个人,但或许还有其他可能。重要的是,在这一点上我们并没有确凿的证据。

四

　　《小戴礼记》(《礼记》)中记载,孔子说礼,屡次提到"昔闻诸老聃云",这也成了后人犯错的一个原因。《老子》言:"夫礼者,忠信之薄,而乱之首也。"既然如此,那他何必还要记录像丧礼那样的繁文缛节呢?而若以《史记·老子韩非列传》为依据,孔子问礼于老子之时,老子除了讽刺礼节之外一概未言及其他,于是孔子没有再进一步追问下去便离开了。那么何以到了日后却说"昔闻诸老聃云"这样的话呢?

　　在我看来,像《庄子》和《列子》这样的著作,选取了当时关于老聃的各种传说,连其中不合逻辑的地方也不管不顾,并擅自捏造了孔子问礼一事,在老子的说法上也有诸多牵强附会之处。另外,王弼(魏时学者,为《老子》一书作注)在给《论语》作注时,将老彭(尧臣,也有说法认为是殷时的贤大夫)当作老子彭祖。如果我们看一看老子的言论,就可知那只不过是一家之言。孔子曾说过,"我从来只述先王之言,而不立新说。以先王之道为正道,如此而已。"(《论语·述而篇》:"子曰:述而不作，信而好古，窃比于我老彭。"）由此可知老彭并不是老子。另外，老子姓李名耳，字伯阳，而将书名称为《老子》，那么说他是"老聃"也好，"老彭"也好，指的都是一个人的姓名。司马迁又将"聃"作为老子的谥号，但是以谥法来看，并没有以"聃"为谥号的例子。《礼记》中所讲述的老聃精通礼仪、为孔子解答释疑，正是个"述而不作，信而好古"的人物。聃为其名，彭为其字，正与《论语》中所记录的是同一个人。

要旨：司马迁将"聃"作为老子的谥号，但是从谥法来看并没有其他以"聃"为谥的例子。《礼记·曾子问》中的"孔子闻诸老聃云"，正是错误的渊薮。《礼记》中的聃精通礼仪，为孔子答疑解惑，那个人并不是老子。而我们在《论语》中见到的老彭也不是老子。

五

《老子》一书中，文字语言与秦汉风格相近之处甚多，可知老子不应是孟子以前的人物。我认为，在《论语》中言"仁"的地方有数十处之多，而以"仁"、"义"对举的地方却一处也没有。除了在《易》中有"立人之道曰仁与义"（《易经·说卦传》），其他六经中一处也未提及。到了孟子之时才开始有"仁义"之说，可以说以此二字相对举应始于孟子。可在《老子》中却有"大道废，有仁义"（第十八章）、"绝仁弃义，民复孝慈"（第十九章）、"失德而后仁，失仁而后义"（第三十八章）等说法，无一不是以精悍的言语来讽刺仁义，且不止一处两处。大概老子比孟子还要晚一些，见到了《孟子》七篇之后才发此言论的吧。这样一来,必定是他特意针对孟子而发表的反驳意见。另外,老子还说过,"希言自然"(第二十三章)、"知者不言,言者不知"(第五十六章)这样的话,这正是对离坚白之辨(战国时期公孙龙所提出的一种诡辩)的驳斥;"法令滋彰,盗贼多有"(第五十七章)、"其政察察,其民缺缺"(第五十八章)的观点,则针对的是刑名之学(主张循名责实,慎赏明罚的学说)的不足所在;其中"将欲取天下而为之,吾见其不得已"(第二十九章)、"取天下常以无事,及其有事,不足以取天下"(第四十八章)的言论,针对的似乎是战国时期七雄(齐楚秦燕赵魏韩)争霸的格局。像晋楚之间的关系都是争夺盟主这样的小事,而不是问鼎天下这样的大事。而像"师之所处,荆棘生焉。大军之后,必有凶年"(第三十章)这样的话,说的应该是战国时期六国(齐楚燕韩魏赵)纷争时的情形吧。据说在春秋战乱时期,惨败之后也会把战死者的尸骸一起带回军中,充其量不过百千人而已,并不似争夺天下时的那般惨烈。"侯王自称孤、寡、不谷"(第三十九章)、"人之所恶,唯孤、寡、不谷,而王公以为称"(第四十二章),按照礼法,"孤"为小侯的自称,"寡人"为诸侯的自称,"不谷"则应该是夷狄之蛮君的自称,而不是对天子或王侯的称谓。而到了战国时期,虽然诸侯皆僭称为王,但在自称上还是沿袭了旧的礼法而称"孤"、"寡人"和"不谷",因此所谓的"侯王"也就是战国时期的诸侯。"君子居则贵左,用兵则贵右"(第三十一章)、"偏将军居左,上将军居右"(同章),《尚书·甘誓篇》中则有"左不攻于左,右不攻于右"的说法在前。而据《左传》记载:闵公元年,"赵夙御戎,毕万为右"之言;成公二年,"韩厥中御而从齐侯",杜预注曰:"居中代御者。自非元帅,御者皆在中,将在左";宣公十二年,

"子重将左",是因为子重为令尹(宰相),而在襄公三年,①"右尹子辛将右"。以上诸多例证表明,只要与军队相关,皆贵左而贱右。《礼记·少仪》中论及乘驾兵车的礼仪时说,"军尚左"。因此在春秋以前论及军事,并没有以右为上位的先例。及至战国时期,兵者为行凶之器,而凶军之礼亦变得紊乱无章。以那个时代的习俗,早已不再遵循古礼了。由此可知,老子应是生于战国末期之人。

要旨:从《老子》的言语文字来看,与秦汉时期的风格较为相似,可知老子并不是孟子之前的人物。在《老子》中屡次出现"仁义"二字,而以"仁""义"相对举的"仁义"一词,却并未见于《论语》,此词应该始于孟子。老子岂不正是在读过《孟子》之后才用了"仁义"一词吗?另外,通过考察《老子》中的语句,可以得知老子应是生于战国末期之人。

自古以来就有观点认为,老子是个虚构的人物,《老子道德经》则为托其名的伪作,在中国哲学史上引起了诸多争议。不仅在中国方面如此,《老子》在日本也被当作一本问题之书。其中大多数人都对老子其人及其著作《老子》持否定的态度。在日本,伊藤仁斋的第五子伊藤蘭嵎(1694-1778)可以称得上是一位开"老子否定史"之先河的人物。在他看来,老聃是一位虚构的人物,而《老子》则是战国时人或者秦朝人所著,他们在读过《庄子》之后,剽窃了其中的语词;或者说后人混淆了

---

① [译按]此处似乎有误,查阅《春秋左氏传》可知此应为成公十六年时事。

老子和杨朱的文字，而把一本仿造《杨朱子》所著的书当作了《老子》一书。他在论证的过程中多处征引《论语》、《孟子》和《荀子》，并认真考察《老子》的语句，得出了其为晚出之作的结论。

此后又有帆足万里（1778-1852）在其著作《入学新论》中谈到，《老子》是战国时期的好事者剽窃《庄子》的伪作，而好事者恐怕是郑、韩（中原）之人，老子其人应该就是《论语》中的老彭，《老子》则是他们假托于孔子问礼之人其名、而将其言论汇总而著成。

以上这些源自山田统氏的《老子》（昭和三十二年，刊于角川书店），他在随后也谈及拙堂。稍有些长，现征引于下：

> 另外，斋藤拙堂在其《老子辨》五编中，综合了之前的各种说法，首先以《史记》中孔子问礼一事为虚构之说而予以否定，然后从其子孙的世代数来考虑，推测出老子为周显王（公元前368-321）以后的人，《曾子问》中的老聃与《论语》中的老彭为同一个人，而老子则另有其人，《老子》其书的语言文字与"秦汉风格更为相似"，而从其语句和内容来看亦是如此。他还论证了它不会是《孟子》之前的著作。
>
> 他的这个观点，以其规范严密的论证而对近人影响巨大，市村瓒次郎博士（1864-1947）在其《关于老子的年代》（1911）中，否定了孔子适周问礼一事，认为《老子》书的作者为老聃，与太史儋为同一个人，其书至战国时代方始著成；山下寅次博士（1877-）也在其《老子年代考》（1927）中否定了（孔子）适周问礼，而以老聃和太史儋为同一人；津田博士认为《老子》一书"在孟子之后，但距之不远的时代里写

成";武内义雄博士(1886-)在其《老子研究》(1927)中认为,从其世代数量来考察,老子的年代应该在周威烈王(公元前425-402年)到显王初年,亦即为公元前四百年左右的人。我认为其中无论哪一种说法,都参考了拙堂的观点。

拙堂的学说属于折中学派,^① 同时兼有考据之学方面的内容,很明显属于保守的一派。只是老子的思想一言难尽,也是我们需要考据学的原因所在。他的《老子辨》提出了日本在老子研究史上的一个重大问题。继《老子辨》之后的《孙子辨》(《文集》卷四)中,拙堂也十分重视考证,并得出了孙武和孙膑为同一个人的结论。猪饲敬所将《老子辨》和《孙子辨》一并推崇为"千古之卓见"。

---

① [译按] 折中学派,日本江户时代中期儒学的一派。试图折中朱子学、阳明学、古学的诸特色以求中庸之道。

埃斯基涅斯及其
《阿尔喀比亚德》残篇*

梁中和　吴立立　编译

引　言

苏格拉底承认的唯一情人阿尔喀比亚德是位传奇人物，柏拉图在其《会饮》《普罗塔戈拉》《阿尔喀比亚德前篇》中都有生动描述。阿尔喀比亚德作为苏格拉底的学生，在成年后的政治和军事作为引发了雅典人对苏格拉底的极大怨恨，最终以败坏青年罪被判处其死刑。苏格拉底的弟子们以迥然不同的立场和观点，描绘了阿尔喀比亚德与苏格拉底的关系，其中除了柏拉图，还有苏格拉底另一位著名弟子色诺芬的解释，他贬斥阿尔喀比亚德，认为阿尔喀比亚德是在离开苏格拉底之后学坏了。埃斯基涅斯（Aeschines）更是苏格拉底在雅典的忠实弟子，柏拉图的

---

* 本文编译自 David M. Johnson, *Socrates and Alcibiades: Four Texts*, Focus Publishing, Newburyport, 2003, 并参校了部分希腊文原文残篇。

《苏格拉底的申辩》和《斐多》都提到过他,他是苏格拉底受审和临终时的见证人,而且和柏拉图一样撰写过不少"苏格拉底对话"作品,可惜至今只有些残篇存留。现今我们依据英语世界最新的成果,翻译再现埃斯基涅斯关于阿尔喀比亚德的记述,以期了解其笔下的苏格拉底哲学及其哲学教育。

一、埃斯基涅斯笔下的阿尔喀比亚德[①]

埃斯基涅斯,常常被称为"司菲都斯的埃斯基涅斯"(Aeschines of Sphettus,司菲都斯是阿提卡的一个乡)或者"师从苏格拉底的埃斯基涅斯"(Aeschines Socraticus),以区别于大家更熟悉的那个埃斯基涅斯,即德摩斯梯尼(Demosthenes)的著名论敌。他大概比柏拉图年轻几岁。他与苏格拉底有着密切的关系:柏拉图曾以苏格拉底的名义在《苏格拉底的申辩》(33e)中说埃斯基涅斯是未被败坏的同伴之一,并将其置于《斐多》中苏格拉底临死前的一幕中。不同于柏拉图的是,埃斯基涅斯穷困,他不得不为教学收取费用;但是他不敢建立一所正规的学校来与柏拉图的学园竞争。据说他撰写了七篇苏格拉底对话,现已全部失传。他的这些对话在古代受到崇奉,尤其是其文风。现代人一直以来趋于忽视其哲学上的重要性,但最近有人提出,正是埃斯基涅斯第一个描述了苏格拉底的爱欲观。比起柏拉图的著作,我们甚至不是那么确定他的写作时间,但是他的《阿尔喀比亚德》极有可能写于柏拉图的《阿尔喀比亚德前篇》和《阿尔喀比亚德后篇》之前。无论如何,它位于本书末篇,因为它的残

---

① 译自 David M. Johnson 所撰导言中关于埃斯基涅斯残篇的部分。

缺性使得它最难以理解。阿尔喀比亚德至少在埃斯基涅斯的另一篇著作中也是主角，即《阿克西奥库斯》(Axiochus)，一篇以阿尔喀比亚德的叔叔命名的对话。但是，我们只知道阿尔喀比亚德在其中受到明显的斥责，因为他沉溺于酒精、通奸和斗鸡。

在《阿尔喀比亚德》的残篇中，苏格拉底讲述了他与阿尔喀比亚德前些时候的一场讨论，然后评述了他和阿尔喀比亚德的关系。最初的对话发生在苏格拉底和阿尔喀比亚德相识早期，因此大概在伯罗奔半岛战争爆发（公元前431年）之前，大约与《阿尔喀比亚德前篇》的对话同时期。苏格拉底对这场对话的叙述，明显设定在他不再认为自己能帮助阿尔喀比亚德之时（见残篇12），所以大概与柏拉图《会饮》的戏剧时间十分接近，因此也差不多是阿尔喀比亚德在战争结束后不久死亡的时候。正如在《阿尔喀比亚德前篇》中一样，阿尔喀比亚德自大而自负。但是，苏格拉底很快就向他表明——部分通过与泰米斯托克勒斯（Themistocles）的比较——如果想要实现他的雄心，他还要作很多努力。我们的残篇以苏格拉底的这番话结尾：通过爱而不是知识，使他相信自己能帮助阿尔喀比亚德。

对话的基本结构——除叙述形式之外——十分类似于《阿尔喀比亚德前篇》。特别要注意，苏格拉底关于泰米斯托克勒斯的长篇讲辞（残篇9），与《阿尔喀比亚德前篇》中苏格拉底关于斯巴达王和波斯王的长篇讲辞起到了几乎一样的作用。埃斯基涅斯的作品为阿尔喀比亚德提供了自然的历史性对比：泰米斯托克勒斯如同阿尔喀比亚德，是民主派，一个勇敢、成功的军人，也如同他一样，以流亡波斯终老。埃斯基涅斯大概是在让阿尔喀比亚德声称，正如泰米斯托克勒斯仅靠其自然天赋而成功，他自己也同样会如此。苏格拉底回应说，泰米斯托克勒斯初出茅庐时行事很糟糕——糟糕到被父亲剥夺了继承权——因此很明显并非生而具有后来才掌握的技能（残篇7）。苏格拉底在其赞扬泰米斯托克勒斯的讲辞中指出，后者能够战胜波斯王薛西斯（Xerxes）是纯靠他的智力，其实薛西斯在船只、人力和财富上占优。泰米斯托克勒斯比波斯王聪明太多，以至于他使薛西斯确信他待其如友，尽管实则没有。后来当他被雅典人流放时，他还能神气活现地撤退到波斯。这篇讲辞对阿尔喀比亚德影响极大，他突然哭起来，将头放在苏格拉底膝盖上，对自己与泰米斯托克勒斯差距如此之大感到十分失望，乞求苏格拉底帮助他提升自己（残篇10）。

但是，苏格拉底不仅仅是把泰米斯托克勒斯当作积极的例子：后者在流放中结束了自己的生命，而阿尔喀比亚德也将如此。埃斯基涅斯或许曾让苏格拉底讲明为什么泰米斯托克勒斯最后失败，但是余下的对话残篇没有给我们提供任何他曾这样做的证据。我想策略上的任何具体失败都会偏离重点：我们更应该在泰米斯托克勒斯的生涯中看到某些根本性的反讽。不是任何理智上的失误导致了他的失败，而是他没能认识到恰当运用其理智的范围。他能够应对波斯王所有的财富和所有的人马，但善变的雅典人首先阻挠了他切断薛西斯逃跑路线的计划，然后又放逐了他，尽管事实上雅典人起初多亏他才免于薛西斯的奴役。他在流放时很富有，并通过他的理智显示出自己是最有权力的人；但这最终毫无意义，因为他的目标——权力和荣誉——被证明转瞬即逝。在他生命终结时，他的地位正是那个他曾经击败过的人所赋予的。

如果这是正确的，埃斯基涅斯的论证就在两个层面上有效。首先，他笔下的苏格拉底指出，二十岁的阿尔喀比亚德无法与泰米斯托克勒斯相比，若想达成任何与之相称的成就，他需要更好地完善自身。但是其次，更加重要的是，苏格拉底暗示，泰米斯托克勒斯的失败表明了政治野心的徒劳，即便这野心属于像泰米斯托克勒斯一样能干的人。这个教导本质上与《阿尔喀比亚德前篇》是一致的，在那里，苏格拉底将阿尔喀比亚德与斯巴达王和波斯王作比较，不仅是为了表明阿尔喀比亚德与他们有多大差距，也是为了通过反讽来表明这种世俗野心的虚空。

埃斯基涅斯的作品以苏格拉底论述爱欲之力量结尾。苏格拉底认为，通过爱欲而非某种技艺，他认为他使阿尔喀比亚德受益。残篇没能完全清楚地表明，苏格拉底预计如何实现这点。我们会首先认为，苏格拉底对阿尔喀比亚德的爱，以某种方式给他以灵感来帮助这个年轻人，或者至少认为他可以这样做。但是，埃斯基涅斯很可能也在指涉阿尔喀比亚德对苏格拉底的爱。正如我们在《阿尔喀比亚德前篇》（135d）和《会饮》（222b）中读到的，阿尔喀比亚德打破了这种非对称关系的惯例，开始爱苏格拉底而不仅仅被他爱着。埃斯基涅斯在其《阿斯帕西娅》（Aspasia）中写到了爱欲的力量能引导一个人提升自我。他描述了阿斯帕西娅——著名交际花，伯里克勒斯（Pericles）的长期伴侣——是如何建议色诺芬和他妻子而非其他任何人，应该通过使他们自身变得更好来使他们更加相爱。我们在沐浴爱河时，都希望为了我们所爱的人而变得更好。因此，在《会饮》中（216b），也许阿尔喀比亚德才在苏格拉底面前感到羞愧。我之前提到，阿尔喀比亚德对荣誉的爱欲，是苏格拉底希望用来使他转向哲学的一种手段。在这里我们看到了另一种爱欲在起作用，其作用仍然是神秘的，但也有其危险。阿尔喀比亚德爱上了苏格拉底，但不是爱上了哲学。没有了这种更大的爱欲，他就被对荣誉的爱欲所征服，而只有善变的雅典人才能给予和剥夺这一荣誉。

二、埃斯基涅斯《阿尔喀比亚德》残篇集[①]

1. 马克西慕斯（Maximus of Tyre），讲稿 VII（"哪些疾病更难对付，是那些身体的疾病还是那些灵魂的疾病？"）7：[②]

阿尔喀比亚德病了；一个巨大的、狂野的火焰在侵蚀着他，将他的思想掷入近乎疯狂的混乱之中，带他四处游荡：从吕克昂（Lyceum）到公民大会，从公民大会到大海，从大海到西西里岛……

马克西慕斯，讲稿 VI（"什么是知识？"）6：
阿尔喀比亚德因违背［神圣的］律法而遭遇厄运，不是当雅典人把他从西西里召回来时，
也不是
传令官和艾琉西斯的祭司们（Eumolpidae）诅咒他时，
也不是他在流放中逃离阿提卡时。这些都是小事情，也是容易被轻视的定罪理由；因为这个人甚至在流放中都比那些留在城邦内的人优秀（因为他在流放中得到斯巴达人宠幸，他在德西里亚［Decelea］筑防御工事，他是提沙费尔尼斯［Tissaphernes］

---

① 译文和残篇编号依据 *Socratis et Socraticorum Reliquiae*，Gabriele Giannantoni 编（Naples, 1990）。被看作埃斯基涅斯自己的文字用楷体字标示，交代上下文背景文字的用仿宋字体。

② 公元二世纪的哲人–演说家马克西慕斯的这两段话被收录，主要因为它们表明第二个残篇确实参考了我们所论的对话。由此也确认苏格拉底与阿尔喀比亚德的对话发生在吕克昂，这个体育场恰好在雅典之外，苏格拉底常去那里，后来那里成为了亚里士多德的学校。

的同盟，他还领导着伯罗奔半岛人）。但是对阿尔喀比亚德的真实判断远比此重要，那是基于一个更重要的法律，由更重要的审判者判定。当他离开吕克昂（Luceum），被苏格拉底谴责，并被哲学驱逐，他在流放中逃离，然后他被宣告有罪。多么痛苦的谴责，无法平息的诅咒，令人可怜的流浪啊！所以雅典人，在被恳请让他回归后，让他回来了，但是哲学、知识以及美德对于一旦从中逃离的人而言，依然无法接近和不可协调。这就是知识，这就是无知。

2. 德米特里乌斯（Demetrius），《论风格》205：①

我们常常使用三音步②作为短语，有时也作为从句，正如当柏拉图说："我昨天和格劳孔下到比雷埃夫斯去"［《理想国》的第一句话］；其停顿和韵律是频繁的。埃斯基涅斯说：

我们都坐在吕克昂里的座位上，官员们在那里建了这运动场。

3. 普利西安（Priscian），《语法原理》XVIII 297：③

埃斯基涅斯在《阿尔喀比亚德》中写道：

---

① 《论风格》传统上被归于帕德隆的德米特里乌斯（Demetrius of Phaleron）名下，此人是逍遥学派的哲学家，也是公元前四世纪晚期在马其顿控制下的雅典的统治者；但是，这部论著显然是很久以后由一个不知名的作者完成的。

② 三音步散文，没有诗那么严格遵照规则。

③ 普利西安是一个拉丁语语法学家，活跃于公元500年前后；普利西安用希腊语的例句来帮助主要说希腊语的读者学习拉丁语的微妙之处。

但是他，① 和其他人一样轻易地活到了 50 岁……

4. 阿特纳奥斯（Athenaeus），《学者宴饮》XIV 656F：②

埃斯基涅斯在《阿尔喀比亚德》中用了 dephakia（"小猪们"）：

就像女小贩们举起她们的小猪……

5. 埃利乌斯·阿里斯提德（Aelius Aristides），《对四个人的辩护》575：③

柏拉图的演说［在《阿尔喀比亚德前篇》中］是针对一个人，那个人不仅轻易地轻视伯里克勒斯，而且像埃斯基涅斯所说的，他是那种

会最为乐意指责十二诸神的人。④

---

① 大概是指泰米斯托克勒斯，公元前 471/472 年被放逐，当时他 50 岁左右。在《阿尔喀比亚德前篇》127e，苏格拉底认为 50 岁是一个人应该知道如何照料他自己的年龄，这或许不是偶然。

② 阿特纳奥斯活跃于公元 200 年前后，他收集了更早时期作家的文摘，很多来源于现已不存在的文本，假托成在一个漫长宴会中进行的学术讨论。

③ 公元二世纪的雅典演说家埃利乌斯·阿里斯提德在两篇攻击柏拉图的演讲中引述了埃斯基涅斯，即《论雄辩》（残篇 12 以下）以及《对四个人的辩护》（残篇 5、8、9、10）。这四个人是柏拉图在《高尔吉亚》（503c，515d）中抨击的四个政治家：米太亚德（Miltiades）、泰米斯托克勒斯、伯里克勒斯和基蒙（Cimon）。阿里斯提德这里的观点是，柏拉图不应该在所有人面前对着阿尔喀比亚德批评伯里克勒斯。在残篇 9 中，作为这个段落的继续，阿里斯提德称赞埃斯基涅斯，因他笔下的苏格拉底对阿尔喀比亚德赞扬了泰米斯托克勒斯。

④ 十二诸神，通常被认为是奥林匹亚的十二神，他们在雅典的中心广场上拥有祭坛，祈祷者在那里寻求避难所，那里也是雅典人测量距离的起始点。

其骄傲是如此过分，竟认为没有人算得了什么。

6. 西塞罗（Cicero），《图斯库兰辩论集》III 32，77：

对此我们该说什么呢？自从苏格拉底劝服了阿尔喀比亚德，如我们听说的，他就不再是男人了？而且阿尔喀比亚德，尽管有着高贵的出身，竟和某些侍从也没什么不同？

奥古斯丁（Augustine），《上帝之城》XIV 8：

因为他们说阿尔喀比亚德（如果我没有忘掉这个人的名字），虽然在他自己看来是有福之人，但当苏格拉底不同意并表明他因为愚蠢而是一个可怜之人时，他也哭了。可见，在他（苏格拉底）看来，愚蠢是那种不幸的原因，那不幸有用而且值得追求，由此一个人可以哀叹自己成了不该成为的人。然而，斯多葛学派却说，不是愚蠢的人而是智慧的人才不会不幸。

7. 俄克喜林库斯（Oxyrhynchus）纸莎草本1680，纵列 I，残篇1：①

"……在自己的父母看来，成为像泰米斯托克勒斯②一样的人就

---

① 这部纸莎草手稿是古埃及俄克喜林库斯城的众多发现之一，可以追溯到公元二世纪的后半叶。该手稿的其他残篇大部分晦涩难懂，因此没有在此引述，但可以证明这个作品，因为这些残篇与下面的残篇8、9匹配，并且确证残篇9紧接着残篇8。

② 泰米斯托克勒斯（公元前524–459年）是公元前480年抗击波斯人的战争中雅典的头号将领。他在萨拉米斯保护希腊同盟撤退，并诱使波斯人在狭窄的海峡展开攻势，从而难以发挥人数优势。公元前470年代末期，他被雅典人放逐，随后被全希腊追杀，然后被雅典人以同情波斯人的罪名判处

意味着与他有关？"

"嘘，苏格拉底"，他说。

"你是否认为，人们精通音乐之前不精通音乐是必要的？在熟习相马之前不熟习相马是必要的？"

"在我看来，起先在音乐或相马上不熟练是必要的。"

"那么……"

（同一纸莎草本的残篇4）

…阿波罗多洛斯（Apollodorus）① 对低劣的人给予了很好的辩护。

"但是那样的话"，他［阿尔喀比亚德］说，"我不相信泰米斯托克勒斯被他父亲剥夺继承权。这样的事情难道不是一个低劣之人的污点吗？难道他们不是非常的愚蠢吗——当任何人遇到这样巨大的分歧，并与自己的父母有最大敌意时？甚至小孩都能找到避免的方式"。

"你相信这是一件很小的事吗，阿尔喀比亚德"，我说，"被自己的父母扫地出门，以至于任何人……"

8. 埃利乌斯·阿里斯提德,《对四个人的辩护》575：

因此他的［埃斯基涅斯的］苏格拉底没有重蹈覆辙，但是他说了什么呢？

死罪。他同样也被认为侵夺了希腊同胞的财产（希罗多德,《原史》8.111-112）。

① "阿波罗多洛斯"在这个残篇和对话中的角色，甚至他的身份，都不确定。

我认为他嫉妒泰米斯托克勒斯…

然后开始对泰米斯托克勒斯进行赞美，我认为这一赞美非常合适，因为它是对的而且这个讲辞对年轻人是适时的。

9. 埃利乌斯·阿里斯提德，《对四个人的辩护》348-349：

让我们想想苏格拉底的同伴以及柏拉图的追随者埃斯基涅斯告诉我们关于泰米斯托克勒斯什么样的事。

［我认为他嫉妒泰米斯托克勒斯，于是说］"当你让自己去攻击泰米斯托克勒斯的生活时，想想你认为什么样的人当受谴责。想想太阳在哪里升起，又在哪里落下。"

"但是搞清楚这样的事并不难啊，苏格拉底"，他说。

"你曾经想过这个事实吗，即称为亚洲的那片土地，一个大到太阳横穿的土地，竟被一个人统治？"

"当然"，他说，"波斯王"。

"你知道，那么，波斯王领导一支军队在此与拉刻岱蒙人交锋，认为如果他征服了这两个城邦，余下的希腊人就会很容易臣服于他。他带给雅典人这样的恐惧，使得他们抛弃故土逃到了萨拉米斯（Salamis），并且选泰米斯托克勒斯作他们的将领，将事务移交给他，让他做任何想做的事。他们寄获救的最大希望于泰米斯托克勒斯代表他们给出的任何建议。在这种情况下，泰米斯托克勒斯没有使他们失望，因为虽然在船只、步兵以及钱财的资源数量上希腊人缺乏而波斯王更富足，但他知道，除非波斯王给出的建议胜过他，所有这些东西尽管数量庞大，也不会对波斯王有任何大的帮助。他也知道，要论哪一方有更杰出的人才来监督自己的事务，那么他们通常会是胜利的一方。最后，波斯王在遇到一个比自己更优异的人的那天，感到自己是较弱的一方。

"泰米斯托克勒斯很容易地驾驭了波斯王的众多资源，他在一场海战中击败后者（波斯王）后，想劝说雅典人摧毁波斯王建的桥。① 但当他不能这么做时，他就捎话给波斯王，告诉他与城邦所作决定相反的事，即当雅典人告诉他要摧毁这座桥时，他自己就反对他们，试图拯救波斯王和跟随他的人。结果是，不仅我们和余下的希腊人相信泰米斯托克勒斯是我们获救的原因，甚至被泰米斯托克勒斯打败的波斯王也相信自己是被此人单独所救。在很大程度上，泰米斯托克勒斯在智力上优于波斯王。

"因此当泰米斯托克勒斯被城邦放逐时，波斯王因其救过自己而向他致以谢意，并给他很多礼物，也让他统治整个马尼萨（Magnesia），② 以至于即便在他流放期间，泰米斯托克勒斯的事务也比很多被看作好的、受尊敬的、留在家乡的雅典人的事务状态更好。那时，除了泰米斯托克勒斯，作为希腊人的将领打败了统治着太阳升起又落下之地的国王，谁还能正当地宣称拥有至高的权力呢？"

"再想想"，我说，"阿尔喀比亚德，对于像他这样的一个人，学识如此之高都不足以保全自己免于被其城邦驱逐并剥夺公民权，连他都是有欠缺的。你认为对于那些更加不如他的、不能照料他们自己的人会发生什么呢？要是他们能做对的事非常少，这也不足为奇吧？"

"而且"，我说，"阿尔喀比亚德，当涉及命运和神圣事务时，不要怪我不正常或不虔敬，如果我把有关他所做的一切的知识归

---

① 这座桥就是横跨达达尼尔海峡（Hellespont）、波斯军队赖以返回小亚细亚的桥。

② 米安德的马尼萨（Magnesia on the Maeander），在小亚细亚的中心。

于这个人,并且认为命运不对这些行为负责。我远比那些说我不虔敬的人更能向你表明,那些持与我相反观点的人不虔敬,这些人相信命运对于坏人与好人、好人与值得钦佩的人都是平等的,至少如果他们更加虔敬的话,并不会从诸神那里得到更好的东西"。

无疑在此说话的苏格拉底[即埃斯基涅斯的苏格拉底]与之前说话的苏格拉底[柏拉图的苏格拉底]一模一样。

10. 埃利乌斯·阿里斯提德,《对四个人的辩护》576-577:
他[苏格拉底]没有在[阿尔喀比亚德]在场时说泰米斯托克勒斯的坏话,以免他听到这个之后变得更加堕落;阿尔喀比亚德也没有借口说不只他一个人,而是所有处理城邦事务的人都在无知地活着。一点都没有,因为苏格拉底迫使他

大声哭喊,灰心丧气,把他的头放在苏格拉底的膝盖上,因为他甚至在相应的准备上都比不上泰米斯托克勒斯。

另外,他适当地加强了言辞。因为在中间,他说甚至如此大的学识对泰米斯托克勒斯而言都不够,而是有所欠缺;他既赞扬泰米斯托克勒斯,又说甚至这些事对泰米斯托克勒斯而言都不够,他这样做是为了能去除诋毁,保留劝导中有用的内容。这样看来,虽然埃斯基涅斯在其他地方不如柏拉图,但是他在此处得更好。

普鲁塔克(Plutarch),《怎样辨别谄媚者与朋友》29,69e-f:
那么,在什么情况下朋友应当是有力的,而什么时候他应该运用极度的诚实呢?就在每当那些境遇让他处于肆意的快乐,或

愤怒，或狂妄，或惩戒贪婪，或制止不知不觉的麻木不仁时……苏格拉底如此责难阿尔喀比亚德，当阿尔喀比亚德被驳倒且回心转意时，流下了真诚的眼泪。

11. 西塞罗,《图斯库兰论辩集》III 32，77-78（西塞罗残篇6 的延续）:

当阿尔喀比亚德沮丧时，他哭泣着乞求苏格拉底赋予他美德，祛除他的卑劣，我们会说什么呢，克兰泰斯（Cleanthes）？难道这件事中没有什么坏的东西让阿尔喀比亚德感到不幸吗？……然后呢？难道阿尔喀比亚德的病不是由其灵魂的邪恶和缺点造成的吗？

12. 埃利乌斯·阿里斯提德,《对雄辩术的辩护》61-64:

来吧，以柏拉图的话来说，我将提供"来自同一学派的"另一个证人，不仅仅是一种相似性。① 柏拉图不会感到沮丧，若埃斯基涅斯同意柏拉图曾说过的：

如果我认为我能通过某种技艺而有益于人，我会怪罪自己太愚蠢。但是，我实际上认为，在阿尔喀比亚德的事例中，神意授予了我这点。这根本不值得惊奇。

你正倾听一个人，那人是你的伙伴，而且他和你一样相信同一个人是最智慧的。我还要补充说，他和你都将自己的话归给同

---

① 阿里斯提德指的是《高尔吉亚》493d，在那里，柏拉图笔下的苏格拉底以盛水之物为例，引入了"来自同一学派的"另一相似性。在他对修辞术的辩护中，阿里斯提德出于论证的需要认为修辞术不是一门技艺，而且一直利用《斐德若》中的段落来展现灵感和技艺一样有价值。

一个人。"人们一定不会惊讶",他[埃斯基涅斯]说,"柏拉图,即使没有掌握一门技艺的人也可以对人有益"。

因为,很多生病的人康复,有的是通过人类的技艺,有的是靠神明的安排。现在那些通过人类的技艺康复的人是由医生所治疗,而那些通过神明的安排康复的人则是被欲望驱使去做有用之事:只要呕吐有益,他们就会想呕吐,只要锻炼有益,他们就会想去打猎。

赫拉克勒斯啊(Heracles)!埃斯基涅斯,柏拉图的同道,多么明确和清晰地向柏拉图证明,我们不久前提出的他的论点比他为了自相矛盾而策划的其余论点与人类本性更加一致,在诸神眼中也更加值得尊敬。埃斯基涅斯也很清楚地向我们证明,就像被传令官召唤的一个人那样,他为柏拉图的证词签字盖章了;因为他证实柏拉图的文字支持我们这个例子。

埃利乌斯·阿里斯提德,《对雄辩术的辩护》74:

因此,虽然我在引证论据,但我被迫证明自己支持这一论点。但是,我将返回余下的论据:

我通过对阿尔喀比亚德的爱,就像酒神的祭司们(Bacchants)那样感同身受。因为每当他们得到启示,他们就能从其他人甚至连水都汲取不到的地方汲取蜂蜜和牛奶。我虽然不懂任何可以使人获益的教导,然而我相信,通过跟这个人待在一起,我可以用爱使他变得更好。

由此他结束了谈话,没有难以捉摸的谜语,也没有隐含的意义,也没有仅仅以某种方式说跟我们做的相同的东西,而是好像他写作这些文字是为了对我们有用。

13. 普鲁塔克，《阿尔喀比亚德传》4.1-4（193a-c）：①

众多出身高贵者已经涌向他［阿尔喀比亚德］并跟随着他。其他人明显是被他年轻俊美的光彩击中而向其大献殷勤，而苏格拉底的爱是这个青年的优异和好天性的重要证据，苏格拉底在其外表中看到这些东西闪耀出来。

但是，苏格拉底害怕他［阿尔喀比亚德］的财富、威望和城邦的乌合之众、异邦人以及同盟，他们试图以谄媚和欢心赢得他。苏格拉底能避开这些，以免看着他像一株正值绽放的植被丧失和败坏其应有的果实。因为命运从未像这样从外面掌控任何人，用那些称为善的东西包裹他，以便使他不会被哲学攻破，也不易被任何包含诚实或感染力的言辞接近。

不久，他让自己成为苏格拉底的同伴，并听到了一位并非寻求非男子汉的快乐或乞求亲吻和爱抚的追求者的话，这话语驳倒了他灵魂中的谬误，并驱除了他空虚的和愚蠢的虚荣，

　　　　他蜷缩得像只被打败的敛起翅膀的公鸡。②

而且他相信，苏格拉底的事业是真正在侍奉诸神，是为了照料年轻人和他们的救赎。他很少考虑自己，对苏格拉底充满惊讶，热衷于哲学，并且在卓越面前感到惭愧，不知不觉地开始拥

---

① 除了基于埃斯基涅斯以外，这段文字还基于各种资料来源，十分值得收录在此，作为普鲁塔克《阿尔喀比亚德传》丰富内涵的一个样本。最有可能参引埃斯基涅斯作品的是普鲁塔克在这段文字末尾处的陈述，即阿尔喀比亚德认识到，苏格拉底关心年轻人及其救赎是在侍奉诸神。

② 这句话（如残篇17一样）被归于谐剧诗人普律尼科司（Phrynichus），他是阿里斯托芬同时代的人。

有"爱的影像，相互的爱"，如柏拉图所说。① 结果所有人都充满惊奇地看到他与苏格拉底一同用餐、角力、同宿，阿尔喀比亚德也变得与其他追求者难以和谐相处，难以赢得他们，并对有些人表现得十分傲慢，就像对安泰米翁（Anthemion）之子阿努图斯（Anytus）② 一样。

参考文献

1. David M. Johnson, *Socrates and Alcibiades: Four Texts*, Focus Publishing, Newburyport, 2003.

2. Debra Nails, *The People of Plato: A Prosopography of Plato and Other Socratics*, Hackett Publishing Company, 2002.

3. 第欧根尼·拉尔修，《名哲言行录》，徐开来、溥林译，桂林：广西师范大学出版社，2010。

---

① 《斐德若》255d。
② 普鲁塔克继续叙述说，阿尔喀比亚德拒绝阿努图斯的宴会邀请后，又闯入那个聚会，并让他的奴隶偷了阿努图斯一半最好的银器。当其他客人抱怨阿尔喀比亚德的肆心时，阿努图斯自己却依旧很宽怀地说，阿尔喀比亚德只拿走一半，已经够仁慈了。安泰米翁之子阿努图斯也出现在《美诺》（89e–95a）中，他是苏格拉底的控告人之一（《苏格拉底的申辩》23e）。

咸恒之际

——毛诗《关雎》传笺通说*

张　毅　撰

《关雎》是国风之始，也是"诗三百"之始，因此，经学上对《关雎》的解释，不仅针对《关雎》本身，也往往关涉到诗学和诗教的大义。自郑玄之后，"毛诗"便成为诗经学的大宗；自孔颖达之后，《毛诗故训传郑笺》便成为学诗经的标准本，因此，生于郑、孔之后，要系统研究一诗之义与诗经学之大义，毛传、郑笺都是不可绕过的材料。将《毛诗故训传郑笺》的《关雎》部分作为一个历史形成的整体进行解读，对于理解《关雎》和诗教之大义可能都会有启发。

一　毛传、郑笺及《关雎》的解释历史

跟一般的著作不同，《毛诗故训传郑笺》是在历史中形成的

---

* 本文受中央高校基本科研业务费专项资金资助项目（14XNF048）支持。

一个文本系统,它主要由诗、序、传、笺四部分构成,四个部分来源和作者各不相同,所属的时代也不同,所以,这个系统的思想构成特别复杂,而且内部有矛盾。要读懂《毛诗故训传郑笺》,既需要了解各部分的来源和差别,也要理解各部分之间的彼此关联和互相支持、互相发明之处。

在四部分当中,诗当然最古老,产生于从殷周之际到春秋后期的六个世纪里。序是对诗的说明,具体是何人所作不可确知,但传统说是子夏所作或子夏、大毛公合作,但即便真是子夏或子夏、毛公所写定,① 也是继承、总结前人的思想,不是表达一己之思想,因此,说是春秋末到战国、秦、汉间的孔门后学的思想汇集而成当较为可信。(序的内部又有若干具体层次,思想并不完全一致,还可以细分,详见后文。)《故训传》是对诗的解说,兼解字句(即"故训"的部分)和思想大义(即"传"的部分),并有意识地与序相扣合,是大毛公所作、小毛公所传,情况比序清楚一些。② 笺是东汉末郑玄所作,兼释诗、序、传,但

---

① 诗序作者为谁本是诗经学一大公案,两千年来聚讼纷纭,讫无定论。作为一学派先师后师数世积淀的文献,其思想出自何人、何世比其文本写定于谁手更重要,因此,对此问题的回答但须以其思想为准,推定其大致的写作时间及作者范围。在历代提出的各种推测中,陈子展之说似较为符合诗序思想的实际,今引述于此,以为参照,而于其说亦不必完全赞同:"《毛诗大序》'与三家诗如出一口'(《诗古微一》附《毛诗大序义》),当为卜商子夏所作,《文选》题名必有所据。《小序》首句盖出于遒人采诗、国史编诗、太师陈诗之义,不尽合诗之本义。即令其非子夏所作,亦必出于毛公以前甚或子夏以前之'古序'。(程大昌《诗论》、王先谦《集疏》)其以下续申之词为毛公所述,或毛公后人著之,则未能一一辨明。"(陈子展,《诗经直解》,上海:复旦大学出版社,1983,页15。)

② 郑玄《诗谱序》:"鲁人大毛公为《故训传》于其家,河间献王得

对《毛传》的"故训"时有修改,由此产生了对整体诗义的许多新解,也就与"传"也有分歧了。可见,《毛诗故训传郑笺》是一个历史跨度在一千年以上(从公元前十一世纪到公元二世纪)的文本系统,几个部分之间的矛盾不可避免,但由此也使这个系统充满内在的张力,撑起了一首诗的解释空间。

就《关雎》的情况而言,诗的部分比较明白易懂,序、传、笺都比诗费解一些,所以今人往往感觉一首简单的诗被序、传、笺说复杂了。这种情况在毛诗传笺这个系统中颇为常见,但并非没有例外,像《邶风·匏有苦叶》、《卫风·考槃》之类都不似《关雎》这般意思明确,诗的主旨如何往往还要依据序、传、笺来猜,这时更能显出序、传、笺的不可缺少。既然《关雎》的意思大体明确,那么不妨先读一读序、传、笺,这可以反映先秦到东汉解释《关雎》的历史。再参照朱熹《诗集传》等少数几种后代的著作,那么两千年来对《关雎》的解释史便可见其梗概,古时经学解诗的特征也会体现出来。

序:关雎,后妃之德也。风之始也,所以风天下而正夫妇也,故用之乡人焉,用之邦国焉……是以《关雎》乐得淑女以配君子。忧在进贤,不淫其色,哀窈窕,思贤才,而无伤善之心焉,是《关雎》之义也。

笺:哀,盖字之误也,当为衷。衷谓中心恕之。无伤善之心,谓好逑也。

"毛序"是"毛诗"的核心部分,代表这一派的诗学思想,

而献之,以小毛公为博士。"

去掉"毛序"便不成其为"毛诗"。毛序比较早就与经本相附，《汉书·艺文志》反映的是两汉之际图书的情况，诗经鲁、齐、韩三家皆二十八卷，唯独毛诗二十九卷，便是毛序独立成卷附经而行的结果。后来毛序被拆分，每诗之序置于每诗之前，才成为今本的面貌。

诗序是解释每首诗的主旨，它又由两部分组成：一句话的概括表达，和对概括表达的进一步申说。前者如"关雎，后妃之德也"、"葛覃，后妃之本也"、"卷耳，后妃之志也"等等，而其所说的"主旨"与诗的实际内容往往看起来相去甚远。一般认为这部分产生的年代更早于子夏，乃是周王朝的太师、国史整理保存这些诗歌时所加的提要，所以又被称为"古序"。对"古序"申说的部分，是通过复述诗的主要内容处处点出"古序"何以会如此概括诗旨，如针对"葛覃，后妃之本也"，便说："后妃在父母家，则志在于女功之事。躬俭节用，服浣濯之衣。尊敬师傅，则可以归安父母，化天下以妇道也。"作女红、洗衣服、尊师傅这些内容都是从诗本身概括来的，目的是具体解说古序说的"后妃之本"，可见，这部分一方面与诗的实际内容较为接近，另一方面较之"古序"也说得更详尽具体。这部分对古序的申说，一般就认为是从子夏到毛公之间的先师们体会诗意并发挥古序而作的，大概最终写定于大毛公，与"古序"相对，被称为"续序"。

《关雎》的序又有一点特别。"关雎，后妃之德也"就是古序，但剩下的部分是很长的一篇文章，其一首一尾"风之始也，所以风天下而正夫妇也，故用之乡人焉，用之邦国焉……是以《关雎》乐得淑女以配君子。忧在进贤，不淫其色。哀窈窕，思贤才，而无伤善之心焉。是《关雎》之义也"。这几句，看来还与《关雎》的诗意相关，略相当于"续序"。但是，这两节中间从"风，风也，教也"到"周南、召南，正始之道，王化之基"一大段，却不是紧扣《关雎》，而是全面展开去说风、雅、颂的结构，正风、变风的不同，及诗学、诗教的大义，是毛诗学派对诗经学的总看法，是一篇富有思想性的大文章，后世遂称为"大序"，与"古序"和"续序"相区别，而用来说明每首诗的古序和续序，可合称为"小序"。① 大序的思想相当完整深刻，可能继承了周朝王官的思想，但整体完成不会比"古序"更早，大约与"续序"产生的时代相近乃至相同，也许这深刻而完整的思想总结正是子夏亲自作的。② 为了避免解释得繁琐离题，这里暂且避开《大序》，只讲一讲《关雎》的古序和续序。

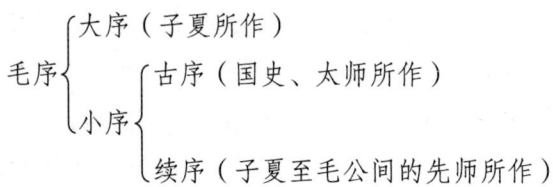

① 关于"大序"之起讫、"大序"与"小序"之定名，历史说法很多，有影响的几种，有唐以前的"旧说"：自"《关雎》后妃之德也"至"用之邦国焉"为《关雎》之小序，自"风，风也，教也"以下，为大序。此说沿用自汉代，郑玄即用其说，陆德明《经典释文》虽录之，然而并不赞同。又有宋以后之说，朱熹说大序起于"诗者，志之所之也"，讫于"是谓四始，诗之至也"。其他诸说尚有多种，众说纷纭，有不承认有大、小序之分者，又有颠倒大序、小序之名称者。今循实不循名，用范家相《诗审》之说，以"风，风也"至"王化之基"为大序，而其一首一尾，"用之邦国焉"以上与"是以关雎乐得淑女以配君子"以下为《关雎》小序，去其直接与《关雎》相切合也。

② 陈子展，《诗经直解》，前揭，页15。

"《关雎》，后妃之德也。"这是《关雎》的"古序"，周朝太师、国史给这首诗的提要，作用是提示周代礼仪用乐中它作为歌辞的主题。

关于《关雎》，我们今天看到的只是它的辞句，所以很难理解古序这句话。孔子的时代，他是在特定的场合听《关雎》，配有特定的音乐，他听到它的结尾部分"洋洋盈耳"，[①]理解古序应该会相对容易一点。子夏等后师就从礼乐制度的角度来还原周代的情况，以便生于礼崩乐坏之后的人们理解：这首诗在太师歌本的"国风"部分居于首位，其内容有助于树立风气、培养健康的夫妇关系，因此在乡里和国都的礼仪场合中都有使用。这话从《仪礼》中可找到依据，在"乡饮酒礼"、"乡射礼"和"燕礼"中，都要配乐演唱《关雎》。[②]乡饮酒、乡射就是"用之乡人"，燕礼就是"用之邦国"。《关雎》的诗意健康积极，在典礼场合使用，对观众有教育意义。

除了对应用的场合，"续序"对诗意也有解释。"乐得淑女以配君子"是诗意的总概括。"乐"是全诗的感情基调，虽然过程中有"求之不得，辗转反侧"的苦，但最后结果是好的。所乐的内容，是"淑女"与"君子"的结合。"忧在进贤，不淫其色"，隐含了一对矛盾，就是"德"与"色"的矛盾。孔子说"吾未见好德如好色者也"（《论语·子罕》），好色（重视美

[①] "子曰：师挚之始，《关雎》之乱，洋洋乎，盈耳哉。"（见《论语·泰伯》。）

[②] "乃合乐，周南《关雎》、《葛覃》、《卷耳》，召南《鹊巢》、《采蘩》、《采蘋》。"（见《仪礼·乡饮酒礼》，《乡射礼》同。）"遂歌乡乐，周南《关雎》、《葛覃》、《卷耳》，召南《鹊巢》、《采蘩》、《采蘋》。"（见《仪礼·燕礼》。）

貌、外表）决定于人的生物性，所以如果能自觉把"德"放在比"色"优先的地位考虑，对人性是个调整，具有教育意义。"哀窈窕，思贤才，而无伤善之心焉"应是受《论语》的启发，《关雎》乐而不淫，哀而不伤"（《论语·八佾》），《关雎》的感情中和节制，它发端于对美好事物的追求，即"哀（按：《释名·释言语》："哀，爱也。"）窈窕、思贤才"，又不会因为追求受阻或追求成功而感情过当，从而有伤于追求美好事物的初衷。这非常不容易做到，人们的很多行为都始于追求理想，但最后往往事与愿违，因为难以克制"克伐怨欲"，不是每个念头都经得起检验，所以无法善始善终。

但郑笺对最后这句话有别解。郑玄认为"哀"是传抄错误，应该是"衷"字，那么意思就是从内心深处体谅、宽待，"无伤善之心"就是说后妃宽待众妾。这是他对古序的"后妃之德"的理解。为了使这一解说圆通，他对诗句也作了别解，详见下文。

关关雎鸠，在河之洲。

传：兴也。关关，和声也。雎鸠，王雎也，鸟挚而有别。水中可居者曰洲。后妃说乐君子之德，无不和谐。又不淫其色，慎固幽深，若关雎之有别焉，然后可以风化天下。夫妇有别，则父子亲；父子亲，则君臣敬；君臣敬，则朝廷正；朝廷正，则王化成。

笺：挚之言至也。谓王雎之鸟，雌雄情意至，然而有别。

窈窕淑女，君子好逑。

传：窈窕，幽闲也。淑，善也。逑，匹也。言后妃有

《关雎》之德，是幽闲贞专之善女，宜为君子之好匹。

笺：怨耦为仇。言后妃之德和谐，则幽闲处深宫贞专之善女，能为君子和好众妾之怨者。言皆化后妃之德不嫉妒。谓三夫人以下。

第一章四句，首二句毛传谓之"兴"。风、雅、颂、赋、比、兴，《大序》谓之诗之"六义"，即诗经学包含的六项实际内容，"不学诗，无以言"（《论语·季氏》），而学诗就要注意这六项内容。"兴"是什么最难说清，从古代一直讨论到今天，六义之中，毛传独多标明"兴"，可知在毛氏之前的先师那里也是讲授、讨论的重点之一。虽然解释"兴"可以说隐喻，可以说象征等等，但"兴"的关键是生物性能量的激发，就是所谓"兴发感动的力量"，也就是《论语》说的"诗可以兴"（《论语·阳货》）的"兴"。所以，"兴"这个术语在古代应是从效果一端命名的，要在技巧、手法这端加以定义，就很难做到恰好对应，象征、比喻或平铺直叙都能使人兴发感动，所以，从技巧这端看"兴"就显得变化莫测了。

"关关雎鸠，在河之洲"兴发了什么感动呢？就是令人想到后妃和君子的感情，是全然的和谐，而又很含蓄、庄重，不彼此攀援，像王雎这种猛禽一样。"挚"是"鸷"的借字，雎鸠是鹗，又名"鱼鹰"，广泛分布在江河湖海的岸边，雌雄往往独自行动，一个捕食时，另一个守巢，所以前人讲"未见其乘居而匹处也"（《列女传·仁智传》）。可以作为根据的文献是《左传》，郯子称"雎鸠氏，司马也"（《左传·昭公十七年》），司马主兵，可见雎鸠应该是种威武的猛禽。朱子将之解为鸳鸯一类双宿双飞的水鸟，不合毛氏之意。郑玄按本字解"挚"，谓感情深挚，虽与毛传不合，但对诗句的理解也大体未错：夫妇双方感情深挚，但又举止得体。毛传讲这样的夫妇关系可以作为天下夫妇的样板。

为什么要给天下的夫妇立一个样板呢？这个样板又为什么要立在诗三百之首、国风之首呢？毛氏说："夫妇有别，则父子亲；父子亲，则君臣敬；君臣敬，则朝廷正；朝廷正，则王化成。"因为，夫妇关系对一个社会来说是一种基础性的关系，在正确的夫妇关系的基础上，才能建立起稳定合理的政治生活。从社会发展的历史看，夫妇的关系确定下来，父子的关系才能确定，父系社会才能成立，才能有今天的一切文化成果。所以，毛氏这句话不是针对这两句的解释，而是针对全诗的，也是针对小序的解释。

"窈窕"是连绵字，毛说是"幽闲"之意，"幽，深也。闲（閒），隔也"（《荀子·王制》杨倞注），"深隔"是内心深远，与热热闹闹的现实生活有一定的距离感，这是认识生活、减少盲目、形成稳固德性的必要条件。这样的人内心会留有一片不受外界环境干扰的宁静，毛氏称这种品质为"贞专"。这种内心贞专的善女，正是君子的理想伴侣。郑的解释从这里开始出现分歧，仇、逑古同音，郑玄用《左传》"怨耦曰仇"（《左传·桓公二年》）之说，释逑为"怨耦"，今云"冤家对头"。进而释"好"为动词，"好逑"就是化解怨恨，使怨耦和好。谁来作这件事呢，是窈窕淑女。"言后妃之德和谐，则幽闲处深宫贞专之善女，能为君子和好众妾之怨者。言皆化后妃之德不嫉妒。谓三夫人以下。"郑玄以礼说诗，参考古代天子王后之外有三夫人、九嫔、二十七世妇、八十一御妻之说（参见《礼记·昏义》），说后妃如果作得好，后宫的"善女"就会主动调整好众妾的关系，安抚其中的"怨者"。结果，在后妃之外，多出了众妾；众妾里面，又有怨者；怨者之外，尚有淑女。诗里只有君子、淑女两人，这一解释，就多出好些人，难怪今人嫌郑说迂阔。但是，郑玄的说法可能包含其政治经验和时代感触，西汉和东汉天子后宫争斗之惨毒十分惊人，对朝廷的政局也造成了很大的影响。

参差荇菜，左右流之。
传：荇，接余也。流，求也。后妃有《关雎》之德，乃能共荇菜，备庶物以事宗庙也。
笺：左右，助也。言后妃将共荇菜之菹，必有助而求之者。言三夫人九嫔以下，皆乐后妃之事。

窈窕淑女，寤寐求之。
传：寤，觉。寐，寝也。
笺：言后妃觉寐，则常求此善女，欲与之共己职也。

求之不得，寤寐思服。
传：服，思之也。
笺：服，事也。求贤女而不得，觉寐则思己职事，当谁与共之乎？

悠哉悠哉，辗转反侧。
传：悠，思也。
笺：思之哉，思之哉。言己诚思之，卧而不周曰辗。

这八句毛氏当作两章，郑氏当作一章，但意思是一层，讲追求而不得的时候。对此八句，毛氏无多解说，主要是几个字的训释，大概与后人一样，认为是君子求淑女而不得时的感受。毛、郑相同的地方是解"参差荇菜，左右流之"时引入礼制，认为这是讲为了祭祀而采荇菜。为什么这样解呢？因为，正妻是家中主持献祭之人，《左传》说"凡君即位，好舅甥，修昏姻，娶元妃以奉粢盛，孝也"（《左传·文公二年》）。所以，毛、郑看到这两句诗，都自然联想到夫人的职事，娶淑女就是为了很好地祭祀祖先，是对得起家族的事情。

　　毛、郑的不同，在于毛讲的是君子求淑女来作自己的后妃，而郑理解为后妃为君子另求淑女，好帮着自己一起供祭祀。所以，他把"左右"也作了新解，说是助手、手下之意。"左右"确有此义，如《左传》"左右曰：'不可许也，得国无赦'"（《左传·宣公十二年》），"左右"指楚王周围的近臣。但是，在诗里还是作"求"的修饰语比较贴切，表示用种种方法追求，用法有如左思右想、左提右挈之类。郑玄把"左右求之"解作后妃团结众妾来帮自己采摘荇菜，这就是后妃寤寐寻求窈窕淑女的目的。

　　进而，郑氏对"寤寐思服"的解释也与毛氏不同了。毛解服为"思"，但言君子求淑女不得则寤寐思之；郑解服为"事"，即"职责"，讲后妃求淑女不得，焦虑担心自己供奉粢盛祭祀祖先的任务无人协助。可见，郑玄的解释是越说越远了。

　　　　参差荇菜，左右采之。
　　　　笺：言后妃既得荇菜，必有助而采之者。

　　　　窈窕淑女，琴瑟友之。

传：宜以琴瑟友乐之。

笺：同志為友，言贤女之助后妃共荇菜，其情意乃与琴瑟之志同。共荇菜之时，乐必作。

参差荇菜，左右芼之。

传：芼，择也。

笺：后妃既得荇菜，必有助而择之者。

窈窕淑女，钟鼓乐之。

传：德盛者宜有钟鼓之乐。

笺：琴瑟在堂，钟鼓在庭，言共荇菜之时，上下之乐皆作，盛其礼也。

最后八句，毛氏以为两章，郑氏以为一章，是最后一层意思，讲求得淑女之后。毛、郑不同处，在于毛认为是君子求得淑女之后，而琴瑟、钟鼓讲的是求得之后如何对待淑女，至于反复出现的"荇菜"，不过是与求女、娶妻有关的意象，"求之"、"采之"、"芼之"，一者是变文趁韵，再者又带一点从寻求到求得的寓意；郑氏则尽皆当成写实，讲的是后妃求得淑女之后，便在淑女的帮助下采菜、择菜（清理蔬菜，掐去根和老叶之类），一步步完成祭祀，最后一句"钟鼓乐之"也坐实为准备就绪后向祖先供上荇菜时琴瑟、钟鼓皆鸣的盛大典礼景象。

整体看来，毛传于诗的本意为近，郑笺还要更迂远一些。孔颖达作《毛诗正义》又对传、笺作了很详细也很繁琐的疏释，同时弥合矛盾，以郑笺为主，要将两家之说划一，故以"淑女"为三夫人、九嫔之类，以"乐得淑女以配君子"为后妃寻求善女共事君子。其实郑笺乃是用鲁诗之说,① 与毛诗本来不同,孔疏并不恰当。此后,毛传、郑笺、孔疏这套复杂的解释便成诗经学的正宗,欧阳修作《诗本义》仍沿用郑氏三夫人、九嫔诸媵妾协助夫人常勤其职之说,仅释"淑女"为"后妃",仍同毛氏而已。直到朱熹作《诗集传》才算删繁就简、直探诗意,成为一种新的有影响力的《诗经》解释。

朱传解《关雎》,基本恢复了君子求淑女的本来面目。章节上仍从郑氏,分为三章,首章讲:"此窈窕之淑女,则岂非君子之善匹乎?"次章云:

> 此章本其未得而言。彼参差之荇菜,则当左右无方以流之矣;此窈窕之淑女,则当寤寐不忘以求之矣。盖此人此德,世不常有,求之不得,则无以配君子而成其内治之美,故其忧患之深,不能自已,至于如此也。(《诗集传·关雎》)

末章云:

> 此章据今始得而言。彼参差之荇菜,既得之,则当采择而烹芼之矣;此窈窕之淑女,既得之,则当亲爱而娱乐之矣。盖此人此得,世不常有,幸而得之,则有以配君子而成内治,故其喜乐尊奉之意不能自已,有如此云。(《诗集传·关雎》)

---

① 刘向家世习鲁诗,其所作《列女传》有:"汤妃有㜣统领九嫔,后宫有序,咸无妬媢逆理之人,诗云'窈窕淑女,君子好仇',言贤女能为君子和好众妾也。"(参见《列女传·母仪传》。)

但朱熹将诗中的君子、淑女坐实为文王和太姒,是从孔颖达以来渐渐形成的讲法,《正义》说君子是指文王。

大体说来,毛传简明,郑笺委曲,孔疏详尽,朱传畅达,但与今天的认知条件终究都有所不合,故今人读来总嫌迂阔,甚至感到这些解释还不如诗本身来得明白。扬之水先生谈到《关雎》,第一句话就是"《关雎》是一首意思很单纯的诗",[①] 这其中隐含一个学术史的大判断,就是从整体上否定古代经学对《关雎》的解释,小序的"后妃之德"也好,毛传的"夫妇有别,则父子亲;父子亲,则君臣敬;君臣敬,则朝廷正;朝廷正,则王化成"也好,更不用说郑玄的"幽闲处深宫贞专之善女,能为君子和好众妾之怨者"、后妃"求贤女而不得,觉寐则思己职事,当谁与共之乎",都不是《关雎》的原意,都是过度阐释。这个判断的背后隐含着五四以来新的《诗经》研究传统。

二 《关雎》通释

大体了解了《关雎》的解释历史,思维上或多或少会受到一些影响和启发,再来读《关雎》,看看它与我们今天的生活有没有关系、有什么关系,并检验毛序、毛传、郑笺、孔疏等等究竟说得有无道理、道理何在。

关关雎鸠,在河之洲。窈窕淑女,君子好逑。

---

① 扬之水,《诗经别裁》,南昌:江西教育出版社,2000,页2。

"关关雎鸠,在河之洲","兴也"。"终风且暴"一看就是悲伤的兴,"桃之夭夭"一看就是欢乐的兴,"关关雎鸠,在河之洲"是一个自然从容的兴,没有明显的倾向性,因此,它引发的也是一个常态的判断:美善的淑女是君子的好配偶。

扬之水先生说:"《关雎》不是实写,而是虚拟。"(同上)毛氏、郑氏偏于坐实,朱熹说"周之文王,生有圣德,又得圣女姒氏以为之配,宫中之人于其始至,见其有幽闲贞静之德,故作是诗"(《诗集传·关雎》),更显穿凿。但前人看出《关雎》是虚写的也大有人在,如扬之水先生自己引的戴君恩、牛震运,近人黄焯也讲"其辞则皆泛设,非为实咏其事……此为诗人反复咏叹之词,不必实指,於意始安"。① 这首诗的写法有点像舒婷的《致橡树》,开篇说"我如果爱你",成为全诗的前提,也就是说仅仅是假设,并不需要真的爱谁,全诗只是作者对"应该怎样爱"的深思熟虑,也就是"爱情观"的表达。《关雎》也是如此,"窈窕淑女,君子好逑"体现的是作者的观念,什么观念呢?

第一、视男婚女嫁为人生之当然,淑女最美好的归宿是与君子结为伴侣、组成家庭。这种认识体现了中华民族的民族性,即肯定婚姻、肯定家庭生活、世间生活的意义,一个人自我成就的道路就在伦常之中,不太鼓励专门出世修行。并非每个民族都这样看待婚姻和家庭。《关雎》被置于诗三百之首,既是这种民族性的体现,同时也在后代中国人身上陶冶、巩固了这种人生态度。

第二、既然要有婚姻,就要有择偶标准,判断两个人般配

---

① 黄焯,《毛诗郑笺平议》,上海:上海古籍出版社,1985,页2-3。

与否，是看年龄呢，还是看相貌、出身、钱财呢？不同时代、不同社会有不同的择偶标准，而不同的择偶标准可以体现不同时代、社会的道德水平和风化状况。"淑女"是"善女"，"君子"是"道德之称"（《白虎通·号》），原来《关雎》的择偶标准是德性。所以，小序讲《关雎》"忧在进贤，不淫其色"，并没有讲错，对德性的考虑优先于美色。人们往往通过典型的组合来指代理想的婚配，清代、民国有"才子佳人"，娱乐圈有"金童玉女"，而周人有"君子淑女"。从这点上讲，朱熹说的"文王太姒"也不一定非要看成历史人物，而是理想婚姻的模板、天下夫妻的榜样，故"可以风天下而正夫妇"。小序所谓"后妃之德"也应该在这个层面上理解，所以程伊川也说："诗言后妃之德，非指人而言"。

肯定婚姻和家庭的意义、以德性为择偶标准，这样的婚姻观对建立健康、稳定的政治社会有非常积极的作用，毛传讲"夫妇有别，则父子亲；父子亲，则君臣敬；君臣敬，则朝廷正；朝廷正，则王化成"，当是有见于此。

> 参差荇菜，左右流之。
> 窈窕淑女，寤寐求之。
> 求之不得，寤寐思服。
> 悠哉悠哉，辗转反侧。

首章"窈窕淑女，君子好逑"是全诗主旨，然后分两层说，一层未求得时的失落，一层求得时的欢欣，一层抑，一层扬。可见作者心中的好夫妇、好家庭，不止于"淑女配君子"一个抽象的标准，还有方方面面很多细节，而富有细节和生动的画面感是长时间充分想象、深思熟虑的一种表现。

感情这个东西,好像滑溜溜的荇菜,左摸右摸才能采到。淑女的芳心,因为深远贞静,不能被轻易打动,不能随随便便得到。朱熹说得不错:"彼参差之荇菜,则当左右无方以流之矣;此窈窕之淑女,则当寤寐不忘以求之矣。"(《诗集传·关雎》)追求美好伴侣,诗人是主张真诚投入的。

怎么个投入法呢?送礼、约会、嘘寒问暖,具体的行动诗里一样都没说,毛氏讲"服,思之也"、"悠,思也",原来通章反反复复就是讲了一个"思"。求不得就思。还是不得,就再思。还求不得,就是思得还不够。"寤寐思服",醒着时思不完,再带到睡里梦里去思,终于打扰了睡眠,"辗转反侧"睡不着了。郑玄解"服"为职事,过于迂曲。竹添光鸿说得好:"寤寐思服者,《庄子·田子方》篇'吾服女也甚忘',郭注云:'服者,思存之谓也。'《中庸》曰:'得一善拳拳服膺。'盖服如服衣、服药之服,凡着用身心者,皆谓之服,思人者常着之于心而不忘,故传云:'服,思之也'。"①"服"是更深的"思",不仅作用于心,还作用于身体。思得深了,整个身心都在承受这个思,因此对身体造成影响,进而推动出许多行动,比如无意识的辗转反侧,比如有意识的花心思去追求等等。《关雎》的作者只讲了思和思的无意识结果,这个结果体现了"思"的诚实,郑玄说"己诚思之",一切外在的行动都不过是"诚思之"的自然结果罢了,诗只谈关键之点,不及其余。追求不是一点不讲具体的行动和方法,但具体的行动和方法也都应该出于精诚之思的感召,如果思之不诚,则谈方法、谈技巧都不过是投机心理的耍花

---

① 竹添光鸿,《毛诗会笺》,台湾:大通书局,1975,页46。

招儿。因此，追求的最终成功全在一个"诚思之"，精诚之思是各种追求成功的关键，学问如此，事业如此，不独爱情为然。冥思既深，有时会突破意识、潜意识之间的壁垒，引发神奇的感应甚至天才的创造，科学史上例证极多，比如笛卡尔之梦——精诚之思是对生物性能量的激发，也是对生物性能量的净化。男女之间的彼此吸引、互相感通，是"精诚之思"最普遍、最强烈的表现形式，《周易》咸卦有其象，少男（艮）下少女（兑）是咸之大象，少男少女时代是最纯净敏感易于感通的时候，追求学问、事业之人，如果也有少男、少女恋爱一般的感受，便是精诚的体现。古往今来写爱情的诗，对这种感通的描写大概最受欢迎，受众最广，因为有生物性作基础，每个人一生中多少都能体会到一点，《关雎》在今天也是这一章最易获得共鸣。至于"后妃之德"、"夫妇有别，则父子亲；父子亲，则君臣敬；君臣敬，则朝廷正；朝廷正，则王化成"等等，不是人人能够理解、能够体会到的，因为理解、体会它需要的基础不同。

参差荇菜，左右采之。
窈窕淑女，琴瑟友之。
参差荇菜，左右芼之。
窈窕淑女，钟鼓乐之。

有求才有得，有思之的苦闷才有得之的欢欣，这一章是上一章的结果，也是对上一章的补充。君子、淑女的良好结合，起始于精诚感通，缺乏感通组建家庭会缺乏生物性基础，生活在一起会"没感觉"，比较不稳定。但是，一个幸福的家庭仅有生物性基础不够，"感觉"诉诸身体，捉摸不定，往往不受理智控制，万一感觉减弱、消失了怎么办？《周易》咸（䷞）之后又继之以恒（䷟），言"夫妇之道不可不恒也"（《周易·序卦》）。咸、恒都讲婚姻，二卦互为"反覆卦"（咸颠倒是恒，恒颠倒是咸），其情势犹如一个硬币的两面，好的婚姻要有少男少女的热烈相恋，还要有老夫老妻的同甘共苦，长女（巽）下长男（震）是恒卦之象。所以，这章对上章的补充并非可有可无，乃是好婚姻的必要组成部分，就是讲苦苦求得之后，如何相处相待，有了这章，诗才完整。

但是，求而不得的苦较易写出，求得的乐却更难具象化。"王子和公主打败巫婆过上了幸福的生活"，然后呢？"幸福的生活"从这里才算开始，但是，爱情故事往往到这里就结束了。幸福本身很抽象，每个人心中有不同的幸福想象，描写幸福生活真正是件费力不讨好的事。鲁迅先生的《幸福的家庭》讲一个文学青年从早晨起来坐在桌前构思一个幸福家庭的生活细节，一个上午一句像样的话都写不出来，"于是一碗'龙虎斗'摆在桌子中央了，他们两人同时捏起筷子，指着碗沿，笑迷迷的你看我，我看你……"看不出幸福，只有肉麻。可见，对幸福生活的想象不仅考验人的想象力，也考验人的价值观。

《关雎》对君子、淑女幸福相处的具象化别具一格，它用音乐来体现欢乐和和谐，"琴瑟友之"、"钟鼓乐之"。作为实写，它体现了君子、淑女夫妇情趣的高雅，他们这种欢乐比吃穿享受更富于艺术色彩，而且也更富于伦理色彩，琴瑟、钟鼓不仅是个人玩的东西，也是周代礼乐社会的构成部件，宗教、政治、教育、军旅种种场合都要用到。郑玄讲"琴瑟在堂，钟鼓在庭"，琴瑟是室内乐器，夫妇燕居共同欣赏琴瑟演奏的房中之乐来拉近彼此的距离，是所谓"琴瑟友之"；钟鼓用于更盛大的场合（其时琴瑟亦配合使用），祭祀、燕飨中琴瑟、钟鼓皆鸣，君子、淑女以欣赏这盛大的音乐会为娱乐，是所谓"钟鼓乐之"。同是欢乐，欢乐和欢乐的品质却各不相同，孔子讲"益者三乐"，第一种就是"乐节礼乐"（《论语·季氏》），享受礼乐节制下的欢乐，这是健康的、对伦理生活有益的乐。所以，孔子说《关雎》"乐而不淫，哀而不伤"，乐就乐在悠游于礼乐，哀也仅止于"辗转反侧"苦苦思索，朱熹说这首诗得"性情之正，声气之和"（《诗集传·关雎》），感情健康、节制。

进一步，琴瑟友之、钟鼓乐之除了是对君子、淑女生活细节的写实，也有绝妙的象征意义，象征夫妇之间的高度和谐。音乐的和谐是数学性的和谐，是一种最精确的和谐。人与人之间的和谐一致可以有很多种，比如作息习惯，比如业余爱好，比如时尚品味，比如消费观念。但是，有没有一种和谐可以高过其他各种和谐，有了它就可以忽略、补偿其他很多方面的不和谐？毕竟，任何两个人都不可能在生活的一切方面完全一致，总难免有不和谐的方面。《关雎》所要表现的就是这种高级的和谐。对音乐的欣赏品味无法勉强、也无法作伪，喜欢流行还是喜欢古典，装不出来，同一个音乐，喜欢的人如醉如痴，不喜欢的人如同嚼蜡。因此，能共同欣赏琴瑟、钟鼓的君子、淑女，必须有相近的音乐品味，而相近的音乐品味体现的是彼此相近的心性，这就是《关雎》所要表现的和谐。到现在我们中国人还以琴瑟和鸣比喻夫妇情深和谐，正说明《关雎》选择形象的贴切、精妙和深入人心。

三 《关雎》解释史平议

全诗看下来，"后妃之德"恐怕不应坐实为哪位后妃，也不是狭隘的政治身份上的后妃，所谓"后妃之德"大概指众多德性中居于基础地位的德性，这种德性对于建立合理的政治社会很关键。结合诗的内容看，就是培育听众正确的婚姻观和择偶标准，具体讲就是优先考虑德性而非美貌。虽然，男女间的吸引植根于人的生物性，但若以德性作为追求的目标和衡量的标准，则求而不得时的痛苦和求得时的欢乐就都不至于脱轨而侵害人类所独有的伦理生活，小序所谓"无伤善之心"，或许可以作此解释。毛氏讲"夫妇有别，则父子亲；父子亲，则君臣敬；君臣敬，则朝廷正；朝廷正，则王化成"，可以说是恰当理解了"后妃之德"的意思。观夫《中庸》"君子之道造端乎夫妇"之语，更可说明先秦儒家中对这个问题有相当的共识。

"夫妇有别，则父子亲；父子亲，则君臣敬；君臣敬，则朝廷正；朝廷正，则王化成"，颇能令人想起易传。《周易》的《序卦传》分两部分，同经之上下二篇一样，上半三十卦，起于乾、坤，讲天、地；下半三十四卦，起于咸、恒，讲人。讲人而始于咸、恒，与诗三百之始于《关雎》有相似之义。其辞曰："有天地然后有万物，有万物然后有男女，有男女然后有夫妇，有夫妇然后有父子，有父子然后有君臣，有君臣然后有上下，有上下然后礼义有所错。"其中，"男女"对应"咸"，"夫妇"对应"恒"。"男女"与"夫妇"相通而不相同，"男女"是生物性的关系，而夫妇是伦理性的男女关系。"有男女然后有夫妇"，没有两性的分判和结合就不会有夫妇这种关系，但从男女到夫妇是人成为人的必要觉醒，此后才有父子、君臣、上下乃至整个五光十色的人类社会种种关系和相应的种种规范仪节。

对比《毛传》与《序卦传》，虽然相似，但《序卦传》所说始于天地、万物，而及生物性的男女，而《毛传》直接从夫妇说起。重"恒"不重"咸"、重视伦理和稳定正是古代经学解《诗》的特色,对社会的稳定、民风的醇厚有益,但连求淑女而不得的恋爱苦闷也要说成无以供祖先祭祀、成内治之美的焦虑,爰及末流难免用道德教条否定人性的需要,也是五四以后认为经学迂腐、扼杀人性的原因。五四以后新的《诗经》研究将《关雎》等诗恢复到"爱情诗"的面目,强调其"咸"的一面,可以说是对"经学诗"的反对,然而未尝不是补救和发展,对于生物性的人有所解放,对生活在伦理责任中的个人的感受有所同情。但是,如果不能对古代经学的立场有所同情,则不能见毛、郑之所见,则《关雎》、《汉广》与《桑中》、《狡童》将同而无别,雅俗、正变将同而无别,笼而统之谓之"爱情诗",则爱情的品质与恋爱中人的德性将同而无别,而《诗经》的丰富内容和教化意义也将流失,不复存在。欲平议古今诗说之得失,不使有厚此薄彼之弊,则不若返而求之于《关雎》本身,朝夕涵泳,则"关关雎鸠,在河之洲",非天地万物乎?"求之不得,寤寐思服",非男女相感乎?"琴瑟友之"、"钟鼓乐之",非夫妇有恒之道乎?原来一切还保存在诗的形象之中,从没有丢失过。

思想史发微

从"同一者"到"命运"

——读海德格尔的 《命运（巴门尼德残篇第八，第34-41行）》

陈　辉　撰

本文关注由"同一者"所指示出的道路，并尝试通过解读《命运（巴门尼德残篇第八，第34-41行）》[①]一文踏上这条道路，去探问海德格尔在阐释巴门尼德箴言时试图道出的那个东西。

"同一者"，即 τὸ αὐτὸ，也即 das Selbe。巴门尼德在其箴言中道出了它，而海德格尔则对之作了思考。如果我们从更宽泛的意义上去关注这个词，即从作为一种属性的"同一性"或者从作为某种定律的"同一律"去理解，那么情形更加复杂。因而，作为一种限定，本文在如下意义上关注"同一者"问题。

---

① 海德格尔，《演讲与论文集》，孙周兴译，上海：三联书店，2005，页249以下。

我们在海德格尔对早先希腊思想的阐释中不难发现这样一种努力，即他试图返回到一种希腊式的思想方式，去思考巴门尼德在其箴言中所说的，并由此去思及那超出希腊的"更希腊"的东西。① 何以同一者能够作为一种"更希腊"的东西被思考呢？在对思想的本质性的洞察中，巴门尼德以其箴言对悉心倾听者说出了（zusprachen）同一者；海德格尔聆听了巴门尼德之所说并由此思及且解说了同一者，在这个意义上他对巴门尼德的道说作出了应合（entsprachen）。他们共同谈论了同一者。因而在最表面的意义上，这种共同的谈论乃是一种对话（Zwiesprache）。同一者作为被谈论者在这种对话中显现出来。在这个意义上，同一者不只是属于希腊的。但又不仅如此，在海德格尔看来，如果不是作为同一者的那个东西给出了自身，那么上述谈论根本就不可能。同一者的本质现身保证了任何一种关于"同一者"的对话乃是可能的。在这个意义上，同一者不属于任何人类的时代。它比任何时代的谈论和思考都更加本源。

由此一来，"同一者"这个词就不仅仅是一个被说出了的词语，也不仅仅是一个命名或一个谈论的话题。不是一个存在者，也不是某个概念，而是一个指示词。它指示着一条通向那"更希腊的东西"的道路，"在这条道路上有许多标志"——不仅有"同一者"，还有"无蔽"（Ἀλήϑεια）与"命运"（Μοῖρα）。

---

① 海德格尔，《在通向语言的途中（修订译本）》，孙周兴译，北京：商务印书馆，2004，页127。

引言　海德格尔与海德格尔"底"巴门尼德 ①

引言以"海德格尔与海德格尔'底'巴门尼德"为标题，试图勾勒出海德格尔"底"巴门尼德在海德格尔思想中的转变和推进，为正文提供一个背景。而在引言的叙述中，我们会更侧重于《存在与时间》之前的文本。因为在正文的论述中我们将更少地触及此部分内容；而与《命运》的关系更加密切的文本，即三十年之后的文本，我们仅在此作更简要的概述，而把更多内容留到正文的论述中。②

在海德格尔看来，"同一者"、"无蔽"和"命运"乃是巴门尼德思想的关键词，它们都在本己的意义上道说了存在之所是。在此三者之中，我们将更侧重"同一者"并视之为最接近存在的源初本质的词语。但海德格尔从未声称自己对巴门尼德箴言中的这三个希腊词语的解释是正确无误的，更不用说对巴门尼德的整个思想。他只是一再地强调这是一种"对话"，而且正如我们在上面提到的，这种对话正是通过让巴门尼德的思想在其本质渊源中得到思考而获得了其合理性。而就我们现在看来，这场"对话"也并非从一开始就在顺利进行。

---

① 此处"底"的用法为主语第二格。更多的解释可以参看，张志扬，《是同一与差异之争，还是其他——评德法之争对形而上学奠基之裂隙的指涉》，载《同济大学学报（社会科学版）》，2007年03期；以及张志扬，《偶在论谱系——西方哲学史的"阴影之谷"》，上海：复旦大学出版社，2010，页136。

② 就目前已掌握的资料，本文以《存在与时间》为界来标志海德格尔对巴门尼德的理解的转变。这样做可能不是最合适的，却是更容易理解的。

在海德格尔的学术生涯中，对巴门尼德的关注经历了一个明显的变化。在1922的《对亚里士多德的现象学阐释》中（即著名的"那托普报告"），巴门尼德唯一一次被提及（"一种插入性的考察"）是作为对存在者之存在的洞察的早先，海德格尔认为在他那里"事情还停留在这种最初的存在印象中"，而根据亚里士多德所说，以巴门尼德为代表的爱利亚学派甚至还处于存在现象的研究领域之外。① 与之成鲜明对比的是，在1973年策林根（Zähringen）研究班最后一次会议即将闭幕之时，海德格尔不仅完整地宣读了他于年初写就的关于巴门尼德的短文《思的来源》，还在标题的意义上概述了巴门尼德思想的重要性。② 这近五十年思想之路的蜿蜒曲折自难尽数，但我们仍然希望通过概述海德格尔几个重要文本来标记出其间的变化趋势。

1927年海德格尔的第一部重要著作《存在与时间》发表。我们将本书中对巴门尼德的阐述，视为此前海德格尔对这一主题的思考的一个总结。但在论述其中的相关部分之前，我们需要回顾一下1927年以前的一些文本。如果再细思上述《对亚里士多德的现象学阐释》中关于巴门尼德的部分，我们就不难发现在巴门尼德的定位问题上，亚里士多德将巴门尼德排除在了存在思想的视野之外，而海德格尔则至少试图将他纳入其中，虽然只是作为一种尝试性的思考。

---

① 《形式显示的现象学：海德格尔早期弗莱堡文选》，孙周兴编译，上海：同济大学出版社，2004，页119以下。

② Martin Heidegger,《四个研究班》(*Four Seminars*), Andrew Mitchell、Francois Raffoul 译, Bloomington / Indianapolis: Indiana University Press, 2003, 页78以下。

这种尝试在第二年就获得了推进，在1923年夏季学期的讲座《存在论：实际性的解释学》中，海德格尔自第尔斯处引用了巴门尼德残篇第三，并且已经开始关注巴门尼德的 νοεῖν 一词。在这里，海德格尔试图在现象学之意向性的意义上解释巴门尼德所说的觉知（νοεῖν）。同时，他也提出了对巴门尼德的重要性的揣测，海德格尔暗示，巴门尼德的思想仍然是"未检验的"，而且对巴门尼德上述箴言的解释很可能"决定了我们的思想史和此在史"。① 仔细辨别会发现，海德格尔后期的一些关注要点已经在此初显。对 νοεῖν 的现象学阐释可以视为一种"原初现象学"的猜测，海德格尔在1973年提及这种原初的现象学；νοεῖν 还同样地关系到海德格尔后来对"思的任务"的阐述；而对巴门尼德重要性的揣测在此之后则得到了充分的印证。另外，在一年之后对该文稿的增补中，海德格尔则以对巴门尼德、亚里士多德和奥古斯丁的历史探究计划，勾勒了后来"存在历史"的框架（《存在论：实际性的解释学》，页105）。

1926年夏季学期，海德格尔在马堡大学开设了名为"古代哲学的基本概念"的课程。虽然重点仍放在柏拉图和亚里士多德身上，但在这门课程中，海德格尔对巴门尼德的诗篇给出了长达两小节的分析。在这些分析中，海德格尔一一驳斥了以往的哲学史家和古典语文学家以真理和非真理之二分来理解巴门尼德诗篇中的两条道路的做法（而且海德格尔认为，在巴门尼德的诗篇中，女神实际上指出了三条道路），并强调"非真理本质地归属于真理之存在"，和真理一样同存在有着"最亲密的关联"，不

---

① 海德格尔，《存在论：实际性的解释学》，何卫平译，北京：人民出版社，2009，页92。

应仅仅通过拒斥来克服非真理（也即谬误）的问题，而要在谬误的本质来源中去理解谬误。而关于巴门尼德的那个 νοεῖν，尽管仍然囿于意向性，海德格尔却紧紧抓住了残篇第三——对此句箴言的关注伴随了海德格尔后来全部的学术生涯——肯定地说道："真理、觉知和存在的关系；它们共属一体，它们是同一者"。同时，他还力图从时间现象的角度去解释巴门尼德诗篇中女神对存在的描述，这与一年之后发表的《存在与时间》中的思路几乎如出一辙。①不过，也正是出于这种思路，海德格尔将巴门尼德的真理之路解释成了"概念工作的道路"，进而将其作为传统的形而上学家而未予以足够的重视。②我们可以看到，海德格尔对巴门尼德诗篇的许多观点在这里已经初现端倪，甚至其中的某些看法一直保留到了最后。

有了对之前文本的简要回顾，我们就不难理解《存在与时间》中海德格尔对巴门尼德的若干解释了。在阐述早先思想对此在的优先地位的认识时，海德格尔认为亚里士多德对"灵魂"的论述正是"在一切存在者的存在中揭示存在者"的示范，且这一命题则可以上溯到巴门尼德的存在论。③而后者的存在论观点在其诗篇中的揭示之路（即真理之路）部分以"概念的方式"得到了表述（《存在与时间》，页256）。在此，虽然仍被视为在概念中

---

① Martin Heidegger,《古代哲学的基本概念》(*Basic Concepts of Ancient Philosophy*), Richard Rojcewicz 译, Bloomington and Indianapolis: Indiana University Press, 2008, 页52以下。
② 孙周兴,《语言存在论——海德格尔后期思想研究》, 北京：商务印书馆, 2011, 页98。
③ 海德格尔,《存在与时间（修订译本）》, 陈嘉映、王庆节译, 熊伟校, 陈嘉映修订, 北京：三联书店, 2012, 页17。

把握存在问题,但海德格尔已经确定地将巴门尼德归入了存在问题的源流之中。而且我们不难注意到,相对于颇受海德格尔关注的另外两位前苏格拉底哲人——他们在《存在与时间》中几乎没有受到关注(《语言存在论》,页97)——阿那克西曼德与赫拉克利特,巴门尼德是最早进入海德格尔视野的,因为在他看来,"巴门尼德首次揭示了存在者的存在"(《存在与时间》,页245)。

海德格尔此时对巴门尼德的存在的理解,已经展现出一种超出胡塞尔式现象学的努力。他并不否弃现象学的视角:"存在就是在纯粹直观的觉知中显现的东西,而只有这种看揭示着存在",νοεῖν 就是 "对现成的东西就其纯粹现成状态的单纯觉知";但他也试图将现象学的观点纳入到一种更源初的视域中,他用一种特殊的 "看" 来解释 νοεῖν:"这个术语作为描述方式不局限于'看',它表示觉知着让世界来照面的一种特殊倾向"。为了强调这一点,海德格尔甚至在随后的行文中将这种特殊的 "看" 表述为某种对存在的 "听取"。

另一点值得关注的地方是,海德格尔明确讨论了存在与真理的问题。我们在前面提到,海德格尔至少在1926年就已经注意到了巴门尼德诗篇中的存在与真理的问题。他不仅意识到真理女神 Ἀλήθεια 作为谈论存在的巴门尼德诗篇的主述者具有某种隐秘的意义,也提出应当同样地在其本质渊源处去理解真理与谬误;更重要的是,这两点已经足以暗示出存在与真理之间 "最亲密的关联"。而在更早的 "那托普报告" 中,这一问题就已得到探讨。在《存在与时间》的第四十四节中,海德格尔试图还原出传统真理概念的存在论基础,由此阐明真理的源始现象。他认为真理的源始现象乃是生存论存在论意义上的揭示活动本身,而这种揭示活动在生存论存在论的意义上正是对存在者之揭示状态的"争而后得"。但无论如何,此种揭示活动乃是此在的揭示活动,亦即此在的展开状态,而此种展开状态则是此在的本质的存在方式。真理的源始现象就是此在在其展开状态中的揭示活动。因此,海德格尔认为,"唯当此在存在,才'有'真理"。而出于此种展开状态,基于这种揭示活动,亦即"唯当真理在",才有对存在的领会(同上,第245页以下)。在此,我们有必要强调一下这个顺序:此在-真理-存在;而在海德格尔较晚的文本中,这一顺序则颠倒了过来。

《存在与时间》第四十四节的探讨或许没有直接地指向巴门尼德,但如我们已经指出的,巴门尼德的诗篇中已然提及真理($ἀλήθεια$),这一点海德格尔无论如何也绕不开。在《存在与时间》之后,即三十年前后,也即一般认为的海德格尔的转型时期,[1]海德格尔开始关注两个问题,一个是"无",一个是"真理"。这集中地体现在他的《形而上学是什么》(1929)和《论真理的本质》(1930-1931)两个文本中。[2]虽然这两个文本对巴门尼德几乎不置一词,我们亦不打算对其多言,但我们认为对这两个问题的思考间接推进了海德格尔对遮蔽与无蔽之关系的理解,进而促成了海德格尔"底"巴门尼德之思的重要进展。

我们现在已经可以肯定的是,经过此前的思索,从二十世纪30年代初开始,海德格尔对巴门尼德的看法展现出一系列根本性的变化。这些变化最明显地表现在,对巴门尼德的探讨开始更多地出现在海德格尔公开发表的作品和他的讲课稿中。自此,巴门

---

[1] 陈嘉映,《海德格尔哲学概论》,上海:三联书店,1995,页18。
[2] 海德格尔,《路标》,孙周兴译,北京:商务印书馆,2000,页119以及页205以下。

尼德的思想就再也没有脱离过海德格尔的思域，前者所遗留下来的残篇也得到了详尽的阐释。

1935年的夏季学期讲座《形而上学导论》往往被视作海德格尔转型完成的标志（《海德格尔哲学概论》，页18）。如海德格尔所言，撰此"导论"的目的就是将"存在问题的纷乱势态映入眼帘"。① 如此看来，海德格尔之所以能够这样做，是因为此种纷乱之所是已经在他心中明晰起来，继而克服这种纷乱的道路也已初显为——正如海德格尔在他的追问中所仰赖的——诗与思。同样已经变得明晰的，还有巴门尼德对存在问题的重要意义。在此"导论"中，海德格尔明确地将巴门尼德"诗意的思"作为对存在之追问的重要线索之一，他甚至不无推崇地对其评价道，"谁吃透了如此思着的说的精神，就不得不以今天的人的身份失去一切兴趣去写书"（《形而上学导论》，页99）。巴门尼德也由此不再是一个与亚里士多德、奥古斯丁或者阿奎那处于同一源流之中的、概念地理解存在的形而上学家，而是"伟大时代的伟大思者"。海德格尔已经在此讲稿中阐发了巴门尼德的同一者和无蔽的重要意义，但是，如果我们希望更多地听取海德格尔对巴门尼德的阐释，那么这篇"导论"所展现出来的就还不够。而稍晚于《导论》成文的《哲学论稿》（根据该书的编者后记和译者后记可知，该文写于1936至1938年间）则向我们展示了更多。②

---

① 海德格尔，《形而上学导论》，熊伟、王庆节译，北京：商务印书馆，1996，页20。

② 海德格尔，《哲学论稿（从本有而来）》，孙周兴译，北京：商务印书馆，2012。由于本文的研究基础有限，故只能浅尝辄止地触及该文本的部分内容。

我们几乎可以肯定说，论稿中第五章第三节（即 204-237 小节）中对真理的探讨，直接构成了几年后开设的一门主讲巴门尼德的课程的核心内容（《哲学论稿》，页 346-394）。

海德格尔最集中探讨巴门尼德的文本就是这门课程的讲座稿《巴门尼德》。① 该讲座稿以对"无蔽"的探讨贯通全文，力图通过阐明来自 ἀλήθεια（无蔽）这个词的"四重指示"，探问巴门尼德思想最核心的议题。我们将在本文第二章涉及此文本。现在仅指出一点，即此讲稿已经向我们表明，海德格尔对于巴门尼德的思考已经趋于成熟，他不仅能够在早期希腊著作的语境下对巴门尼德诗篇的某个细节进行具体阐发，也能够清晰地梳理出巴门尼德的思想在后世中的转化和隐失；但海德格尔也遗留下了一个问题：如果澄明着的敞开乃是 ἀλήθεια（无蔽）的源初本质的话，那么此种澄明着的敞开的本质如何？换言之，在无蔽与遮蔽的争执中，何者更本源？抑或二者共同植根于某个同一者？对此问题而言，如果巴门尼德诚如海德格尔所认为的那样，在思的开端处思及了存在本身，那么任何回答都应当呈现为对其教诲诗的一种阐释，尤其是阐释那句从 1926 年就作为有待阐明的问题进入海德格尔的思域的箴言——"思想与存在是同一的"。进而，这个答案必然也能够对另一个问题作出回答，即"什么召唤思？"。

为了更加简明，我们在引言里必须跳过两篇于 1946 年写就

---

① 主要参考的是英译本。Martin Heidegger，《巴门尼德》（*Parmenides*），Andre Schuwer、Richard Roicewicz 译，Bloomington and Indianapolis：Indiana University Press，1992。该讲座原名"巴门尼德和赫拉克利特"，是一个旨在贯通巴门尼德和赫拉克利特思想的系列讲座的第一期。在整理讲稿时，由于其主要内容是讲巴门尼德，故以此名。

的相关文本,《阿那克西曼德箴言》①和《关于人道主义的书信》(《路标》,页366以下)。从这两篇作品中我们可以看到,巴门尼德的另外两个关键词"同一者"和"命运"开始显出更多的意义。海德格尔甚至已经抓住了"一切思想的原初秘密"的谜题——ἔστι γὰρ εἶναι(同上,页394)。这些思考汇集到了稍后完成的《命运》一文中。这篇文章完全浓缩了30年代之后海德格尔对巴门尼德的思考,亦凸显了此后的问题关注,故而本文将阐释的关注点放在此文上,试图借此获得一种对海德格尔的巴门尼德阐释的透视。然而,这并不意味着海德格尔与巴门尼德的对话在完成的意义上终结于此。诚如海德格尔自己所言,这场对话"达不到任何终点",当中"有许多东西还是晦暗不明"——尤其,"二重性"作为文中的关键词却没能得到充分阐明,而且更重要的是,"一切思想的原初秘密",即"思的来源"仍然成谜(《演讲与论文集》,页278)。

但最核心的问题已经进一步显明为"古之最古者"②的问题,即什么是巴门尼德所说的 Ἀληϑείης εὐκυκλέος ἀτρεμὲς ἦτορ[无蔽的圆满不动的心脏]?③

---

① 海德格尔,《林中路》,孙周兴译,上海:上海译文出版社,2004,页337以下。

② 就目前掌握的资料来看,海德格尔曾多次提及"古之最古者":《路标》,前揭,页1;《思的经验》,陈春文译,北京:人民出版社,2008,页65;《面向思的事情》,孙周兴、陈小文译,北京:商务印书馆,1996,页28;《四个研究班》,前揭,页94。

③ 即残篇第一行29。该处引文引自《四个研究班》,前揭,页94。亦可参看G. S. 基尔克、J. E. 拉文、M. 斯科菲尔德,《前苏格拉底哲学家——原文精选的批评史》,聂敏里译,上海:华东师范大学出版社,2014,页370。

海德格尔在60年代的文本一再地指向这个问题。就我们目前看来，这一问题直到1973年《思的来源》一文才得到完整而清晰的回答。故而我们将此文本作为对《命运》一文的重要补充。

综观其著作，"存在"问题乃是海德格尔毕生关注的哲学问题，终其一生他都致力于尝试从不同角度更本源地去探问存在问题。与巴门尼德的这场对话也不例外，无论是"同一者"、"无蔽"还是"命运"，都是海德格尔借由巴门尼德思入存在问题的"路标"。也正是如此，这三个"路标"指示着同一条道路，在不同意义上指示着存在问题。因而，本文所关注的问题就是：借由"同一者""无蔽"和"命运"所标示出来的这条道路，海德格尔何以思及了存在？换言之，在此三者之中，海德格尔毕生探问的存在问题显示为何种情形？

但需要补充的是，这三个关键词并非并列关系，"同一者"在前，作为"存在之天命的最初讯息"引出后两者，是本文最关键的核心词语（《同一与差异》，页91）；"命运"在后，是巴门尼德对存在本身的重要命名；"无蔽"居间，是深入理解"同一者"和"命运"的"钥匙"，但由于其本身具有"隐"的特质，故而使其不出现在标题之中。

一 同一者之同一

"同一者"是我们以之为线索去思考海德格尔与巴门尼德这场对话的第一个关键词，也是最重要的关键词。这个词很可能首先令人产生两种误解：其一，用"同一者"（das Selbe）对译 τὸ αὐτό 让人感觉它说的是一个存在者，而"同一者"足以命名这个存在者的本质特征；其二，我们以"同一者"为关键词来理解海德格尔的阐释，这似乎意味着依靠对"同一者"的理解，就足以说清海德格尔与巴门尼德所思考的存在问题。

虽然这些"好像"和"似乎"自有其根据，人们甚至完全可以形成如此误解，但无论海德格尔还是海德格尔"底"巴门尼德，都没有把"同一者"思为一个存在者，也没有试图以一个 τὸ αὐτὸ 或 das Selbe 去说清存在问题。与之相反，我们看到，海德格尔一再避免将同一者作为某种存在者或一个至高的存在者去思考，也一再变换思路去接近同一者真正所要指示的那个东西。不过也正因为如此，"同一者"才成为一个至关重要的指示。

因此，我们必须坚定地将"同一者"视为一个指示词，并且以"同一者之同一"这个同语反复的标题来指示一种特别的思的方式。海德格尔认为，这种思乃是一般思想与巴门尼德思想的"非凡之路"的差别所在（*Four Seminars*，页 79）。

三类教训的同一种迷误

"同一者"这个词在西方思想的开端处就获得了其非凡的意义。因为巴门尼德在他的教诲诗中肯定地说：

> τὸ γὰρ αὐτὸ νοεῖν ἐστίν τε καὶ εἶναι
> 因为思想与存在是同一的。
>
> （《前苏格拉底哲学家》，页 378）

由此 τὸ αὐτὸ［同一者］就作为维系 νοεῖν［思想］与 εἶναι［存在］的词语而进入了西方的沉思之中。于是，海德格尔在《命运》开篇说：

> 思想与存在的关系推动着全部西方的沉思。
> (《演讲与论文集》，页 249）

如此说来，同一者作为"思想与存在的关系"对"全部西方的沉思"起着支配作用。但这种肯定的表述，其令人疑惑的程度丝毫不亚于巴门尼德的说法——何以同一者之思推动并支配着西方思想？更根本地，何以"同一者"（$\tau\grave{o}\ \alpha\grave{v}\tau\grave{o}$）就能作为"思想与存在"之所"是"呢？

在海德格尔看来，这些由巴门尼德之箴言而来的问题，很好地证明了作为"思想与存在的关系"的同一者乃是一块"完好无损的试金石"。这块"试金石"不仅是思想的原初秘密之所在，也时刻检验着西方思想的深度——凡不能思入巴门尼德此谜者，皆不过迷思而已。但这些迷思都在一定程度上"通过巴门尼德的文本来得到证明"，因为它们都在一定程度上捕捉到了（即使是扭曲了、掩盖了的）巴门尼德思想的一鳞半爪（同上，页250）。因此，对这些"教训"的考察就必须兼顾两个方面：一方面，必须认识到这些教训作为教训陷入了何种迷误；另一方面，也应当尽可能弄清，这些教训作为巴门尼德的后世之思为何陷于迷误。海德格尔将这些教训主要归入三个角度之中，我们在下文试着作出解说。

首先，第一类，同一者在此就作为对现成之物的汇集。此一角度可以说是，最简单、最不用多加思索的角度，因为它是从最表面的现成之物来解释思想与存在的关系，也因而是对巴门尼德的思想掩盖最深的一种解释。从此种角度来看，思想就是诸多存在者中的一个，而存在就是指存在者总体，是诸存在者的汇集（同上，页 250-251）。在此，"思想与存在是同一的"就意味着：思想作为存在者的一员而应归入"存在"这个总体之中。

海德格尔将此种解释称为"人人都可以立即了解的"解释。虽然它基于一个最简单的现代角度，但此种角度并非海德格尔从普通大众的观点中总结来的，而是来自科学。相应的批判从他的老师胡塞尔那里就开始了。1911 年，胡塞尔在《哲学作为严格的科学》中就明确地提出了对自然主义的批判。[①] 海德格尔在《哲学的终结和思的任务》中还特地提及了此文。在对自然主义的批判态度上，海德格尔和他的老师一致，但二者的出发点和批判角度却大相径庭。胡塞尔认为，若以建立一门如科学般严格的哲学为目标，自然主义心理学是不够的，因为它试图求助于科学，而任何科学都不能提供一种纯粹的哲学基础。这一不足需要意向性研究的现象学来弥补，因而现象学就可以作为一门"严格科学的哲学"为科学奠基。而海德格尔则认为，科学的"严格性"不能替代哲学的"严肃性"，科学只活动于存在者的领域，任何求助于科学方法的做法都必然将思想和存在均视为存在者。而科学乃是基于形而上学，形而上学只追问存在者之为存在者而不顾存在本身。因此不单是科学，在海德格尔看来，任何形式的形而上学都不思存在，都误解了巴门尼德的思想。如此一来，海德格尔就把胡塞尔和他所批判的自然主义连同科学一起，划到了关于存在的"迷思"之中。因为胡塞尔所强调的先验意识就表现为"唯一的绝对的存在者"（《面向思的事情》，页 76）。

---

① 胡塞尔，《哲学作为严格的科学》，倪梁康译，北京：商务印书馆，1999。

但根据海德格尔的分类,胡塞尔还不属于这第一类。在寻求"绝对的存在者"这一点上,他和黑格尔都属于第二类视角。

在第二类视角中,同一者呈现为绝对存在者的自我确定。思想就是这个绝对存在者,存在则是通过这个绝对存在者的自我确定而得到规定。存在就是思想的自我确定。于是,海德格尔引用了贝克莱的著名命题"存在就是被感知",并将之解释为"存在就是被表象"。据他的解释,感知就是思想在知觉中将存在者"占为己有",而表象则是将显现出来的存在者向思想自身进行知觉的投送。因此,无论是"被感知"还是被表象,这个被感知、被表象的都是存在者,而那个主动去感知和表象的正是思想。于是,此种主体性的思想就显出了它与笛卡尔的"我思"的同源关系。如海德格尔所指出的,贝克莱的这个说法正是"以笛卡尔的形而上学的基本立场为基础"(《演讲与论文集》,页253)。

笛卡尔将"我思"作为主体置于最根本的地位上,"存在"作为存在者之总体就相应地成为了"我思"的对象。这样,思想与存在就具有了一种主体与客体的现实性的关系。由此,笛卡尔也为近代哲学的认识论或认识的本体论奠定了基础。

现在,我们已经看到,近代哲学的认识论就是作为绝对存在者的思想主体化的一种表现。而此种思想主体化的终极,就是思想作为绝对存在者在逻辑学中达成"决定性的统治形式"——即表现为黑格尔的绝对精神。对于这一点,海德格尔敏锐地抓住了黑格尔对巴门尼德残篇第八的译文,一位译者的译文往往反映了其理解的取向:

> 思想与所思为之而存在的东西是同一个东西。因为若没

有思想得以在其中表达自身的存在者,你就将找不到思想,因为在存在者之外,思想一无所有,也将一无所有。

如果我们再看看黑格尔随后的阐释就会使这一取向更加清晰:

> 思想产生自身;而且被产生出来的东西就是一个所思。所以,思想与它的存在是同一的;因为在存在之外,在这一伟大的肯定之外,那是一无所有的。①

黑格尔这话莫不是说思想在存在者中"表达自身"?存在乃是属于思想的存在而且被思想"产生出来"的?存在乃是思想伟大的自我肯定!黑格尔所做的,正是将存在作为思想的产物纳入到思想的自我运动之中。只要我们稍稍比照一下克兰茨的引文——在海德格尔看来,此版本的译文在严谨上是有保障的——就会发现黑格尔在这一取向上走得有多远:

> 思想与所思即存在是同一的;因为你找不到一个思想是没有它们所表达的存在者的。存在者之外绝没有也绝不会有任何别的东西……(《演讲与论文集》,页250)

在克兰茨的译文中,我们没能在任何地方找到类似"思想

---

① 以上两处引文皆出自黑格尔的《哲学史讲演录》。黑格尔,《哲学史讲演录(第一卷)》,贺麟、王太庆等译,北京:商务印书馆,1959,页295–296。海德格尔的引用位于《演讲与论文集》,前揭,页253以下。

表达自身"的说法；相反，译文倒是明确地说了，思想表达存在者。在思想之表达中，总有存在者现身。

但黑格尔对这个问题的理解也并非没有根据。这个根据，诚如他自己所说，乃是"逻辑"：

> 在此我们看到了陆地，没有一个赫拉克利特的命题不被采纳到我的逻辑学之中。（《哲学史讲演录》，页327）

黑格尔声称，他的逻辑学采纳了赫拉克利特的学说。甚至，我们不难注意到，连逻辑学的名称Logik都源自赫拉克利特的λόγος（逻各斯）。但Logik就是早期希腊逻各斯思想的继承吗？黑格尔真的把握到了赫拉克利特思想的秘密吗？或许在黑格尔看来，根本不必如此。因为逻辑学已经通过对λόγος的采纳而超越了λόγος，而哲学也已经通过对赫拉克利特等古希腊哲学家的采纳而超越了古希腊哲学，向着"更高的哲学阶段"迈进了（《演讲与论文集》，页256）。

但海德格尔指出，黑格尔完全是基于近代哲学的视角去阐释赫拉克利特，而且λόγος不仅完全不同于Logik，而且其源初意义其实早已在柏拉图和亚里士多德的时代就趋于隐失了。因为早在亚里士多德那里，λόγος的意义就已经开始向陈述的确定性转化了。而λόγος的原初含义向说出来的东西之确定性转化的过程，同样伴随着ἀλήϑεια［无蔽］向拉丁语中的veritas［真理］和cerititudo［确定性］的转化，以及作为存在之本质特征的φύσις［涌现］向可通达的ἰδέα［相］和Idee［理念］的转化（《形而上学导论》，页193）。在这些转化中，这些早先希腊思想的基本词语的源初含义逐渐隐失了，哲学开始走向对确定性和自我确定的寻求。笛卡尔的"我思故我在"正是在此种陈述的无可怀疑的确定性上具有有根据和有效性的。黑格尔的"绝对精神"则正落实在这种自我确定上。

因此,在海德格尔看来,虽然黑格尔展现出了一种"至少是复杂地"去理解巴门尼德的"思想与存在的关系"的努力,甚至由"同一者"把握到了某种思想与之相关的自身同一性关系(不同的是,黑格尔在这里把它理解成了思想的自我同一),但他放弃了以希腊人的方式去思考这个"更希腊的东西",而固守在近代哲学的视角当中。在此视角中,主体性的思想作为绝对存在者实现了对存在者总体的统摄,但也因此囿于存在者而无法顾及存在。所以,在此视角中,"思想与存在是同一的"说的就是:存在作为思想的产物而与思想同一。

正如我们在上面已经提到的,早期希腊哲学的基本词语在某个时期发生了意义的转换和丢失。海德格尔也已经指出,这个时期就是"古代哲学"时期。更准确地说,此种转换开始于柏拉图,而完成于其后的新柏拉图主义。而此时期的开头甚至距巴门尼德生活的年代不足二百年。作为教训的这第三类视角就活动于此时期的末尾。

第三类,同一者在此显现为非感性概念的来源。海德格尔在《命运》中对此一视角着墨甚少。但我们仍然可以感觉到,他在字里行间有意想要将柏拉图与柏拉图主义者们区别开来。何以见得呢?海德格尔在谈论此角度时说,其"遵循由柏拉图规定下来的古代哲学的一个基本特征"(《演讲与论文集》,页256)。换言之,此角度还不是柏拉图的角度,而是遵循柏拉图之规定的柏拉图主义者们的视角。于是,就区分了两种解说的角度:一是柏拉图的,二是柏拉图主义者"在柏拉图的意义上"的。这两者有何区别呢？

在此海德格尔举了普罗提诺的例子。不过这个普罗提诺不是海德格尔信手拈来的，也不仅仅因为普罗提诺是柏拉图主义者中的佼佼者，而是因为黑格尔在阐释巴门尼德时同样引用了普罗提诺的说法，而且将其作为对自身观点的支持（《哲学史讲演录》，页296）。海德格尔的意图是通过指出普罗提诺的迷误所在，进而挑明其与黑格尔的渊源关系。

海德格尔认为，据普罗提诺看来，"巴门尼德要说的是：存在乃是某种非感性之物"（《演讲与论文集》，页256）。说存在是非感性之物是什么意思呢？无非是将存在划分到了非感性的领域，存在在此领域之中为非感性的觉知所把握，由此得到规定。而根据柏拉图，这种非感性的觉知就是思想。所以如果按照普罗提诺的说法来解释，那么存在就是作为非感性之物成了非感性领域中的诸存在者之一，而思想，即非感性的觉知，也由于总是活动于非感性领域之中而属于非感性领域。因而，"思想与存在是同一的"说的就是：思想和存在都处于非感性领域之中。

那么，柏拉图为什么不能划归此类视角呢？他在何种意义上与柏拉图主义者相区分呢？我们在此仅作简要阐述。

理念（Idee）是对柏拉图的 $ἰδέα$［相］一词的翻译。$ἰδέα$ 的原意是外观，它的动词形式是 $ἰδεῖν$［看］。$ἰδέα$［相］就是 $ἰδεῖν$［看］所观看的东西。海德格尔指出，$ἰδεῖν$ 之看不是肉眼的看，$ἰδέα$ 之外观也不是"肉眼所见者"。在柏拉图那里，$ἰδέα$ 就是存在之显像，是对无蔽和涌现的显现状态的命名；而 $ἰδεῖν$ 则是对这种显现状态的观看（《路标》，页265）。在这个意义上，$ἰδεῖν$［看］就区别于一般的肉眼的看，进而区分出两种不同意义上的觉知：感性（$αἰσθητά$）的觉知，它是感官方面的；非感性（$νοητά$）的觉知，它关联于思想（νοεῖν），后者与柏拉图的 ἰδεῖν 说的是一回事。我们在此看到，柏拉图的 ἰδέα 与存在休戚相关，它植根于存在的 ἀλήθεια [无蔽] 和 φύσις [涌现] 之中。因而，在海德格尔看来，柏拉图和巴门尼德一样思考了存在。但二者不同之处在于，柏拉图从显象的意义上去看存在，就暗含了存在之非显现方面隐去的可能，即遗忘了 ἀλήθεια 和 φύσις 的源初所指。

这种隐去于是在柏拉图主义者那里表现为，ἰδεῖν [看] 虽然同样是对于 ἰδέα [相] 的观看，却把 ἰδέα [相] 作为本质性的东西，并以看到的东西的不同形式来进行哲学上的划分。而当 ἰδέα [相] 变成了 Idee [理念] 时，这种划分就变成了对概念的划分，而彻底失去了其本意。

对此，我们不妨作进一步的追踪。普罗提诺在谈论巴门尼德时说道（黑格尔的引文也出于此处）："在柏拉图之前，巴门尼德也已提及类似的观点。他说，'思与是同一'，显然他认为是和理智是一致的，他并没有将是归入感性领域。"普罗提诺认为巴门尼德在其诗篇中的理论是"易受到批评的"，相对而言，他更认同柏拉图著作中的巴门尼德的说法，认为后者"更加准确"。[①]换言之，普罗提诺试图从柏拉图的角度去看待巴门尼德的存在问题。问题的关键在于，通过柏拉图的角度，普罗提诺把存在置于何种位置之上？在谈到柏拉图时，普罗提诺说道："而理智的父亲——就是原因，他称为至善——在理智之外，也'在是之外'。他也经常把是和理智称为相。由此可见，柏拉图知道，理智源于至善，灵魂源于理智。"这意味着相既不是思想也不是存在；而

---

① 普罗提诺，《九章集》，石敏敏译，北京：中国社会科学出版社，2009，页556。

是相反，思想源于相，并因此归属于相。而且很明显，普罗提诺在这里援引柏拉图的观点想要论述的并非柏拉图的"相"，而是普罗提诺自己的"太一"。对此，他如此分析："可以肯定，它或者是一种思想的存在者，或者是非思想的存在者"。但他很快否定了后一种观点：非思想的存在者既不高贵，也无法认识。因此，作为思想的来源的"太一"只能是一种思想，更确切地说，它是使思想和思想活动得以可能的最高的思想。那么，存在呢？在论述作为源头的"思想"时，普罗提诺认为，"它是产生理智和与之相伴随的可理知对象的源头"，"它是理智和可理知对象的合而为一"。也就是说，由"太一"产生出思想和可以被思想所把握的对象，二者不同却不相互分离——它们都源自"太一"，是"太一"进行自身认识的结果，因此二者是"一致的"（《九章集》，页358）。而这个可理知的对象正是存在。同时，考虑到普罗提诺也认同不能把存在视为感性之物，这个可理知的对象就只能是可被思想所把握的"非感性的概念"了。

我们在此指出了柏拉图与柏拉图主义者在此问题上的不同之处，由此也弄清了为何新柏拉图主义的解说可以作为第三类教训。

通过对这三类教训的分析，我们已经不难注意到，这些角度其实都在某个相同的意义上陷入了迷误：它们都从存在者的意义上——现成的东西、思想的产物、非感性的概念——来理解存在，进而去解释巴门尼德的箴言。换言之，它们都将巴门尼德对存在的言说当作对存在者的谈论来解释了。如此一来，它们也就将"希腊人的早期思想推入后世形而上学的提问方式和支配领域中了"。由此，我们在引言开篇提到的海德格尔的努力就具有方法上的规定性：以希腊人的方式去思考就意味着，在与早先思想的对话中"特地追问"早先思想的"听域和视域"，以尽可能避免任何形式的"锁闭和掩盖"。如此，那"更希腊的东西"——存在——才能在对话中本质现身，才能作为一个指令（Geheiß）自行允诺（《演讲与论文集》，页 257-258）。

在此，我们尝试将海德格尔总结的三类教训解说得更加清楚。通过这些解说，我们也注意到，对同一者的理解能否更加接近巴门尼德 τὸ αὐτὸ 的含义，首先取决于如何去理解"存在"的意义。而明确的是，无论在海德格尔还是巴门尼德那里，存在都不是存在者，正如不能把 τὸ αὐτὸ（同一者）理解为一个存在者一样。因此，必须去探寻"存在"一词的源初含义，也必须深入到希腊语境下的存在意义及其变化之中。

巴门尼德的"存在"意义

在此节中，我们将主要探讨海德格尔所追踪出的"存在"的源初含义及其转化和丢失。而本文所关注的问题则要求我们把目光集中在巴门尼德那里。因此，我们所关注的问题是："存在"一词的源初含义为何？它在巴门尼德的残篇中都是以何种形态出现的？在这些形态之间有着怎样的关系？它们是如何转化的？这些变化对于我们理解"同一者"的意义有何种帮助？为此，我们会把 νοεῖν［思想］暂且放在一边，留到后面的部分来讨论。

"存在"这个词在其根源处意义为何呢？根据海德格尔的阐述，在希腊语中，有两个词语最先用于表达存在：εἰμί，即"我在"，它的第三人称变格就是 ἐστίν，"它在"；另一个是 φύσις，即"涌现"。第一个词来自词干 es，根据海德格尔，这个词干的意思是"生活，生者，由其自身而来立于自身中又走又停者：本真常住者"。在这个意义上，εἰμί 说的就是"我自身在"，ἐστίν 就是"它自身在"。第二个词来自词干 φύω，意思是"起来，起作用，由自身而来站立并停留"。在这个意义上，φύσις 说的就是自身涌现。比较两个词干就会发现，两个意思之间有一种模糊的重叠：生、起、停留、自身。① 这种重叠就将某个意义中心凸显了出来。或许在这个中心中就隐藏着存在的本真含义。但我们同时也会感到这个中心非常模糊，以至于即使我们把它总结为"于自身中生、起和停留"也丝毫不能改变这种状况。或者，这种模糊性并非出于我们理解的不彻底，而是出于存在本身的特性？不过，我们大可不必急于对此下结论，至少现在我们还有巴门尼德的箴言和海德格尔的阐释可以依赖。

在《命运》一文中，海德格尔先后摆出三个关于"存在"的词语，分别是 ἐστίν、εἶναι 和 ἐόν，都来自巴门尼德残篇。如果我们稍加注意，就可以在文章开篇所引的两段残篇中找到它们。让我们先来看前两个，它们都出现在我们一再提及的那句箴言中：

τὸ γὰρ αὐτὸ νοεῖν ἐστίν τε καὶ εἶναι
因为思想与存在是同一的。

在这一句中，ἐστίν 这个词的德语翻译是 ist，汉语则译作"是"；而 εἶναι 这个词，德语译作 sein，而汉语只能译作"存在"。如此列举出来就会发现，汉语没能传达出其间的关系。在这里，德语的 sein 和 ist 是同一个词的不同变位，希腊词 ἐστίν 和 εἶναι 也是同一个词的不同变位，但"存在"与"是"却不具有这种关系，更无法表达出这层意思。因此，我们需要在理解时留意这种

---

① 《形而上学导论》，前揭，页 72 以下。转述时，删去了第三中词干 sein 的论述，因为与本节论题关系不够密切。

区别。而且，这个变位也是我们需要关注的，因为它关乎巴门尼德这三个词语之间的关系。

正如我们刚才提到的，在德语语法中，ist、seiend 都是不定式 sein 的变位。那么，在希腊语中 ἐστίν 和 ἐόν 是不定式 εἶναι 的变位吗？这是否意味着不定式 εἶναι 是最本源的表达"存在"的词语并变化出了其他的形式呢？海德格尔的回应是：如果我们这样认为，就彻底陷在不定式的抽象中而执着于抽象的含义了（《形而上学导论》，页 70）。

为此，在 1935 年夏季学期的讲座《形而上学导论》中，海德格尔特地讨论了"存在"的语法。通过一系列追踪，海德格尔揭示出拉丁文的 modus infinitives［不定式］对希腊语法的颠倒。表面上看，在动词中不定式是更根本的，由不定式变化出不同时态的动词 modus finites［定式］；实际上，在希腊语法中，所谓的"不定式"是晚出的，所谓的"定式"反而更本源。不定式反而是针对定式的一个"无界说的、不确定的方式"，不定式的否定前缀 in- 恰好暴露了这一点。在希腊语中，对应于后来"不定式"的词语 ἔγκλισις ἀ-παρεμφατικός，其本意是"不附带表现的变位"。也就是说，这个"不定式"本身也是一个变位，只不过这个变位不附带变位的诸种表现。换言之，这个"不附带表现的变位"其实晚出于那些"附带表现的变位"，只不过它隐去了这些附带的表现，是从这些变位中抽象出来的。但在这种程度上说，不定式其实仍然扎根于动词的各种变位之中。即使在这个不定式前加上一个冠词，把它当作名词使用，它也仍然指示着动词的定式，即它所指示的那个东西正在进行着动词的定式所表达的动作。但如果再次对这个已作为名词的不定式进行改造，那么就会连这个指示的意义也丢失了，进而产生出一个奇怪的动名词，因为在现实中找不到一个它所指的对象（同上，页65以下）。

我们以不定式 εἶναι 为例。动词"存在"的基本变位就是我们前面所提到的直陈式现在时单数第一人称 εἰμί [我在]，而伴随着 εἰμί 的是第三人称的 ἐστίν [它在]，就是我们译作"是"的这个词。其他的变位还有诸如 ἐστιέ [我们在]，ἦν [他曾在]，ἔσεσθε [你们将在] 等等。而 εἶναι 则是"不附带表现的变位"，它将"我在"、"它在"、"你们将在"这些动词中的人称、时间、数量、样态等都隐去了，只抽象出一个 εἶναι，这就是不定式的"存在"，它指示着抽象的"存在"。如果给它加个冠词，使它变成名词 τὸ εἶναι，它也仍然意味着"被指到的那个东西仿佛自己站着与在着"（同上，页70）。如果这个被指的东西是"我自己"，那么就还能关联回 εἰμί 去；同样，如果被指的是"它本身"，就还是与 ἐστίν 相关联——也就是说，就还与更根本的那些源生的动词相关。而当把这个词改变为一个动名词时，这个"存在"就彻底失去了指示的意义，而成了一个在现实中无所指的名词。说白了，就成了一个抽象的概念，进而可以被归入非感性的领域之中了。如此类比地看，τὸ αὐτὸ [同一者] 也就不能理解为一个抽象的概念，而应当从指示的意义上去理解。

由此，我们弄明白了这一点，即 εἶναι 其实正处在一个可能失去动词的源初含义的"节骨眼"上。而 ἐστίν 反而是更本源的词语。那么 ἐόν 呢？海德格尔在《命运》中说的很清楚：

> 而毋宁说，ἐόν，即存在着（das Seiend），是在存在与存在者的二重性（Zwiefalt）中被思考的，而且是作分词讲的——虽然这个语法概念尚未明确地进入语言知识的把握中。（《演讲与论文集》，页259）

也就是说，巴门尼德在一种非同寻常的方式上使用了 ἐόν，这种用法还不为人们所把握。而这个 ἐόν，就作为"存在着"，活动在存在与存在者之关联中。这个关联意味着，它不仅指向"存在者"，也不仅指向"存在"，而是明确地指向两者"之间"。ἐόν 就处在这个两者兼具、勾连二者的关键位置上。"存在者之存在"（Sein des Seienden）和"在存在之中的存在者"（Seiends im Sein）这样的表述最多也只能暗示出其中的关联。在这个"奇怪的"意义上，海德格尔给它另起了个名字：二重性。

但这个二重性（Zwiefalt）的名字显然不是随便起的。首先，它仿佛提到了两个（zwei）东西；其次，这两个东西似乎相互交叠着（falten）；最后，它作为同一个词，说的是同一个东西。ἐόν 就是这种差异着的、交叠着的同一。

可这个作为二重性的 ἐόν 与 ἐστίν 还有 εἶναι 具有何种关系呢？根据希腊语法，ἐόν 就是 ἐστίν 和 εἶναι 的中性分词形式，是由动词派生的。但此种常规语法的解释显然不能满足上述海德格尔阐发出来的意思。对于 ἐστίν 这个用于存在者的词和 εἶναι 这个不指任何存在者而指抽象存在的词，它们和 ἐόν 这个差异着的、交叠着的同一具有何种关系？① 莫不是这个在 ἐόν 中交叠同一着的不同的东西就是 ἐστίν 和 εἶναι？

巴门尼德关于这一点说了什么吗？海德格尔认为，巴门尼德在残篇第六行 1 末尾就说了：ἔστι γὰρ εἶναι，（它）存在即存在

---

① "唯有一个存在者，我们才可说它 ἐστίν [存在]"。但海德格尔认为这个 ἐστίν 还有个特殊的用法，就是指二重性存在。可参看《四个研究班》，页 95。

(《前苏格拉底哲学家》，页379）。但 ἐστίν 不是用来说存在者的吗？它怎么可以和 εἶναι 相同呢？我们不是坚持存在不能是存在者吗？反过来，如果 ἐστίν 和 εἶναι 真的相同了，那么说 ἔστι γὰρ εἶναι 岂不是陷入了同语反复？海德格尔在1973年曾坦言，他曾经长久地困惑于此。我们可以看到，他在1947年的《人道主义的书信》中就注意到了这个谜一般的问题（《路标》，页394）。直到1961年《康德的存在论题》、1962年《时间与存在》、1964年《哲学的终结和思的任务》中，他还一再地以一种探问的语气回到这个问题。最后，到了1973年，在策林根研究班上，他对这一探问作出了肯定的表述：

> 我们站在一个明显的同语反复面前。当然，并且也是一个真正的（同语反复）面前。它并非计数了相同的东西两次。毋宁说，它命名了同一者（das Selbe），和它本身（es selbst），一次。（*Four Seminars*，页95）

这也就是说，"ἐστίν 即 εἶναι" 不是说它们是相同的，而是说它们在差异中——ἐστίν 指示着存在者，而 εἶναι 则指示着抽象的存在——交叠同一着。于是，ἐόν 就指示着上面这个东西：ἐόν ἔμμεναι，二重性存在，它使差异地指示着的存在维系在一起，使它们同一。① 换言之，ἐστίν 在现实中有所指，它指向显示着的存在者；εἶναι 则不指向任何存在者，而是指向不显示的存在。因而，ἐόν 同时也兼具了这种 "显与隐" 的运作，将 ἐστίν 之显与 εἶναι 之

---

① 根据海德格尔的注释，ἔμμεναι 是 εἶναι 的一个变式，在这里指二重性存在。

隐同一起来，由此才有了"*ἐστίν* 即 *εἶναι*"的"显即隐"。① 二重性正是由此方面来命名的。

那么，这一切与 *τὸ αὐτὸ* [同一者] 有什么联系呢？在上述引文中已经说得再清楚不过了。同一者就是二重性，它作为一个指示词，命名着在差异中交叠同一着的存在之本质，即存在的自身同一性。那么，这就是 *τὸ αὐτὸ* [同一者] 的全部含义吗？或许还不是。因为在这一节，我们暂时将 *νοεῖν* [思想] 放在了一边，而现在到了讨论它的时候了。

另外，我们还未加以考虑的是在此节一开始所提到到另一个词干。在本节的论述中，巴门尼德很明显是从词干 es，也就是从 *εἰμί* [我在] 和 *ἐστίν* [它在] 这个方面来表达存在的，那么巴门尼德是不是将 *φύω* 及 *φύσις* [涌现] 弃之不顾了呢？如果不是，那么他就 *φύσις* 又说了些什么呢？

思想与二重性

在这一节，我们将探讨思想与二重性的关系。如果这个问题能够得到澄清，我们就能够由此发现同一者的深层含义。那么，什么是思想呢？当我们这么问的时候，我们才忽然记起《命运》这篇文章本来就是谈论思想的。它本来就作为《什么召唤思》的最后一节而试图探问思想的本质来源。那么，什么召唤思想呢？海德格尔认为，二重性召唤思想，"思为那依然未曾被道说的二重性之故而在场"（《演讲与论文集》，页262）。就现在而言，这一点对我们还是匪夷所思的。难道是因为我们尚没有把握 *ἐόν* 的全部意义，才导致我们对此不知所措？我们遗漏了什么？

---

① 相关解读可参看《偶在论谱系》，前揭，页44以下。

如果我们回头去寻找，就会在第二节发现，我们遗漏了存在之源初含义的另一个方面——词根 φύω 以及 φύσις［涌现］。这个 φύσις 是什么意思呢？海德格尔告诉我们，这个词：

> 说的是自身绽开，说的是揭开自身的展开，说的是在如此展开中进入现象，保持停留于现象中。
>
> φύσις 就是出-现，从隐秘者现出来并且才使它驻停。（《形而上学导论》，页16）

可巴门尼德表面上根本就没说 φύσις。的确如此，但他从根本上思考了 φύσις 并使它在他的诗篇自始至终都展现着支配的力量。Ἀλήθεια（无蔽或真理）就是这个支配者。它不仅作为一位女神是整个诗篇的主述者，也作为真理贯通着后世哲学的演变，更重要的是，它是从根本上对存在的命名，道说着存在的本质。我们会把对 Ἀλήθεια 的详细讨论放在第二章，现在我们只需了解到 ἀλήθεια 是从 φύσις 的方面来命名存在的。海德格尔依其字面意思译作无蔽（unverborgenheit），其意思就是揭示、显露、自身的解蔽、自身出于遮蔽而入于无蔽之中（《形而上学导论》，页105）。

那么，什么入于这无蔽之中呢？着眼于 Ἀλήθεια 女神关于"存在"的反复道说，我们有理由认为，这入于无蔽之中的正是存在本身。既然如此，在无蔽中，在 Ἀλήθεια 之道说中发生了什么呢？我们在巴门尼德那里看到：

χρὴ τὸ λέγειν τε νοεῖ τ' ἐὸν ἔμμεναι : ἔστι γὰρ εἶναι...
那对于言说和思想的存在者必定存在。因为存在存

在……①

Ἀλήθεια 将 ἐστίν 和 εἶναι 道说为 ἐόν。也就说在 Ἀλήθεια 之道说中，指向显明着的存在者的 ἐστίν，与指向隐匿着的存在的 εἶναι，聚集于 ἐόν［二重性］而被带入无蔽之领域中呈现出来。换言之，在无蔽中，存在之所是作为二重性显露出来。②

那么，这和 νοεῖν［思想］有什么关系呢？在所流传下来的残篇中，巴门尼德已经说得非常清楚了（我们在此只引述中译并标示出"思想"一词的希腊文）：

> 那对于言说和思想（νοεῖν）的存在者必定存在。（残篇第六，行1）

> 而是你要让思想（νόημα）远离这条研究道路……（残篇第七，行2）

> 从非存在这儿，我既不允许你说也不允许你想

---

① 即残篇第六行1。《前苏格拉底哲学家》，前揭，页379-380。我们这里同时引用了该书中的汉译，但海德格尔并不把 ἐόν 作存在者讲，而是作"存在者"或"二重性"讲。

② 这一转换相当于直接从神话的情节跳到了哲学的思想。但这在海德格尔那里并不是一个问题。因为对他而言，神话首先并非神话学，而是一种"道说"；在巴门尼德这里，更是一种关于存在的"道说"。在作为带向显露的道说的意义上，神话和思想具有相同的根源。关于这一点可以参看 *Parmenides*，前揭，页61；《演讲与论文集》，前揭页，269。

(νοεῖν)……（残篇第八，行8）①

通过这三处引文，我们知道，νοεῖν 乃是作为听者的 κοῦρος［青年］的思想，但更重要的是，这个思想是 Ἀλήθεια 女神所要求的。无蔽要求思想……要求思想做什么？要求思想把 ἐστίν γὰρ εἶναι 思为 ἐόν。Ἀλήθεια 女神从何处提出这一要求的？我们看到，Ἀλήθεια 女神是在其居所中提出此要求的，Ἀλήθεια 是出于自身的本质来提出这一要求的。这一切就意味着：思想应合于无蔽的本质之要求，将 ἐστίν γὰρ εἶναι 思为 ἐόν，也即将存在之本质思为二重性。

但何以 Ἀλήθεια 提出此种要求呢？巴门尼德没有明确说明这一点，但海德格尔提醒我们，倒是赫拉克利特从根源处着眼说出了原因：

φύσις κρύπτεσθαι φιλεῖ ［自然喜欢隐藏］②

如果考虑到 ἀλήθεια ［无蔽］与 φύσις ［涌现］的本质关联，这话莫不是在说：无蔽热爱自行遮蔽？难道无蔽不是一个没有阴影的纯粹澄明的领域？可是如果考虑到 Ἀλήθεια 女神是在何种情形下道说存在的——κοῦρος ［年青人］所在的马车奔驰了很远并穿过了正义女神［狄刻］把守的时常紧闭的大门，终于来到了 Ἀλήθεια 女神的居所（即残篇第一的情节）——我们就会意识到

---

① 《前苏格拉底哲学家》，前揭，页379、381、384。

② 《前苏格拉底哲学家》，前揭，页286。φύσις 通译为"自然"，但在我们这里作"涌现"讲。海德格尔对于此句的阐释可以参看《演讲与论文集》，前揭，页295以下。

或许 Aλήθεια（无蔽）根本没那么简单（《前苏格拉底哲学家》，页 369）。

现在，如果我们且接受这一点，并考虑到 ἐόν 乃是在无蔽之道说中成其所是的，那么这句话在这里就意味着：作为二重性的 ἐόν 将 ἐστίν 和 εἶναι 聚集于自身入于无蔽之中的这种解蔽着的显现，喜欢隐藏。如何解释呢？如我们在上两节所述，εἶναι 并不指向显示着的存在者，而是指向不显示的存在。如此一来，εἶναι 就在对存在者的感官觉知前"隐匿"了自身，并"伪装"成一个空洞的无所指的概念给出自身，而感官的觉知就相应地把这一概念觉知为一个特殊的存在者。随之而来的后果就是，存在（ἐόν）仅显示为诸存在者和概念的聚集，成为一个统摄这一切的最高的存在者（或最高的概念）。这一后果经过后世的演变就连"最高"也丢失，而只是从诸存在者的排列来看存在本身。我们在第一节所列举的三种教训都是这一过程不同程度的显示。

虽然柏拉图主义者们本末倒置地把 εἶναι［存在］归于非感性觉知的非感性区域，但他们毕竟也意识到了重要的一点：即觉知 εἶναι 需要一种不同于感官觉知的、非感性的觉知。这种觉知能够通过保持在"喜欢隐藏"的 ἐόν［二重性］之上，使 εἶναι 被"非感性"地觉知到并因此显现。不但如此，它甚至必须使得 εἶναι 被彻底地觉知到，才能将 ἐόν 的本真含义守护于无蔽之领域。这种觉知就是 νοεῖν［思想］。换言之，思想乃是为了将二重性保持于无蔽之领域而被要求的。唯有由这种思想与 εἶναι 的密切关系而来，才有所谓的非感性与感性（即与 ἐστίν 的关系）的区分。

但何以无蔽必须将二重性保持于其自身的领域中呢？这就需要对无蔽进行更加深入的探讨。我们在此只能将这种探讨的结果在先地用来回答这个问题：无蔽乃是出于自身之本质来要求二重性之保存的，因为二重性乃是"无蔽的圆满不动心脏"。

不过，至少在此，我们已经有所收获了：为了二重性之保存，思想应无蔽之要求而来。这样说似乎意味着思想是某个外在于二重性的东西。但是，根据残篇第八行2，经海德格尔的解释：二重性之外一无所有。那么，思想在二重性之中吗？如果真是这样，思想之根源又如何呢？

我们在上面指出，νοεῖν 是为 Ἀλήθεια 所要求的，这一要求正是出于 Ἀλήθεια 之本质，即从 φύσις 方面去考虑的存在。如果说思想应合于无蔽从其本质而来的要求去思存在，那么思想就已经把自身交托给无蔽之本质，并因而从其要求处获得自身的本质。而如前所述，无蔽就是从 φύσις［涌现］方面来命名的。这也就是说，νοεῖν［思想］的本质就是为 φύσις［涌现］意义上的存在所决定了。那么，φύσις 如何说存在呢？ φύσις 把存在道说为自身涌现。这个"自身"说的就是"它本身"（es selbst）；而"涌现"说的就是聚集着的带向显露。这样说来，νοεῖν 就意味着：让某个东西作为它本身聚集并显露出来。这里的"让"说的是思想应合无蔽之要求，将此种要求接纳为其本质；而"显露"则并非一种表面可见的表象，而是无蔽意义上的呈现，即将显示着的东西、不显示的东西都如其所是地呈现出来。在这个意义上，νοεῖν 就具有了海德格尔解释下的 λόγος 的意义，他把后者理解为"让呈放"。也无怪乎巴门尼德说"那对于言说（λέγειν）和思想（νοεῖν）的存在者必定存在"，他是在同一个意义上使用这两个词的。从另一方面考虑，根据残篇第八行35，思想（νοεῖν）被称作"被表说者"（πεφατισμένον），海德格尔认为应该从 φάσις［道说］的角度来理解，后者意味着"带向显露"。可以看出，"让呈放"和"带向显露"的意思具有某种一致性（《演讲与论文集》，页263）。

现在，我们不难发现这一点了。νοεῖν 的存在之思意味着让存在和一切存在者聚集并作为存在者整体呈现并显露出来。这个存在者整体不是别的，正是聚集着 ἐστίν 与 εἶναι 并作为二重性呈现出来的 ἐόν。在这个意义上，νοεῖν 就是对 ἐόν 的"让"，让二重性在思想中聚集自身并作为思想之所思（νόημα）呈现出来；伴随着这一过程，思想就在自身中聚集为对二重性的思念（Andenken）并作为思想之所思而呈现出来。① 这样一来，思想就为二重性所占据而处于二重性之中了。

那么，我们前面说思想处于二重性之外，错了吗？并非如此，诚如海德格尔所说：思想既在二重性之外又在二重性之中。

> 一方面，思想处于二重性之外，与二重性相应合、并且为二重性所要求的思想就在通向二重性的途中。而另一方面，恰恰这种"在通向……的途中"处于二重性之内，这种二重性决不只是一种在某处现成的、被表象出来的存在与存在者的区分，而是从有所解蔽的展开中成其本质的。（《演讲与论文集》，页272）

思想的特殊意义就在于：一方面，在"让呈放"的意义上，它使得二重性得以展开，也即二重性只有归属于一种思想，才能

---

① 一般意义上，"思念"具有指向性，但无关乎思念的对象；在这里，"思念"是一种保持，它保持于二重性之上，才有"所思"的呈现。因此"思念"不是"所思"，它不关乎思的内容，而仅仅是一种关注意义上的"思念者"，也可以将其理解为"运思"。

保持于无蔽的领域之中；另一方面，在"带向显露"的意义上，思想又木质性地归属于二重性，因而本身就呈现为一种二重的特性，因为它深深地植根于 φύσις［涌现］之中。这里的"在通向……的途中"并不是通向远方的路途，而是通向自身、成其本身的道路，它说的就是那种自身聚集着的、带向显露的解蔽。思想就以此一方式处在这一特殊的位置上。我们由此在巴门尼德那里看到，κοῦρος 作为思者的人，正是应无蔽的思之要求而进入二重性之中去思存在之本质的。换言之，出于无蔽之道说的二重性正是那给出着思又召唤着思的有待思的东西。思着的人正是接受了这一存在之馈赠，同时应合于存在之召唤而思入存在之中的。思着的人正是思想之特殊地位的证明。

现在，通过海德格尔的阐释，我们已经竭尽所能地探讨了二重性与思想的关系。继而，τὸ αὐτὸ 的意义就更多地呈现了。τὸ γὰρ αὐτὸ νοεῖν ἐστίν τε καὶ εἶναι［因为思想与存在是同一的］说的不是思想与存在具有一种相同的关系，而是在说：τὸ αὐτὸ［同一者］即 ἐὸν［二重性］从自身而来 ἔμμεναι［存在］并使 νοεῖν［思想］和 εἶναι［存在］相互归属。τὸ αὐτὸ 和 ἐὸν 分别从不同的方面命名了存在本身，τὸ αὐτὸ［同一者］强调了存在自身的同一，而 ἐὸν［二重性］则强调了存在本身的差异化运作。① 这个存在本身出于其本质而存在（ἔμμεναι），由此才有发生于无蔽之领域中的二重性之展开。在二重性之展开中，νοεῖν［思想］与 εἶναι［存在］将自身的本质相互托付给对方，也从对方那里赢获其本质，由此相互归属。巴门尼德正是从思想与存在的共属一体来说这句话

---

① ἐστίν 与 εἶναι 之差异。

的。τὸ αὐτό［同一者］在这里显现为一种自身差异着的同一。

但是，我们仍旧不能说 τὸ αὐτό［同一者］的意义已经彻底地向我们昭示。因为在我们的论述中，仍然有两个问题不明朗：首先，道说这一切的 Ἀλήθεια 意味着什么？另外，那个格外突兀的思着的人与存在本身的关系为何？我们将在下一章讨论第一个问题，而把第二个问题放在第三章中探讨。

二　无蔽之解蔽

在上一章中，我们留下了一个重要的问题：无蔽（Ἀλήθεια）的意义为何？借助海德格尔的阐释，对这一问题的尝试性回答将构成本章的主要内容，也是全文的核心内容。为什么我们要以"无蔽"作为"同一者"和"命运"的核心？从全文的题目来看，难道我们不是以追问"同一者"这个指示词的意义及其与"命运"的关系为主要目标，进而去理解海德格尔阐释下的巴门尼德的思想吗？确实不假。但对"无蔽"之本质的探问实际上并不与对"同一者"和"命运"的追问相冲突，正如我们在开篇所说，三者在同一条道路上。而且，在第一章中，根据海德格尔的指引，我们也已意识到，"二重性之展开"正是在无蔽之领域中发生的，如果我们不能理解 Ἀλήθεια［无蔽］的意义，就不能理解"二重性之为二重性"。另外，在我们的核心文本《命运》一文中，海德格尔对无蔽几乎未给予任何解释。这就需要我们以其他文本中对 Ἀλήθεια［无蔽］的解释为补充，来促进对这一核心文本的理解。

所幸海德格尔留下了这样一份讲稿。在 1942-1943 年冬季学期的讲座稿中，海德格尔通篇都在讲一个词，Ἀλήθεια。因此，本章要借助此文本，尽可能梳理出海德格尔阐释下的 Ἀλήθεια 的意义，并指明其与"同一者"（以及存在问题）之间的关系。

在海德格尔的这篇讲稿中，有一个小的区分，我们需要预先指出。希腊语的"无蔽"一词的理解有两个基本的方向：首先，在巴门尼德的残篇中，Ἀλήθεια 和 Δίκη、Μοῖρα 分别是指三位女神，因此当首字母大写时，Ἀλήθεια 指的是无蔽女神；其次，首字母小写的 ἀλήθεια 一般译作"真理"，海德格尔直译为"无蔽"，因此当首字母小写时，ἀλήθεια 指的是"无蔽"。但实际上，这两个理解方向很难区分来开，于是还有一种特殊的情况。无论是大写还是小写，希腊语的"无蔽"从根本上讲是同一个词，其基本含义是一致的。如果从这个基本含义出发，兼顾女神之名和真理之意的话，仍然是采用首字母大写的 Ἀλήθεια。这样，后者就聚集了 Ἀλήθεια 的所有含义于一身。但也不难看出，在其中其主导作用的，仍是 ἀλήθεια 一词的词义。海德格尔也正是从此处入手的。

真理的转换与隐失

"真理"（Wahrheit）一词，希腊人写作 ἀλήθεια，罗马人写作 veritas。海德格尔认为，两词虽同为真理，其意义却不同。而且，在希腊人的"真理"与罗马人的"真理"之间发生了至关重要的转换，其后果就是希腊人的无蔽意义上的真理（ἀλήθεια）隐失了，取而代之的是罗马人确定性意义上的真理（veritas）。本节正是对这一转换与隐失的梳理。

从字形考虑，海德格尔认为，ἀλήθεια [无蔽] 首先给出了两条进入其意义的指示。ἀλήθεια 由 α- 和 λήθεια 构成，前者是一个否定前缀，后者的基本意思是"遮蔽"。如果我们关注后者就会意识到，对希腊人而言，作为无蔽的真理是与遮蔽相关的。单从字面上讲，真理就将遮蔽包含在自身之中。如果关注前缀，就不难了解真理是对遮蔽的否定，是从遮蔽那里争而后得的东西。这两条指示说明了真理与其反义词遮蔽那对立的但又极其密切的关系（*Parmenides*，页15）。

由此，便有了第三条指示：真理本身处在一种对立关系之中，它具有争执性（同上，页18）。这意味着不能将真理与其反义词遮蔽割裂开来，而单单只讲真理。也即必须从真理与其对立面的不可分性出发来理解真理。

但在希腊以降的西方传统中，真理的反义词却不叫"遮蔽"，而是"谬误"（falsch）。而且很明显，"遮蔽"与"谬误"两词在拼写上毫无相似之处（同上，页21）。这是不是意味着"遮蔽"或"谬误"其中必有一个是"错误的"？在希腊人那里，真理的反义词的基本含义又是什么呢？我们暂且对此不置评断，然后看看追踪海德格尔的思路又能帮我们了解些什么。

在这里有必要插一句，我们已经在引言中指出，海德格尔早在十九世纪20年代就已经注意到了谬误的问题。他试图从本质渊源处去思考"谬误"的努力在此得到了充分的体现。

德语中的谬误写作falsch。海德格尔从词源学的角度作了考察，并认为它来自拉丁语的falsum［谬误］，而拉丁语的falsum则是对希腊语 ψεῦδος 的翻译。很明显，ψεῦδος 在拼写上也与 λήϑεια 毫无相似之处。那么如何理解 ψεῦδος 呢？其实它可以加上否定前缀，变成 ἀψεῦδος。Tὸ ἀψεῦδος 的意思是"不带谬误的东西"。一般来说，不带谬误的东西就是真的东西（同上，页22）。这样一来，ἀψεῦδος（不带谬误的东西）和 ἀληϑές（无蔽的东西）就有了相似的词语结构。那么，ψεῦδος 和 λήϑες 的基本意思是什么呢？

从 λήϑες 这一方面考虑，它与词根 λαϑ- 相关。根据海德格尔，λανϑάνω 的意思是"我是隐藏的"，λαϑών 的意思是"隐藏地"、"以一种隐蔽的方式"，λαϑόν 的意思是"隐蔽的东西"。因此，词根 λαϑ- 的意思就是"隐藏"，也即"遮蔽"。从"遮蔽"的角度来思考 λήϑες 是可行的（同上）。

而在 ψεῦδος 这里，海德格尔认为也应当从"遮蔽"的角度来思考，而不是从后世的"谬误"的角度。为此，他提出了一个英语词 pseudonym［笔名、假名］。这个英语词保留了希腊词语 ψεῦδος 和 ὄνομα［名字］的踪迹。假设现在要对 pseudonym 进行翻译，我们就不能从"谬误"的方面将其译为"错名"、"误名"，而只能译作"托名"、"伪名"或"假名"等。但无论译作"伪名"、"托名"还是"假名"，该词都不是作为"谬误"的名字，而是作为掩盖、掩饰、伪装的名字（同上，页 29-30）。因为，pseudonym 的出现"遮蔽"了本来的名字，使其隐藏了起来。因此，ψεῦδος 不仅应当从遮蔽的方面来理解，其意义也与"谬误"有很大的差别。

可是，如何理解罗马人的 falsum［谬误］呢？海德格尔指出，falsum 与 fallo 同源，其词根是 fall，可以关联到希腊词 σφάλλω。后者一般译作"欺骗"，基本意思是"使倾覆、带向衰败、使摇晃、使倒下"。在"欺骗"这个理解的方向上，它意味着"使某人或某物摇晃、动摇、倒下"，"使某人步履蹒跚地误入歧途"。而使人误入歧途首先就要求提供并显示出某些东西，然后才会有人依照这些东西误入歧途（同上，页 39）。因此，σφάλλω 在最一般的意义上是一种"提出"，但这种"提出"是为了误导，并因此才是一种"欺骗"。

反过来，σφάλλω 的反义词就应该意味着对这种"欺骗"的克服。也就是说，既不会被这种欺骗引入歧途，也不会在这种欺骗中被击倒。一切都应该是稳固的、确实的、确定的。罗马人称其为 certitudo［确定性］。

可为什么要从 falsum 来理解罗马人的谬误观呢？falsm 是罗马人理解"谬误"并进而理解真理的本质方式吗？海德格尔举 Imperium 一词作了解释。Imperium 在德语中通常意为"帝国"，和拉丁语的"帝国"拼写相同。① 根据海德格尔的考察，Imperium 的基本意思是"命令"（Befehl），后者义同"覆盖"。这个"覆盖"最基本地意味着把某人或某物交托给一种覆盖。比如，把死者交托给大地，就是让死者进入大地的覆盖和庇护之中。但在罗马人那里，这一"覆盖"具有主体性的因素，也就是说，被覆盖者不是被交托给大地，而是被交托给主体。这样，Imperium 就成了被安排、被占据、被支配的领土，处于主体的"覆盖"之下。由此而来，它就要求这一领土上的他者的服从。于是才有了"统治"和"帝国"的含义（*Parmenides*，页40）。

于是，基于这种"覆盖"，我们就可以更好地理解恺撒的那句名言：

  Veni, vidi, vici
  我来到，我看见，我征服。（同上，页41）

这个"我看见"，从"覆盖"的角度来讲，就是一种"俯视"。征服者的胜利就建立在这样一种"俯视"的基础之上。它要求一切受俯视者首先应当被击倒（falsum），然后被"覆盖"，

---

① 罗马人就是以帝国著称的，这一词语也来源于他们。

进而被统治。因此，这种"看"已不是希腊人的无蔽地"看"，而是主体对客体的"俯视"，被俯视者作为客体被纳入到主体的活动之中。

因此，falsum虽然是对 ψεῦδος 的翻译，但二者却相去甚远；虽然都可理解为"欺骗"，但后者是基于隐匿的欺骗，前者则是以击倒和统治为目的的欺骗。如果分别以希腊人和罗马人的方式来"看""他悄无声息地来到"，那么结果也是大相径庭：希腊人会"看"成"作为一个来到的人，他是遮蔽的"；罗马人会"看"成"作为一个来到的人，他欺骗了（其他人）"（同上，页42）。

"看"的方式决定了"看"的结果。

罗马人把"谬误"（falsum）思为"使倒下"，因而他们的真理就建立在确定性（certitudo）的基础上。verum［真实］、veritas［真理］共同的词根 ver- 意味着在 falsum 面前维持自身、保卫自身，进而成为稳定的、稳固的。这种稳固的结果就是保持"直立"（词根 rect）。于是罗马人进一步把 veritas［真理］思为 rectitudo［公正］，把 verum［真实］思为 rectum［权利］，确定性就进一步成为了正当性（同上，页45以下）。现在，我们看到，无蔽之真理的意义经过了这样的转换，最后终于隐失了。

如果联系第一章第一节，我们就会意识到，这一过程与海德格尔概括的三种视角是一致的。经过希腊化时期和罗马时代的转换，笛卡尔的哲学正是建立在确定性之上的，黑格尔最终使"真理"成为绝对精神的自我确定，而科学主义则进一步在确定性的基础上建立了正当性。

不过，更加重要的是，如果罗马人的真理不是希腊人的真理，罗马人的谬误不是希腊人的遮蔽，那么什么才是希腊人的遮蔽，进而什么才是他们的真理呢？

遮蔽的本质意义

在第一节中，我们借由海德格尔阐释梳理了"真理"及其反义词的转换与隐失，并着重强调了希腊人的"遮蔽"与罗马人的"谬误"同为真理的反义词，实际意义却有巨大差异。罗马人把谬误思为"使倒下"并因此把真理思为确定性。接下来就要面对第一节末尾提出的问题，即什么是希腊人的"遮蔽"。

实际上，在上一节中，我们已经遇见了两种遮蔽的形式。$\psi\varepsilon\tilde{u}\delta o\varsigma$，一般译作"欺骗"，但这种"欺骗"是从"隐藏"和"遮蔽"的角度来说的。比如，作为一种"欺骗"名字就是pseudonym，即托名、笔名。这个托名出现时，就发生了对本名的遮蔽。而$\sigma\varphi\acute{a}\lambda\lambda\omega$则是一种"提出"，提出某些东西以期达成误导或使某人倒下、绊倒。这种"提出"有意遮蔽了某些东西，以实现自身——"使倒下"。

另外，海德格尔指出，还有一个表示遮蔽的词语$\dot{a}\pi\acute{a}\tau\eta$，一般也译作"欺骗"，但这种"欺骗"是从道路的角度来说的。Ἀ-$\pi\acute{a}\tau\eta$除去否定前缀a-之后的部分，即$\pi\acute{a}\tau\eta$，意味着"行走"、"在路上"。而$\dot{a}\pi\acute{a}\tau\eta$说的是一个人偏离他行走的道路而走上了歧途。在这种"误入歧途"中，通向无蔽者的道路被遮盖或扭曲了，因而也构成了一种遮蔽（同上，页66）。

不难注意到，以上所说的三类遮蔽在意义上比较相近，甚至有重叠之处，看上去不是一种很好的"分类"。其实，"种类"只是我们不得已而为之的说法。希腊人也不曾对遮蔽的"种类"作过划分。问题在于我们早已习惯于把同一个东西的不同的显现方式划分为类别。以上三种"类别"的遮蔽都是掩饰、扭曲意义上的遮蔽，但海德格尔认为这些并未穷尽遮蔽的意义——"每一种隐藏与扭曲都是一种遮蔽，但并非每一种遮蔽都是掩饰与扭曲上的隐藏"。① 难道是我们列举得不够吗？

在上一节中，我们还提到了一种关乎人的遮蔽，即大地对死者的庇护。在《命运》一文的末尾，海德格尔也提到了死亡，并称之为"最高的庇护"。但在那里，"死亡之庇护"几乎是作为一个问题留下来的。而在这篇讲稿中，海德格尔则比较清晰地说明了死亡与遮蔽的关系。他认为："对希腊人而言，死亡并非是一个生物学的过程，出生也不是。出生和死亡从解蔽和遮蔽的领域获得其本质。"也就是说，希腊人从遮蔽的角度来思考死亡。死者被交托给大地，受到大地的遮蔽与庇护。大地的本质就来自遮蔽（同上，页60）。相比之下，罗马人则把大地视为与海洋相对的旱地，主体以征服的方式"覆盖"大地，使之成为"领土"。由此可见二者之差异。

与大地类似的还有"夜"。夜的降临使无蔽者隐没入黑暗之中，受到夜的庇护。这也是一种遮蔽。另外，毁灭也是一种遮蔽。被毁灭者逝去了，从其在场中退出，成为了不在场的东西。毁灭发生的同时，也完成了对在场的东西的遮蔽（同上，页62）。

还有一种遮蔽比较特殊。它不是掩饰，也不是消失，而是保存。保存关乎稀有的东西。我们通常会设法追逐、占有并保存稀有的东西。不过，真正的保存并非主体的占有，而是让其保持原

---

① *Parmenides*，前揭，页59。其实，这也回答了我们在第二章第一节的第四段提出的问题：遮蔽与谬误其实处在同一源流之中，谬误中体现着遮蔽。

本的状况（同上）。在这种"让保持"中，稀有的东西在追逐和占有面前受到了遮蔽，海德格尔有一个更合适的词来形容这种遮蔽——守护（《路标》，页425）。

海德格尔在《命运》中把"同一者"称为"谜"（《演讲与论文集》，页261、267）。"谜"也是一种遮蔽，这是显而易见的。把"同一者"称为"谜"似乎意味着接下来要解这个谜。但海德格尔其实想说的是，我们的科学与知识学太执着于解谜了。每一次科学的重大发现似乎都是完成了一次解谜，长此以往，好像所有的谜都终将解开、所有的谜都终会消灭一样。但解谜的问题在于它不关注谜本身，而是不断地对谜发起"进攻"，揭示它、摧毁它，以期达成对谜的"征服"。在海德格尔看来，解谜本身就是一种遮蔽，因为它强迫"谜"离开其本质性的遮蔽状态，走入光天化日之下，却忽略了谜如何成其为谜。在解谜中，谜已不再是谜。由此，构成了对谜的进一步遮蔽，使之成为一个更大的谜（*Parmenides*，页63）。

不难注意到，我们的列举已超出"外表显示"的范围。遮蔽似乎有着无穷的"种类"，列举也可以无限进行下去。不过，这也从一个侧面反映出"种类"这一说法的不当之处。因为我们无法通过列数、分类、归纳、计算的方式得出遮蔽有多少种。情形倒更像是，在各种各样的存在者那里，到处都体现着遮蔽。就算我们从历史的角度来考察遮蔽，情况也是一样。诚然，对海德格尔而言，遮蔽是历史性的东西，它关乎"古之最古者"的问题，也关乎历史之为历史的问题。但它绝不是历史学的问题。因为在海德格尔的看来，历史学试图从时间的遮蔽中争夺出过往的表象，并将其如当下之物一般呈现出来。历史学由此并未触及遮蔽，反倒体现了遮蔽的支配力量（同上，页64）。

我们列举了这么多遮蔽的"种类",但严格地讲,它们都体现着遮蔽,却不是遮蔽本身。那么,遮蔽本身的情形如何呢?我们如何能够以一种解蔽的语言去说明遮蔽呢?海德格尔坦承其中的艰难,他花了大量的篇幅来讨论这一问题。我们在此仅提取三个较重要的说法,它们都以一种类似的方式暗示了遮蔽本身。

首先是遗忘。遗忘是我们日常生活中到处都能接触到的经验。通常所理解的遗忘是一种主体行为,意味着作为客体的某些东西逃离了我们的记忆,或者作为主体的我们记忆发生了错乱。对于这样的情况,我们自己有时知道,有时不知道。当我们不知道自己遗忘了某些东西时,就达到了一种更深层次的遗忘。在此情形下,不仅被遗忘者被遗忘了,就连这种遗忘也被遗忘了——我们遗忘了遗忘本身。但海德格尔认为,对希腊人而言,遗忘并非主体的行动,而是一种遮蔽。被遗忘者是已经落入遮蔽之中的东西,人同样也会落入遮蔽之中。当人落入作为遮蔽的遗忘之中时,遗忘对于遗忘者而言保持遮蔽。此时的遗忘就真正成为一种遗忘,它作为一种遮蔽而遮蔽自身(同上,页71以下)。

其次是"无表示的云"。云和上面的遗忘同样是一种常见的生活经验。当浮云蔽日之时,云就遮蔽了太阳。在此,云作为一个遮蔽者显示了自身。但"无表示的云"却要求云不显示自身。"无表示"意味着云必须使自身保持遮蔽。而且也只有在此种情形下,"无表示的云"才真正构成了一种遮蔽——它不仅遮蔽太阳,也遮蔽自身。就算是太阳的光芒也不能使其显现(同上,页81以下)。但这终究是一个比较难理解的说法。

为此,海德格尔还提供了一处更容易理解的表达。它位于《理想国》卷十的末尾:

> 从这里他们走到勒塞（Λήϑη）的平原，经过了可怕的闷热，因为这里没有树木和任何植物。傍晚他们宿营于阿米勒斯（Ἀμέλης）河畔，它的水没有任何瓶子可盛。他们全部都被要求在这河里喝规定数量的水，而其中一些没有智慧帮助的人便饮得超过了这个标准数量。一喝这水，他们便忘了一切。他们睡着了。①

这段话是复活了的战士厄洛斯对自身灵魂之旅最后一程的描述。其中最引人瞩目的便是阿米勒斯河的河水。因为它有一种非比寻常的特质——"没有任何瓶子可以盛"。而饮用这水的结果是"忘了一切"、"睡着了"。

海德格尔提示我们关注这种河水的本质及其与遮蔽之间的关系。"遗忘"与"昏睡"都是某种遮蔽，正是阿米勒斯河的河水使这种遮蔽得以发生。换言之，这河水本身就是一种遮蔽，它使人落入遮蔽状态之中。不仅如此，这河水还遮蔽自身，因为"没有任何瓶子可以盛"它。面对盛水的容器，它拒不给予自身，使自身保持遮蔽。另一方面，我们注意到，阿米勒斯（Ἀμέλης）本身意思是"疏忽"，它也是勒塞平原上的一条河，勒塞（Λήϑη）意味着"遗忘"。阿米勒斯河水的与众不同恰恰是由于它处于"遗忘"平原之上，它从"遗忘"（Λήϑη）处获得其本质（Parmenides，页118以下）。而我们之前已经反复提到过，遗忘本身就是一种遮蔽。也无怪乎海德格尔把 Λήϑη 视为言及遮蔽的重要词语。

---

① 柏拉图，《理想国》，郭斌和、张竹明译，北京：商务印书馆，1986，页426。

通过这三个例子，我们已经不难注意到，遮蔽不仅能使人或事物进入遮蔽状态，更重要的是，它使自身保持遮蔽。或者不如说，唯有从一种自行遮蔽的遮蔽而来，一切遮蔽才得以发生。因此，任何对于遮蔽现象的表象式描述，都不如对遮蔽的直接表达来得贴切。关于遮蔽，我们最好说：遮蔽遮蔽自身。①

但问题也随之而来，遮蔽遮蔽自身，在作为自身显示并成其为自身的意义上，难道不是一种无蔽吗？

另一个值得注意的地方是，在厄洛斯的叙述中，为什么需要"智慧"来帮助人们饮用"遗忘"之水呢？这样一种"智慧"是什么样的智慧呢？

"无蔽之不动心脏"与思的来源

在上两节中，我们以海德格尔的讲座稿《巴门尼德》为指引探问了遮蔽，并认为遮蔽的本质特征就是遮蔽遮蔽自身。但随之就有了一个棘手的问题：遮蔽遮蔽自身，难道不是一种无蔽吗？另外，我们还由《理想国》卷十的一处引文，提出了一个看似无关紧要却引人深思的问题：关乎"遗忘"之水的"智慧"是一种怎样的智慧？在本节中，我们将由第一个问题出发来探讨"无蔽之不动心脏"以及"二重性之展开"的问题，此二问题我们在第一章中屡次谈及但未加解释。而在此过程之中，第二个问题也会渐渐明朗起来。

"遮蔽遮蔽自身"是否是一种无蔽？这个问题看似令人不知所措，但在此，如果我们认可这一说法，那么我们就掌握了思入无蔽之源初本质的"钥匙"。"遮蔽遮蔽自身"开启出一种对无

---

① 这是一个重言式的表述，其中暗含着同一者的踪迹。

蔽的更深入的理解，它贯通着对遮蔽和无蔽的思考。因此，海德格尔才会说："表面上纯粹的澄明是由黑暗的东西所贯通和支配的"（《演讲与论文集》，页 260）。那么由遮蔽所开启出来的无蔽的情形如何呢？

我们对无蔽的一般理解其实是基于对无蔽者的理解。在这里，无蔽意味着无蔽者如其所是地显现出来。我们由无蔽者的可见的无蔽状态来思考无蔽。因此，这里的无蔽仅仅是由肉眼的观看得来无蔽者的无蔽。但由"遮蔽遮蔽自身"所开启出来的无蔽，就不再是一种可见的无蔽状态了。我们可以思考它，但却无法在无蔽者之中找出它。在海德格尔看来，"无蔽"（Unverborgenheit）这个对 $A\lambda\eta\vartheta\varepsilon\iota\alpha$ 的翻译已经变得不够贴切，不能够表达 $A\lambda\eta\vartheta\varepsilon\iota\alpha$ 的全部含义了。于是，他转而称之为"澄明"、"敞开"或"自由"。不过，这"澄明"不是可见的光，却比光更本源，它使光成为可能；这"敞开"不是大门的敞开，却比门之敞开更本源，它使门之敞开成为可能；这"自由"亦不是人的自由，却比人的自由更本源，它使人的自由成为可能。① 在这种"澄明"、"敞开"或"自由"中，一切都成其为自身，一切都与自身同一。于是，在这种源初的无蔽之中，同时发生着无蔽者的自行解蔽和遮蔽的自行遮蔽。那么，此二者的关系如何呢？

其实，它们并非两个东西，而是共属一体，是同一个东西互为表里的两面。因为如果遮蔽不遮蔽自身，无蔽者就会隐没入遮蔽之中而无法实现自身的解蔽；而在无蔽者显现的地方，遮蔽就

---

① 其实，我们汉语中有一个更合适的词：自然。

退入自身之中,遮蔽自身。因此我们这里需要一种更简明的写法来体现这种"一体两面"的关系——无蔽者/遮蔽。① 写在斜杠前面的意味着显示在前的东西,反之则是隐藏在后的东西,因而这个斜杠的本质就是"显即隐"。

如果我们将上述写法颠倒一下,写作"遮蔽/无蔽者",就意味着遮蔽现象的发生。我们可以适当回顾一下上节中提到的若干"种"遮蔽现象。夜幕降临时,"遮蔽/无蔽者"就意味着无蔽的东西隐没入黑暗之中,黑暗显示出来。当一件事物被毁灭时,"遮蔽/无蔽者"就意味着这件事物(即无蔽者)进入了不在场,成为了不存在的东西,而剩下显示出来的"空无"。

不仅如此,还有着一种更深层次的遮蔽。我们以"解谜"为例。解谜执着于争夺无蔽者而不顾"谜之为谜",并把无蔽者当作"解蔽"的唯一结果。由此,解谜活动不仅完成了对谜的遮蔽,同时也完成了对这种遮蔽活动的遮蔽。一种非对象化的表述就是:不仅谜自行遮蔽了,谜之自行遮蔽也同样自行遮蔽了。是为"双重遮蔽"。② 我们可以勉强写作"无蔽者/(无蔽者/遮蔽)",它意味着"无蔽者/遮蔽"这种互为表里的一体性隐去了,而只剩下解蔽出来的无蔽者。

当我们了解了这一写法的意义时,实际上,我们就已经接近了"二重性"。如第一章第三节所述,二重性(Zwiefalt),就字面意思来说,意味着交叠着的共属一体,即交叠着的同一。而在

---

① 这一写法受启发于我的导师张志扬教授。若有使用不当,则实属我自己的误用。

② 关于双重遮蔽,可参看张志扬,《西学中的夜行》,上海:华东师范大学出版社,2010,页114以下。

"无蔽者/遮蔽"之中,无蔽者之解蔽与遮蔽之遮蔽正是交叠同一着的。不仅如此,在第一章中所谈到的巴门尼德的三个关于存在的词语,ἐστίν、εἶναι 和 ἐόν,同样可以以这种方式书写一番。

首先,我们可以得到 ἐστίν/εἶναι,它意味着在存在者存在的地方,我们找不到存在。在终有一死的人的日常觉知中,只见存在者,不见存在。然后,我们可以颠倒一下,写作 εἶναι/ἐστίν,它的意思是说,在存在者隐没的地方,才有不可见的存在的现身。诚如海德格尔自己所说,在存在者与存在之间,有一种"不"(《路标》,页142、424)。在此,我们认为,这种"不"需要从"遮蔽"的角度来理解。如果我们联系第一章中对 ἐστίν 和 εἶναι 的讨论,就会发现上述两种写法说的正是"二重性"。

另外,我们还可以参照"解谜"来得到两种特殊的写法,即 ἐστίν(ἐστίν/εἶναι)和 εἶναι(ἐστίν/εἶναι)。前者意味着如果我们只关注存在者而不顾存在,二重性就会隐失,世界就仅仅显示为存在者的世界,也可写作 ἐστίν/ἐόν;后者则是说如果我们不顾存在者,而把存在当作显明的东西来看待的话,二重性同样会被遮蔽,存在就会成为思想中的一个空洞的概念,也可写作 εἶναι/ἐόν。

由此,我们看到,无论是在无蔽还是在存在之二重性那里,隐而不显的东西(斜杠后面的部分)都是至关重要的,都必须如其所是地被思考为隐而不显的东西。如果我们不能从共属一体的角度去理解这种"显/隐"二重性,就会发生二重性之隐失,亦即无蔽之转换与隐失。存在之二重性和无蔽在这里显示出极其密切的关系。那么二者的关系究竟为何呢?

海德格尔在1973年冬季的一篇短文中挑明了这一关系。在当时的研讨班上,他几乎一字不漏地宣读了《思的来源》一文。在文中,他认为,二重性(ἐόν)就是无蔽之不动心脏,"后者通过彻底的解蔽跳动于各处，完全地协调于它（无蔽），但自身却静止、持存、本现"（*Four Seminars*，页95）。

让我们关注这一形象的说法。"无蔽之不动心脏"跳动的方式是解蔽，这解蔽在原初的意义上不仅是无蔽者之解蔽，也是遮蔽之解蔽，即遮蔽遮蔽自身。它提供出无蔽之解蔽，在每一下跳动中，它都"泵出""无蔽者/遮蔽"，并以"遮蔽/无蔽者"要求一种回返而准备着下一次跳动。二重性在其中起到了支配的作用。但二重性本身并不发生任何变化，它在寂静中持存，并在每一次"泵出"中"给出"自身（本质现身）。

"它给出"（es gibt）这一说法常见于海德格尔的著作，他试图由这一无人称句式思入存在问题（《面向思的事情》，页6）。现在，在我们的探讨中，这一说法变得明朗了。德语的这一无人称句在巴门尼德那里也有类似的一句话：ὡς ἔστιν，它存在。①海德格尔指出，这是 ἔστιν 的一种特殊的用法。在这里，它指的不是存在者，而是二重性。也就是说，二重性存在（ἔστιν），它在持存和本质现身中"给出"自身。于是就有了"二重性之展开"。

何为"二重性之展开"呢？自身交叠着的二重性（Zwiefalt）只能展开出在它自身中交叠着的东西，即存在者（ἔστιν）与存在（εἶναι），亦即无蔽者与遮蔽。在二重性之展开中，交叠着的东西各自铺展，分别作为它们本身呈现——存在者存在，非存在者不存在；无蔽者解蔽，遮蔽遮蔽。这不正是源初意义上的无蔽吗？也难怪海德格尔会说："在二重性之展开过程当中，起支配作用的也是解蔽"。

---

① 即残篇第八行1。《前苏格拉底哲学家》，前揭，页383。海德格尔的解释，可参看《四个研究班》，前揭，页95。

但是，也正是在二重性之展开中，有着一种危险。因为在存在者因解蔽而显示为无蔽者时，存在却因解蔽而遮蔽了自身。如果终有一死的人缺乏一种"思"（Denken）而不能关注到这种自行遮蔽的话，他们就会把无蔽者的解蔽当作存在本身，而不能将无蔽者之解蔽思为"无蔽者/遮蔽"，进而不能将存在本身思为二重性。由此一来，就会发生海德格尔所说的"二重性之失落"（Wegfall der Zwiefalt）。这里的"失落"（Wegfall），根据字面的意思，就是"引入歧途"，其实质就是一种遮蔽。

紧接着的问题就是，这种"思"是一种什么样的思呢？或者就其更源初的意思来讲，终有一死的人应当关注什么，才能守住二重性而不至"失落"呢？实际上，在前面《理想国》的引文中已经暗示出了这一点："智慧"帮助人恰当地饮用"遗忘"之水，就说明"智慧"能够恰当地把"遗忘"思为"遗忘"。换到我们当下的语境，这就是在说，"思"必须将"遮蔽"如其所是地思为"自行遮蔽"，才不会发生二重性之失落。而且我们已经知道，只有在一种源初的无蔽之中，遮蔽才遮蔽自身并以这种遮蔽协调于无蔽之解蔽。于是，"思"就必须是一种源初的"解蔽"。这也印证了我们在第一章所说的，"思"从无蔽处获得其本质。无蔽（Ἀλήθεια），亦即二重性（ἐόν），就是思的来源。

在《命运》一文中，我们还不难发现，海德格尔早已指出作为二重性的"思"的本质特征。"思"，以我们简明的方式书写，就是"所思/思念"。① 在思的活动中，"所思"显示出来，进而诉诸日常语言的表达；"思念"则遮蔽自身。不过，这种遮

---

① 对应于第一章第三节对"思念"（Andenken）的注释。关于思念之保存，可以参看《路标》，前揭，页426。

蔽并不是掩饰或消失意义上的遮蔽，而是保存意义上的，我们之前的探讨称之为"守护"。这种"守护"诉诸语言就不同于"所思"之"所说"，而是一种具有遮蔽特质的语言——"沉默"。因此，"沉默"在海德格尔那里是思者道说存在本身的语言，在"思念"和"沉默"中，思着的人才能实现二重性之"守护"。

至此，我们借由对遮蔽的探讨触及了无蔽的本质，尝试性地回答了"无蔽之不动心脏"和"思的来源"的问题，"存在与思想同一"的问题也在无蔽的意义中变得更加明了。我们也看到，经过对无蔽的进一步理解，同一者（$\tau\grave{o}$ $a\dot{v}\tau\grave{o}$）作为对存在本身的指示，其意义变得更加丰富了。首先，它指示着存在者（无蔽者）与自身同一，进而它作为无蔽意味着一种更广泛的同一，囊括了遮蔽本身的同一；其次，思作为一种解蔽与存在同一；最后，同一者（$\tau\grave{o}$ $a\dot{v}\tau\grave{o}$）与无蔽（$A\lambda\acute{\eta}\vartheta\varepsilon\iota a$）说的实际上是同一个东西，它们都指向存在本身。

三　命运之分派

在上一章中，我们实际上已经完成了本文最重要的工作，即对无蔽的意义和二重性之展开的探讨，进而同一者的意义也得到了进一步的探问。在本章中，我们将讨论"命运"。这不仅是要对核心文本给出一个适当的题解，而且惟其如此，我们才能够获得一种看待存在问题的历史性的维度。因此，本章写作方式也将有所不同，我们将不会过多地专注于细微的阐释和讨论，而是致力于在二重性的基础上拓展出较宽泛的视野，以期对海德格尔的巴门尼德阐释达成一种贯通。

$Mo\tilde{\iota}\varrho a$［命运］，海德格尔译作 Geschick［命运］。与 $A\lambda\acute{\eta}\vartheta\varepsilon\iota a$

类似，它在巴门尼德的诗篇中也指一位女神；μοῖρα 意为"分派、遣送、分发"，海德格尔也正是着眼于这一词义来翻译的。

在下面的讨论中，我们就由巴门尼德提及"命运"的片段出发，尝试去回答：海德格尔阐释下的命运的意义为何？在从 Moῖρα 到 Geschick 的"转渡"①中，他思及了什么？另外，还有我们在第一章末尾留下的问题：人与存在的关系为何？

二重性之命运与存在之历史

Moῖρα 一词在巴门尼德的残篇中并不显眼，只出现过一次。但海德格尔却将 Moῖρα 出现的那句话称作"句子中的句子"、"句中之最"？是什么才让海德格尔给出如此高的评价呢？这个句子是：

> ……因为命运（Moῖρα）已经把它（存在者）捆在一起成为不可分割的不动的整体（W.克兰茨译）②

在上述引文中，尚不明确的就是这个"它"，因而对它的解释也就至关重要。克兰茨的译文中注明了他对这个"它"的理解，"它"指的是存在者。但海德格尔不这么认为，他说："巴门尼德谈论 ἐόν，谈论［在场者之］在场，谈论二重性，而绝不谈论存在者。"那在他看来，这个为命运所"捆缚"的"它"指

---

① "转渡"（Ubersetzen）在海德格尔看来是一种本真的翻译，它把人"转渡"到语言的本真含义处。Parmenides，前揭，页 11 以下。另见《林中路》，前揭，页 364 的译者注。

② 《演讲与论文集》，前揭，页 273，引用时删去了希腊引文。

的是什么呢？

在《命运》一文中，海德格尔有两处提及"捆缚"。第一处："作为二重性的 ἐόν 被释放到 Moῖρα [命运] 的系缚之中"；第二处："命运把在场者之在场解放到二重性之中，并因而把它捆到二重性的整体和宁静之上"（《演讲与论文集》，页 275）。在第一处，"被捆"的是"作为二重性的 ἐόν"，在第二处，则是"在场者之在场"。这似乎是矛盾的。但如果我们考虑到海德格尔如何看待在场者之在场，就不会认为有什么不妥。在场者（Anwesende）是海德格尔对 ἐόντα 一词的翻译。后者和 ἐστίν 所指涉的是同一个东西，只不过 ἐόντα 是从二重性（ἐόν）的角度来命名的，即在二重性之中得到思考的在场者。着眼于 ἐόν 才有 ἐόντα [在场者]。由此，在场者之在场不是别的，正是作为二重性的 ἐόν。

这样一来，巴门尼德这句话说的就是：命运把二重性捆在一起，成为不可分割的、不动的整体。后半句其实也暗示出这一点，"不可分割的、不动的整体"无外乎就是我们上一章讨论到的作为"无蔽之不动心脏"的二重性。而所谓"捆在一起"——从我们提供的对二重性的书写来看，即从"无蔽者/遮蔽"、"ἐστίν/εἶναι 来看——就是使无蔽者解蔽、遮蔽遮蔽的共属一体。如此一来，"分派"也就发生了。恰恰在命运之捆缚中，命运将解蔽分派给无蔽者，将遮蔽分派给遮蔽，由此将二重性展开出来。同时，这也是对二重性的解放，它使二重性获得"自由"（即源初意义上的无蔽），使它成为自身。

因此，"分派"无外乎和解蔽说的是同一个东西，但巴门尼德从"分派"的角度思考了存在本身，并命名出 Moῖρα [命运]，使得他成为了一个思考开端的思想家。因而，海德格尔也说："他命名了 Moῖρα [命运]，即分派（Zuteilung），后者在允诺之际

有所分发，因而把二重性展开出来。"（同上，页273）

但是，正如我们在第二章末尾所提到的，在二重性之展开中，有着二重性之遮蔽的危险。由于在西方形而上学的开端处，出于无蔽的思被转换成了仅对于外观（*ιδέα*）的观看（*ιδεῖν*），进而又成了仅仅对无蔽者的观看，于是开端性的思隐失了，继而发生了"二重性之失落"。无蔽之真理成了确定性意义上的真理，存在本身就被遗忘了。

海德格尔由此思及"历史"（Geschicht）。他说："历史乃是二重性之命运"（同上，页274）。这就是说，不仅二重性之展开，还包括二重性之失落，都是出于二重性之本质的支配。存在的历史就是二重性展开和失落的历史。在此过程中，遮蔽遮蔽自身，转换后的"思"却无能于思考自行遮蔽的东西。于是，二重性完成了自身的遮蔽，存在隐没入遗忘（*Λήϑη*）之中，西方形而上学的历史成了"遗忘存在的历史"。与此相应，一种形而上学式的历史学占据了历史研究主流。它只关注历史的显示却不在意历史的隐没，它将历史表象为无蔽者的历史（同上，页275）。在其中，人以技术向无蔽者发起"进攻"，试图将其纳入到确定性的真理之下，要求其"服从"于一种人为操纵的解蔽方式。①

于是，在海德格尔看来，在技术达成对存在者决定性的支配之处，形而上学就"完成"了，"完成"意味着"聚集到最极端的可能性中去"（《面向思的事情》，页69）。在这里，技术化

---

① 海德格尔将"技术"的这种解蔽方式称作"集置"（Ge-stell），人为的操纵只是"集置"的一种显示出来的方式，实际上，人已经受到这种解蔽方式的支配，并因而受到集置的摆置（Stellen）了。《演讲与论文集》，前揭，页19。

了的人就"登基"成为最高的存在者，真理就体现为对这个最高存在者的自我确定。在此，存在就聚集自身于一种极端的可能性（即"集置"）之中，其本质因而也隐没入至深之处，技术化了的人也不再成其为人。二重性之展开中的危险尽显。

但这种"末世论"式的描述却并不意味着绝望（《林中路》，页344）。正如海德格尔引用的荷尔德林的诗句一样："但哪里有危险，哪里也生救渡。"①或者倒不如说，危险与救渡就来自二重性那里。在二重性之隐没的至深处，亦即在有待思的东西的"扭身而去"中，思就被赋予了一种任务——二重性召唤着思，要求它去寻求那"思的事情"，亦即那在西方思想的开端处就已经显示并隐匿了的东西。

这个东西海德格尔称之为"开端"（Anfang）。在海德格尔那里，开端关乎"古之最古者"。"古之最古者"并不是一种计算性的时间上的古老，而是一种源初意义上的来源（Herkunft），它意味着一切（当然也包括思）之所从来并由之而成其本质的那个东西。"原初地来把握，开端就是存有本身"（《哲学论稿》，页62）。它"给出"并"召唤"开端性的思。在这一意义上，我们前面谈及的 Ἀλήϑεια、Μοῖρα、ἐόν 都一种开端性的思，而不是开端本身（同上，页63以下）。那什么才是开端？我们这样的问法本身就是危险的。因为我们试图由这个问题"确定"出开端之所"是"。而在存在之历史中，恰恰是在一种"确定性"的"是"面前，开端隐失了。开端不可"定"义，但可以指向和命

---

① 海德格尔曾多次引用荷尔德林的这一诗句。《演讲与论文集》，前揭，页28、35。另见海德格尔，《荷尔德林诗的阐释》，孙周兴译，北京：商务印书馆，2014，页21。

名。因而，在早先希腊之思中，巴门尼德命名出 Moῖρα［命运］，阿那克西曼德命名出 Χρεών［用］，赫拉克利特命名出 Λόγος［逻各斯］；在古希腊之思中（虽然带着危险），柏拉图命名出 Ἰδέα［相］，亚里士多德命名出 Ἐνέργεια［现实］。① 也因而，τὸ αὐτὸ［同一者］才能够作为一个指示词，指向开端——这个为希腊人所思考了的"更希腊"的东西。"从同一者到命运"意味着一条向着开端回返的思想道路，在这条道路上，巴门尼德思及作为开端的存在本身并作出了命名，海德格尔根据他所留下的"路标"同样踏上了这条道路。

在本节的最后，我们需要进行一番题解。命运，在一般性的思考中，被认作一种必然性的东西，但命运又是人难以预知和掌控的，于是它又被认作是一种偶然性的东西。当然，这绝非毫无道理。以我们提出二重性的方式来书写，命运就可以写作"必然/偶然"。这意味着在命运之分派中，"必然"作为显明的东西被人纳入到计算、技术和确定性之中，"必然"就解蔽为人对存在者的可支配性；而"偶然"则作为自行遮蔽的东西始终保持为偶然，它面对"必然"之解蔽而拒不给予自身，由此"保存"了命运对人的支配力量。人必不能超出命运，正如思必不能超出开端一样，因为前者总是由后者那里获得其本质，并因而成其本身。

面对偶然之为偶然，面对命运之分派，人能够并应当做些什么呢？对这一问题的回答同时也是对人与存在之关系的回答。在此，我们提取出海德格尔著作中一个并不显眼的词语——准备，也由此"着手"作一种思"出"海德格尔的"准备"（《演讲

---

① 《林中路》，前揭，页 372、388；《路标》，前揭，页 510。

与论文集》，页258）。

"准备"与人的本质

"准备"需要"着手"。我们把"准备"作为一个关键词凸显出来，正是从"手"的方面来考虑的。那如何去思考"手"呢？

巴门尼德提及"手"：

> 女神热情地欢迎我，用手把我的右手
> 拉着，我说了这样一番话：
> 哦，年青人……（《前苏格拉底哲学家》，页373）

κοῦρος［年青人］与Ἀλήϑεια女神初次见面时，他们的第一个动作就是握手，不是握了一下，而是"拉着"。κοῦρος由此与女神相接触，他们通过"手"关联了起来。随后，女神说出了她的话语——她以语言向人传达。她称呼这人作κοῦρος，意为年青人。不过，这个词在这里并不是指这个人年纪小，而是说这个人站在一段特殊旅程的起点处。[①] 这一旅程也不是从大门外进入女神的居所的旅程，而是女神在稍后提及的旅程——"你要学习一切，既有圆满真理不可动摇的核心，又有有死者的意见，真实的信念不在其中"（《前苏格拉底哲学家》，页373）。

[①] 彼得·金斯利，《智慧的暗处：一个被遗忘的西方文明之源》，梁永安译，兰州：敦煌文艺出版社，2009，页65-66。就目前掌握的资料看，海德格尔没有对κοῦρος一词予以更多的关注，因此我们援引其他学者的见解作为补充。

以我们前面借助海德格尔的阐释所思考得到的东西来理解，这就暗示着：这个人将要去学习无蔽所解蔽出来的一切，其中既有二重性之展开，也有二重性之失落。语言在这里就作为一种解蔽的形式。而"手"则决定性地将人与无蔽（亦即存在）关联了起来。那么，"手"在何种意义上是人与无蔽的关联呢？或许是由于文本的残缺，巴门尼德没有说明这一点，而海德格尔则作出了思考。

关于"手"，海德格尔说："手上手"（die Hand handelt）。这一重言式的表达，到现在为止，我们已经很熟悉了，它意味着"手"在解蔽中成其本身——"手"本质现身为"上手"。但手"上手"的方式可以是各种各样的。手可以抓握、捕捉、推动、拉扯物体，可以和别的手相互承接和传递。手可以把握、提携和指示。手还可以处理、表演、假装和操纵。简而言之，"手"可以做"手工活"（Hand-Werk）。但这"手工活"不应从其表象简单地理解为一种手的制作，而应从更宽泛的层面去理解。语言也是一种"手工活"，因为语言首先是手的"书写"，而不是声音；思同样是一种"手工活"，而且在海德格尔看来，"思本身就是人类最简单而又最难的手工活"。"手的每一个动作都植根于思。"因而，手的本质就植根于源初意义上的解蔽之中。① 也正是与手关联着，我们才说思"揭示"和"守护"。

"手"体现着人本质。它"拉着"思着的人进入无蔽之领域，使得以思考那在无蔽之中展开出来的东西（即二重性），并将存在本身"守护"（即书写）入语言之中。因而，在手的上

---

① Parmenides，前揭，页 84 以下。《海德格尔选集》，孙周兴选编，上海：三联书店，1996，页 1218。

手中，有手的本质，更蕴含着人与存在的本质关系——存在招呼并需用着人，人守护着存在。在这种本质关系中，人才获得了他的本质规定，成为了思着的、在着的人。

最后的问题是：着眼于"手"，我们如何去思考一种"准备"，又如何准备一种思"出"海德格尔的"准备"呢？海德格尔对"手"的阐释启发我们以最切近的方式去关注最切近的手。在这里，就在这里，最切近的手却并非巴门尼德诗篇中提到的"手"，也不是海德格尔阐释下的"手"，而是这双正在书写着的手。① 曾经，一双写希腊语的手写下了巴门尼德的诗篇，一双写德语的手写下了海德格尔的阐释，现在一双写汉语的手正试图写下关于此二者的思考。这本身就是一件令人惊讶的事。但是，这也提示出"手"的差异。虽然它们都能够传递、承接、牵引、守护，简而言之，它们都能够上手，但它们书写着不同的语言，也将实现不同的"守护"。然而，仔细一想就会发现，这双写汉语的手在此书写的并非自身的"守护"，它只是将别的手的"书写"又书写了一番。但这种书写也并非毫无意义，它应当理解为另一种"准备"。在海德格尔那里，"准备"意味着"准备一种已经向开端觉醒了的思想的到来"；而在我们这里，"准备"则是着手去准备一种"准备"之可能。

结语 一个"寓言式的导言"

海德格尔的巴门尼德阐释具有相当的特殊性，这也是其难

---

① 本文的初稿是手写的。之所以如此，不仅是因为个人习惯，也是因为读到海德格尔认为手写才与人的本质相关联，打字则切断了这种关联。可参看 *Parmenides*，前揭，页 84 以下。

点和魅力所在。在结语部分,我们将尝试探讨这种特殊性及其意义。

其实,在本文的第一章第三节和第三章第二节,我们已经能够明显地感受到这种特殊性,即海德格尔对巴门尼德存在之思的阐释,呼应于巴门尼德整个诗篇(尤其是残篇第一)的情节。这也就是说,对海德格尔而言,巴门尼德对存在的思考不仅仅体现在女神的言辞之中,更体现在整个场景之中。因此,如何理解集中描述这场景的残篇第一就显得尤为重要。

在此我们以黑格尔作为参照。在黑格尔看来,残篇第一是一个"寓言式的导言",其意义在于"揭示给我们当地的风俗",体现了一个"强有力的灵魂"与本质"搏斗"并试图"掌握"这本质的过程。随后,他不加讨论地引用了残篇第一的全文,并直接转入了对女神言辞的讨论(《哲学史讲演录》,页292)。显然,黑格尔并不看重这一"导言",认为其仅仅是一种出于"风俗"的神话式的表述。因此,他跳过了这一部分。

而海德格尔则注意到了残篇第一对于女神言辞的决定性作用,前者指明了女神之"口授"和思者之"听取"在何种情形下发生。这个"寓言式的导言"以一种"神话"的方式"道说"了存在之解蔽所发生的领域。这一领域,由于狄刻的原因,首先就具有某种锁闭的特性。根据海德格尔,"狄刻"($\Delta i \varkappa \eta$)意味着"命令",不过这个命令不是出自人,而是出自存在本身(*Parmenides*,页92)。它要求人"听取"而不是"揭示"。人唯有听从这一"命令",才能进入无蔽女神的居所,听取女神的口授。而这一"导言"也正如狄刻一般把守着通往巴门尼德的存在之思的大门。因为如果没有这一"导言",或者它出于某种原因被忽略了,那么女神的言辞就仅仅呈现为一种出自巴门尼德之手的说教。

何以海德格尔能够意识到这一点呢？我们认为对"神话"的理解决定性地促成了海德格尔阐释的特殊性。在他看来，"神话"并非来源于"风俗"，也不是处于蒙昧时期的人类对其周遭世界的宗教性表述，而是由存在分派给人并由人守护入语言之中的存在之思（同上，页78以下）。简而言之，"神话"在源初的意义上是对存在的"道说"。因而，在他那里，这一"导言"同样"道说"着存在，而且发挥着至关重要的作用。

由此，我们可以看到，对残篇第一的理解集中体现了海德格尔的巴门尼德阐释的特殊性。而后者取决于他对"神话"——"神话"的背后是传统——的特殊看法。

看的方式决定了看的结果。黑格尔立足于近代哲学的视角试图从巴门尼德的诗篇中提取出哲学性的思想；海德格尔则试图以希腊人的方式去思及"更希腊"的东西。在此，我们看到两位伟大的哲学家面对传统的迥异的方式。

不过，我们也不必急于对二者的高下对错妄下定论。海德格尔的巴门尼德阐释的意义在于，它提示西方人在面对其自身传统时还有着其他可能的方式。对我们而言，这一提示同样值得注意：在面对强势的西方思想时，除了跟随、效仿是否还有其他可能的方式？在面对我们自己的传统时，除了依附于西方思想，是否还有其他可能的方式？

（作者单位：同济大学人文学院哲学系）

旧文新刊

四部通論（一）

郭倬瑩

按：此編係清末湖南郭倬瑩先生講授國文時所撰，未曾刊布，文字平易，而立意頗出恆蹊，其大旨在明文章以外有學問，而我國學問之源在經史，故先論經史流別，次及子集。郭先生別號耘桂老人，一號大癡。本誌第四十九期所登《管子校釋敍錄》即其所作。（《學衡》1929年第72期）

卷一　經部流別

文章之道，因風土爲變遷，故國各成其文字，不相因襲。然推本言之，要必精求之學問，然後文有所附以行世而傳遠。今之所講爲國文，則求所附以表見於文字者，必深究中國之學。嘗譬言之，五經四書之誼，猶維楫也，用之修身，用之治世，猶舟也。若旁究科學，以盡中外之變，而規古今之通，猶舟以載器物也。於科學無得，是虛舟也；於經旨無能消息以善裁成之用，是無維楫也。此並有立乎文字之先，學者所宜致思者已。古之言文者，皆以明道，身之所由以修，將於是徵焉；世之所由以治，將於是察焉。無習爲句調苟以取悅者，有之，惟行人之司辭令者耳，然其善爲說辭，夫固辨知彼己之形勢與禮度之離合，亦無徒抉擇於一二虛詞，遂謂盡其能事矣。

近世湖南以文雄一時，曾文正公、吳南屛先生最爲傑出。文正之文有類於狂，蓋有得於陽剛之美；南屛之文有類於狷，蓋有得於陰柔之美。陽剛者視其氣爲大小，而文正志量探極禮樂政教之原，其魄力大，故發見於文者雄；陰柔者視其情爲卷舒，而南屛懷抱遊於富貴功名之外，其氣體清，故發見於文者逸。彼皆有其本存焉，非可強而致也。儻僅取其文日摩擬之，尚氣者，其流之蔽或至於囂；尚情者，其流之蔽或至於靡，將並形貌亦不得其似。且以形貌言之，文正之文，胎息於漢賦，而步趨於昌黎；南屛之文，消息於史遷，而繩墨於永叔。至精求之文心，蓋不能盡同，則意趣之不符合也。善乎章學誠論文倡言文德，文之尚德也，非學，焉實有諸己，夫抑奚據以爲德乎？矯異者託大以驚世俗之不敢，非人情之所安；混同者朋從以與凡庸爲俱溺，非大義之所許，兩俱病者耶。

自昔言文者，謂文必導源於經史。漢以前有六藝之科，無經史之別，史於經爲支裔，非與爲對待，而六藝之切於用，要一理之所灌輸。姚鼐氏論文，謂誼理、考據、辭章，三者缺一不可。誼理者，六藝之精要；考據者，六藝之事物；於事物究其始末，於精要規其離合，然後能發攄爲辭章。

人之精力有限，長於誼理者，於考據不能無略，是以朱子之文，純懿頗類曾南豐，而於制度典章，時或小有疵失，若其大體，則固無可議矣。精於考據者，於誼理不能無疏，是以鄭康成之文，淵茂頗類劉子政，而於天人性命，時或小有乖異，若其大體，固則無可議矣。學人識解，萬不足追蹤前賢，即有一得，足補正前失。允宜出之以敬慎，能敬斯能深窺古人之精，而不流爲誣巇；能慎斯能密勘寸心之獲，而不流爲偏詖。任意氣之私，務申己說以難古人，是謂小人而無忌憚，於文德所損爲大。

湯文正、陸清獻並國朝大儒，清獻爭朱陸異同，不惜爲嚴切；文正深不謂然，以謂學人當嚴於自治，不當過繩古人。文正之於道也，務爲其宏；清獻之於道也，能爲其毅。皆載道之器，各成其是，兩無可非。然必自問於道能撢及淵微，始能爲清獻，不能則勿如師法文正，姑先盡其在我。要知清獻衛道之嚴，亦以敬慎行之，不同無忌憚之小人。文正修道之勤，亦敬慎於擇善，不同合污之鄉原。毛奇齡痛詈朱子，所爭多在考據之末，顧所駁難，仍多違誤，茲不勝其悖也。顏元言學，教弟子習爲禮樂射御書數，遂謂古之教者多麗於虛而爽其實，此似是而非之論。

孔子設科，因事以明道，苟於事未習，即道奚託以明？然僅習於其事，斯有司之責也。秦人以吏爲師，而敢於焚燒詩書，惟取用之適，而不求宰用者以與時爲消息，故滋舛耳。子路言何必讀書然後爲學，① 又恃道以御用，因略事於不講。書者，禮樂政刑之跡也，未嘗離事而別有所謂言，則知子路之言，以事不待考索於空文而已。二者俱失，豈待辨乎？由斯以言，考據者教之始，誼理者教之成，本同條共貫，非可偏尚。特古始教之六藝，小藝也，務爲兼明，固不必盡其曲末，不然，專門之業，皓首有不能殫，奈之何遽督童子之能盡通哉？

---

① [編者注] 語見《論語·先進》。

《易》《書》《詩》《禮》《樂》《春秋》之教，始見於《戴記·經解》。《莊子·天下篇》云："《詩》以道志，《書》以道事，《禮》以道行，《樂》以道和，《易》以道陰陽，《春秋》以道名分。"此言誼類之別也。章學誠云："六經皆先王政典"，"懸象設教與治憲授時，天道也；禮樂詩書與刑政教令，人事也。"此言施措之一也。

學誠又言，《易》象通於《詩》之比興，說卦之爲天爲圜，天地自然之象也；暌車之載鬼，翰音之登天，人心營構之象也。《易》辭通於《春秋》之例，嚴天澤之分，則二多譽、四多懼焉；謹治亂之際，則陽君子、陰小人焉。蒙謂《易》數亦通於《樂》之抗墜，而其象天法地，是興神物以前民用，斯固衷之《禮》足以道行已；其開物成務，冒天下之道，斯固證之《書》足以道事已。

《書》之反復陳說，有合於《詩》三百諷諭之遺；其立之法度足以經世，則恃《禮》以爲紀綱；其見之施爲無所乖午，則象之《樂》以相感通；而名之所資以正，尤必於政乎徵之，《春秋》褒貶之義，亦隱寓其中矣；至所因革損益以劑事物之平，抑猶《易》之變動不居也。

《詩》之比興有類於《易》之取象，其詠歌風俗猶《書》之紀政事；緣情而範諸性之正，則劑之以《禮》；根心而制其聲之節，則麗之於《樂》；凡所美刺不謬於是非，儗之《春秋》正名，又無二致矣。《禮》之設，所以綱維於萬事萬物之交；《書》之教，蓋必恃以爲據依；而象法天地通於《易》，其奠尊卑、別嫌疑通於《春秋》；不求變俗，有類於《詩》之陳風；因時制宜，有類於《樂》之和。

《樂》之辭託於《詩》矣，其歌協陰陽，舞分文武，通於《易》象；無故不去琴瑟以適其情性，斯足道行而中乎《禮》；用之宗廟，用之朝廷，用之鄉國，斯足道事而通乎《書》。孔子之論韶武，季札之觀周樂，聞聲而知其政，是升降盛衰之故與音相通，巋然勿可以詐飾，則亦正名之志也。《春秋》之例儗諸《易》辭已，其微文以寓意，比諸《詩》之諷諭；其約言以示制，比諸《書》之敷陳；其盡而不汙，一酌之以《禮》；其婉而成章，一法之於《樂》。

由此以觀六藝之文不相襲也，而誼自有其相灌輸者焉；六藝之誼不相因也，而意自有其相互取者焉。文至六藝，天下之至文也。劉勰偁"《尚書》則覽文如詭，而尋理即暢；《春秋》則觀辭立曉，而訪誼方隱"，是文有艱深，當執誼以反之平易；視若淺近，當由辭以採其趣歸。昌黎謂爲文者須略識字，識字者，明於訓詁之謂也，明於訓詁，然後艱深之文得盡職其意誼。孟子之學盡於養氣知言，知言者，精於誼理之謂也，精於誼理，然後淺近之文皆足資啟發。

夫訓詁爲學之始事，蓋屬之知；誼理爲學之極功，蓋屬之行，能言之而於行不便，豈得爲誼理之至者哉？迨乎誼理之精，其視古今之文，殆有作者之意甚淺，觀者且引而得其深，況於讀六藝之文，潭乎爲誼之勞於挹取者歟？其視人之文，猶潛思以極其然疑，況於自爲文，將以闡古人未竟之緒，而懸爲百世不惑之道者歟？雖學人所造，各成其淺深，然託之文辭，要宜以此自勵。

古書傳之資世誦法者六藝而已，劉班志[①]六藝，顧附出《論

---

① ［編者注］即《漢書·藝文志》。

語》《孝經》《爾雅》三種。《論語》之爲專科，其諸五經雜議之先導歟？然雜議取類《爾雅》，《爾雅》退次之《孝經》，誼例殊舛，儻錯簡者邪？《隋書・經籍志》改隸諸《論語》，始各從其門類，夫《論語》發明指要，實賅六藝爲之會歸，是爲誼理之文。《爾雅》剖析詁訓，實約《詩》《書》爲之詮釋，是爲考據之學。雖取誼有大小，辨物有同異，立論有詳略，要其爲雜議五經也則同。迨後世續雅有作，或覃及諸子百家，不盡本之經言，斯崖文字之說解，漸與初旨違離，殆難可取類《論語》矣。

目錄家出《爾雅》入小學，抑校讐之不得不議通變者耳。至《孝經》《小學》二種，童子之教也，《大戴・保傅篇》八歲出就外舍，履小節，學小藝。《孝經》者，教之使履小節也；《小學》者，教之使學小藝也。管子弟子職之附於《孝經》，豈不以小節之以敦其行哉？然《孝經》所言，薄爲小節，其言近誣。而百行之源，端本於事親，其於理良約，於言良近，於事爲易行，雖謂之小節奚不可者。

小藝之云，亦兼射御書數，今劉班之言小學，專繫諸六書，與《大戴》之言斯抑微異，不知射御爲兵家之技巧，數爲數術之歷譜，學子之兼明不過略通大意，固非與專家爭短長。惟六書之誼，凡文字之精蘊，皆賴此以啟其途徑，與射御數特殊，且不繫之六藝，即無可附麗，是小藝之以啟其知，六書爲尤要，而餘科各次之本事，實無所於嫌。

朱子《小學》，《孝經》之羽翼而已。近校讐家，或退錄之子儒，或雜廁之小學，紊冠裳之度，昧方圓之致，可謂之知言乎？明焦竑深詆朱子《小學》爲近世蒙書，朱子之意，蓋欲補弟子職所未詳，詎近世記問所足與此者，又雜取射御數備小學之科，彼小藝之有射御有數，猶小節之有禮樂。小節之所謂禮，戴氏《少儀》《內則》之屬而已，固無與經緯天地之大，而亦禮典之所統貫。小節之所謂樂，舞勺象之屬而已，固無與陰陽律呂之精，而亦樂事之所統貫。如射御數並廢本事，綜括之小學，則六藝抑將省削禮樂混同之小學歟？

自鄭康成已來，莫不謂孔子既修明六藝，作《孝經》以約其指意，《孝經》之所陳，殆禮教之大者也，其說孝事，類取證《詩》《書》言，其於名誼各素位以行，無相奪倫，即謂有得於《春秋》之正名，猶尚近是。至《易》《樂》二藝，並略不言，茲又何說。且所謂約其指意，固宜於六藝循流以別其異，探原以昭其同，今其書不與康成之說相契，則有以知其誣矣。且《論語》亦孔氏遺書，劉班敘書與六藝同次一略，其樹誼不能離六藝而益之爲七，與《孝經》各別爲類，其歸趣不能麗《孝經》而綜之爲一，使執鄭說以考索類例，誼有所窮而辭難爲曉，豈說之得者哉？

於虖，六藝本經，創制顯庸之大君也；史氏之記，紹統之嗣君也；《論語》《孝經》小學，卿相之輔相裁成者也；諸子九流，大夫士之效能奉職者也；兵書、數術、方技，吏胥之謹守文牘者也；若辭人之詩賦，山林隱逸之選而已。學人言文，將以效能奉職，則必精於誼；將以謹守文牘，則必嫺於事；將爲山林隱逸，則必善於辭。然而辭匪誼曷立，非事曷述，惟誼與事不切於用，或以攄其哀樂之情，或以昌其幽隱之志，斯辭勝之蔽者耶。

《漢志》禮之有《漢封禪群祀》，樂之有《雅琴趙氏》《龍氏》，春秋之有《奏事》《楚漢春秋》《太史公》《太古以來年紀》《漢著記》，皆史氏之記者也，然各依類散著，使學人得循流以溯源，莫不井然就理。然漢世史錄簡約，經緯易明，至撰述日繁，綜合爲一，斯嫌於淆混矣，是六藝因史而立經之名可決言也。

　　史氏之記，蓋凡三科，莫不導源於六藝。自文王發明天人之應，機緘畢啟，無資改造，於是史家不得別有《周易》，而曆譜家以天時正事物之紀，又與《易》以人事輔天地之宜者不同。自采風之使不行於侯國，於是史家不得有詩，而詩歌家以歌謠寫哀樂之感，又與《詩》三百以比興存風俗之美惡者不同。此曆譜之學淪於數術，詩歌之作區爲詩賦，皆無敢僭儗諸六藝也。

　　史之原於《春秋》者，一曰紀傳。司馬遷象《春秋》經以撰本紀、十表，象《左氏傳》以世家、列傳，雖八書詳於故實，儒林、循吏各從類敘，下至《漢書·人表》《新唐書·世表》，體裁並於《尚書》爲近，要亦傳說耳，故《太史公》者春秋之學也。一曰編年。荀悅《漢紀》，純法左氏，而《太古以來年紀》，當亦效春秋舊法，是編年之書，抑非至悅始復其舊也。梁世周興嗣之敘武帝，謝吳氏之敘元帝，謂之實錄，而唐後所續實錄並記當時大臣，蓋宗周、謝之例也，則實錄即紀傳之別錄，《隋志》總諸雜史，悖其旨矣。

　　霸史有劉昞《燉煌實錄》，實錄之可取類於紀傳，非其明徵歟？《漢著記》百九十卷，師古比之起居注，《隋志》謂起居注託始武帝禁中，儻即著記耶。起居之注，年月相次，巨細畢書，則起居即編年之外篇，《隋志》別立專部，尤爲破碎。

　　史之原於《書》者，曰紀事，《世本》之爲事類，《國語》《戰國策》之爲國別，陸賈《楚漢春秋》雜記當時見聞，宋章沖之修《左氏傳》，袁樞之修《資治通鑒》，各撰《紀事本末》，大抵皆紀事之屬也。曰詔奏，秦大臣奏事及刻石名山文凡二十篇，謂之《奏事》，實兼詔令。晉孔衍有《魏尚書》，郭頒有《魏晉世語》，專錄詔令，亦兼奏事，此即《唐志》所稱詔令，《舊唐》

附次諸故事，《新唐》別出之起居，而《隋志》散見於雜史者也。曰舊事，《書》之有《顧命》《康王之誥》，殆以爲官府之掌也。章學誠謂《周書》七十一篇，劉向以爲百篇之餘，而《太子晉解》明取春秋時事，《職方》《時訓》諸解明用經記之文，是其爲書，固官禮之別記、春秋之外篇，雜取以備本經之旁證耳，舊事之原亦出於《尚書》，未得以爲官禮之遺已。

史之原於禮者，曰《職官》，是爲《周官》經六篇、傳四篇之遺。班固仿之述百官表，次《漢書》中。其後王隆乃撰《漢官解詁》，應劭撰《漢官》，篇卷益繁。曰《儀注》，是爲古禮經十七篇之遺，而《漢封禪羣祀》別爲記述。曰刑法，漢已前並闕不具，然刑以輔禮之不足，而張弛尤必以禮折衷焉，則固可從附出已。

兵者，刑之大者也，而以禮制紀兵事，爲一朝之大法，國故之存，斯亦典注之一端耳。此《軍禮司馬法》，班氏特改次之禮篇也。《樂》者，《禮》之匹者也。趙定、龍德既撰定《雅琴》，宣帝時魏相爲之奏進，則漢之樂典也。《漢志》未立史科，以漢樂次六藝，斯亦宜矣。後世經史分部，既斤斤於《書》《禮》《春秋》之別，顧不及《樂》，此何說乎？

六藝惟《樂》無經，然發明律呂之精，消息陰陽之原，茲實足與毛生、王禹抗行，信可取備經言已。若淫聲曼辭，殆俗工所掌，不過技藝之末，存爲小說言可也，以儗毛、王，不抑誣歟。本朝歌吹，樂不相沿，猶禮之不相襲。典注別隸史部，樂典顧混合之經言，於誼詎云其安。

《隋志》所謂正史，蓋襲《尚書》之紀王朝令典，所謂霸史，蓋襲《春秋》之書齊晉會盟。《隋志》所箸錄，今之存者惟傳常璩《華陽國志》，及明輯本崔鴻《十六國春秋》，而其佚散見他書。

司馬光《通鑒考異》，述范亨《燕書》有《武宣》《文明》二記，《征虜仁》《慕容翰》二傳。李昉《太平御覽》亦引《燕書·烈祖後記》，見於《天部》。又和苞《漢趙記》，劉知幾稱所撰十篇，實改竄師淵書爲之，淵書有《高祖本紀》，功臣傳二十人，苞書當亦與同，此霸史體準遷固之證也。二科書錄既並依紀傳之體，故南燕之《起居注》，雜史之司馬彪《九州春秋》，雖述霸國，體例不復相準，仍各隸本類，然不勝其支矣。

又所謂古史，謂循《春秋》之舊也，而所謂雜史，謂變亂《春秋》之例也。然王劭之撰《隋書》，實祖之四代，以此言雜，豈《尚書》尚不逮春秋之風耶？阮孝緒之正史削繁，實法孔子之刪訂，以此言雜，豈《春秋》之作尚不逮魯史之謹耶？又知其誼之舛矣。

後世言史例，並正霸之辨、古雜之分，舉莫能明，毋乃爲古人所竊笑歟。其諸子家言，頗復濫陳史部，以紀傳之有列傳也，因入雜傳。不知《晏子》詳紀事言，儒家之雜傳也；于長傳《天下忠臣》，陰陽家之雜傳也；《青史子》記事，小說之雜傳也，並假託行事，張其家學，與史奚涉焉？以紀傳之志地理也，因入地理之記，不知《水經》之剖析原委，是爲形法之學；《黃圖》之紀述制度，是爲舊事之書。晉周處之記風土，後漢楊孚之志異物，又泛濫於小說，惟後世郡縣之志，等諸史氏之掌，其指陳山川，非明於形法不能竟其委曲也；其疏通事紀，非嫻於故實不能言其沿革也。

然而志書之足爲後利賴，要視爲故府之稽，則亦舊事之屬耳，安用別開門類誼例始明哉。且漢圈稱之傳《陳留耆舊》，魏周斐之傳《汝南先賢》，類各表鄉賢，地志所錄，實兼記人。今圈、周等傳，並次雜傳，地志獨不可舍地而從人乎？

近世目錄，殆又有以人物專志，從地望類之地理者。儻所謂故家遺俗，與時俱遷，而流風餘韻無復存留者耶，以史之有《世本》也，因入譜系，不知《世本》之詳其本，繫於舊事爲近，而摯虞作《族姓昭穆記》，大抵辨姓氏之原，詳流派之別，此名家命物之誼也，所以綱紀倫類、毋相僭奪者也。其楊氏之譜血脈、譜枝分，條行輩之先後，述生齒之多寡，此小說家雜記之誼也，所以敘述聞見、聊備遺忘者也。

若夫竹譜之屬，明種植之宜則農家之學，別名類之異則小說者流。錢譜之屬，紀歷朝之規制者爲舊事，述當時所睹記者爲小說。儻辨證於文字，又通於小學，文有事同而情異者，不可不察也。以史之志藝文也，因入簿錄，不知劉向《別錄》、劉歆《七略》並名家命物之遺，此學術之要也。至殷均、劉孝標之流，準四部之門類，紀羣書之存佚，小說而已，況書畫之戔戔，本文人之藝事者歟。凡此諸科，足備史錄者蓋尟，自校讎之學不能深探其精，文人輕於撰述，而競以史才自矜，其抑不思爾已。

劉光漢《國學發微》言，①鄭康成注三禮，兼引緯書，經以八卦，緯以九疇，測以九宮，驗以九數，上探象緯，下明人事，此以陰陽說經者也。董仲舒以《公羊》決獄，傅飾經義，得數百條；張湯爲廷尉，傅古義以決大獄；而雋不疑引《春秋》不非輒拒蒯聵，②送衛太子詔獄；毋將隆援《春秋》家不藏甲，請收還董賢、王阿舍武庫兵；康成洞明律法，決事比例，折衷經義；

---

① ［編者注］謂劉師培《國學發微》，刊於1905年之《國粹學報》。

② ［編者注］春秋時期衛國太子蒯聵因違抗其父衛靈公而逃亡國外，衛靈公死後，蒯聵之子蒯輒繼位爲衛出公，晉人納蒯聵，衛出公拒之。

應劭著書有《尚書舊事》《春秋斷獄》，舍理論勢，尊君抑臣，此以法家說經也。漢儒釋經，衷雅詁，辨形聲，正音讀，援據古文，分析條理，辨物正名，而許慎《說文》，張揖《廣雅》，劉熙《釋名》，雖小學專書，實羣經津筏，此以名家說經也。

董生解公羊，兼言仁義；趙歧解孟子，兼論才性；許、鄭詮明義理，醇實精深，孔門微言，賴以不墜，此以儒家說經也。漢末王弼《易注》，何晏《論語集解》，雜揉莊老，大暢玄風，此以道家說經也。服氏難何休，鄭君窮許慎，辨難經義，駁詰不窮，此以縱橫說經也。

曹褒《五經通義》，劉輔《沛王通論》，旁徵博采，不主一家，此雜家餘習也。康成注《地官》，博引農書，農家本事也，余案墨子之言，亦多采逸書，非以墨學說經者歟？而應劭論《虞初周說》，以《周書》爲本，則且以小說說經。

傳訓之作，類於十家，各有發明，斯至賾已。然漢儒說，比次今事以明古誼；宋儒說，揣度古誼以正今事。其立論固以殊焉，要爲近取諸身，遠取諸物，切究之人事未大懸絕也。沈潛六藝之文，而無能爲默觀其通，以善裁成之用，茲六藝不足與曲藝小技爭一日之短長，秦皇之焚書坑儒，烏得爲過舉哉？光漢又言，康成釋《尚書》，兼注《中候》，爲數術家言；注《天官》，詮明醫理，爲方技家言；注《夏官》，旁及兵法，爲兵家言。凡此諸科，皆所謂曲藝小技耳，猶必於其事涉獵及之，始能取證於其誼，況有巨於此者耶？

宋真德秀氏、明邱濬氏先後纂集《大學衍義》，其言愈繁，取誼愈廣，學者以爲本經之旁篇，而忘其爲漢儒解經之家法，抑惑之惑矣。覽毛公之說《詩》，鄭氏之注《禮》，釋誼依諸聲訓，指事甚有縟辭，頗復通諸詩賦之學。魏晉六朝，斯道漸微，言或失之靡。唐宋已降，惟誼與析，言或失之僿。擬諸毛鄭，夐乎莫尚。故求之誼，漢不能加密於宋賢；求之文，宋固不能上希諸漢世也。大抵說經之文，實分三科。區別名類，疏通事物之賾，參證異同之指，其說蓋出於名家。探討誼趣，上規古先制作之原，下窮時會遷變之致，其說蓋出於儒家。駁難前失，誼與己違者，無所挾持以相抵，誼與己協者，無所搖奪以滋之疑，其說蓋出於縱橫。

然而三科者，爲文體之近似言也，若夫學各有其本末，乃得以成其家，非可形貌求已，是以五子①之學，儒者羣所效法，而周子之學本諸《易》，張子之學本諸《禮》，觀其原本，皆偏有宗主。程子和易，有得於《詩》與《樂》之教；小程子嚴毅，有得於《書》之教；朱子遠瞻旁矚，權衡理要，有得於《春秋》之教，觀其氣象，復不相侔，此並儒家之宗，漢唐先賢，未可方並者也。惟邵子之學，深明數術，推而致之儒，言多精粹，程朱時亦兼取焉，要本言之，則陰陽家之巨子耳。

於虖，舜察邇言，舜詎淪而鄙夫？孟子述陽虎之言，孟詎淪於大憝？今之言曰稱道六藝之謂儒，莊子固謂"其在於詩書禮樂者，鄒魯之士、搢紳先生多能明之"，"其數散於天下而設於中國者，百家之學時或稱而道之"，②是諸子言六藝，時有離合，非屏絕不一覽觀，別有心傳，口耳受授，自能以有成也。由此觀之，奉儒以絕羣言之淆亂可也，溝九流使不與六藝相灌輸，則抑焉能者。

《隋志》以《五經總義》附《論語》，取類最精。然《爾

---

① ［編者注］謂北宋五子周敦頤、程顥、程頤、邵雍、張載。
② ［編者注］語出《莊子·天下篇》。

雅》以通其故訓，斯爲名家之學，後之言考據者，皆其支與也。《論語》以闡其旨趣，斯爲儒家之學，後之言誼理者，皆其流裔也。《漢志》孝經類有《古今字》一卷，與《小雅》相次，殆猶《論語》有齊魯之異，《禮》有今故之殊，文字歧出，眾本不一，學者排比成書，故以爲書之大題，所排比統論五經，無可專屬，因遂隸之此篇，其錯出《孝經》，與《爾雅》略同。

《漢志》以《弟子職》附《孝經》，《孝經》以提其綱，《弟子職》以疏其目，則又不同倫矣。《孝經》者，所以發揮其誼指，記百三十一篇之流也。《弟子職》所以敘別其事類，經十七篇之遺也。此並禮家之族屬，童子始教，未能遽以六藝相詔告，以是爲之階梯焉而已。《漢志》所謂小學，蓋專取諸六書。《隋志》部次，其流益繁。究其原始，亦胚胎於漢世。

許慎《說文解字》十五篇，與《史籀》篇卷符同，則言六書之別，亦詁訓之屬也。四聲之別，六朝益講，然六書之象聲，惟取音之相協，則聲韻之學，固六書之羽翼也。《隋志》雜家，頗闌入繆卜《皇覽》、沈約《珠叢》，此以備文字之樵采而已，於學術實兩不相涉。《唐志》子錄，別立類事專門，析類似精，旨歸亦舛。

權而論之，史游《急就》，貫穿故實，甄錄事物，已隱寓類事之意，特隱括成文，取備誦讀，與類事之條件分繫，要删故書，面目大殊耳。要爲記問之資，夫豈有異乎？李斯之《蒼頡》，司馬相如之《凡將》，其佚散見他書，皆類史游。而周興嗣之集《千字文》，王令之纂《十七史蒙求》，亦莫不準以爲式，持校類事，儻所謂貌異而心同者非耶。《隋志》小學，又兼言體勢。所謂體勢，專取六書之變言之，《漢志》有《別字》十三篇，蓋其先河矣。

　　考學人之有論撰，積字而成篇章，理各視志，識爲差別，文則必有所規仿以成其體勢。六朝以前，如摯虞《文章流别志論》、劉勰《文心雕龍》，此名家命物之遺也。姚察、任昉《文章始》，此小說諛聞之遺也。《隋志》次之總集，雖未云當，求其誼類，猶得别爲一家。至《唐志》更立文史專門，而《文式》《詩格》之書紛紛並作，取證往例，實前無所因，精求其意，亦體勢之倫耳。

　　後漢鐫刻七經，著於石碑，校竹帛之傳，不能悉合，此本經之别字，即《漢志》所謂《古今字》者也。《易》石經類次之《易》，《詩》石經類次之《詩》，非有疑似之說，艱於部次，乃退次小學，抑其疏也。訓詁於諸子類名家，原諸《春秋》之比事屬辭；聲韻於諸子類陰陽，原諸《樂》之調律協音；類事於諸子類雜家，原諸《書》之疏通知遠；體勢於諸子類法家，原諸《禮》之綱紀法度。

　　然而滯於曲末，無與於道之大原，故謂之小藝也。顧六藝之文，微假涂於六書，斯知無以致其誼；微端本於孝弟，斯行無以立其基。知行並進，學之所由以成，即文之所由以立也。

　　光漢釋說經之書，一曰故，《書》有大小夏侯解故，《詩》有魯故、齊後氏故、齊孫氏故、韓故、毛詩故訓傳。後漢謂之詁，《春秋》有何休《公羊解詁》，三禮有盧植《解詁》，緯書有翟酺《孝經‧援神‧鉤命決解詁》（盧、翟書廑見本傳）。一曰章句，《易》有施、孟、梁丘，《書》有歐陽、大小夏侯，《春秋》有公羊、穀梁。一曰傳，《易》有周、服、楊、蔡、韓、王、丁，《書》有伏生大傳，《詩》有齊后氏、孫氏、韓内傳外傳，《禮》有《周官》，《春秋》有左氏、公羊、穀梁、鄒、夾，公、穀又各有外傳，《論語》有魯傳，《孝經》有雜傳。

一曰說，《易》有五鹿充宗《略說》，《書》有《歐陽說義》，《詩》有魯、韓，《禮》有《中庸》《明堂陰陽》，《論語》有齊說、魯夏侯說、安昌侯說、王駿說、燕傳說，《孝經》有長孫、江、翼、后、安昌侯說、弟子識說。

一曰微，《春秋》有左、鐸、張，又有虞氏微傳。一曰通，洼丹作《易通論》，世號《洼君通》；杜撫作《詩題約義通》，學者傳之，曰《杜君注》。一曰條例，鄭眾之說左氏，何休之說公羊，並有斯作，潁容又別有《釋例》。要而論之，故、傳二體，疏通本經之文字也；章句，分析本經之章節也；說、微、通、條例，詮明全經之大誼也。近陳奐《毛詩疏》，孫星衍《尚書疏》，沿古故、傳之體；王鳴盛《尚書後案》，沿古章句之體；魏源《詩書古微》，沿古說、微、通之體。此兩漢說經大凡，爲後取法者也。

考《漢志》傳之屬，亦謂之記，《書》有劉向、許商《五行傳記》，《禮》有七十子後學者記，《樂》有毛生、王禹，《春秋》有公羊顏氏，蓋內傳者也，《詩》有齊雜記，《春秋》有公羊雜記，蓋外傳者也。說之屬，亦謂之訓，《易》有《淮南道訓》，號九師說是也。故之原出於《爾雅》，所以考其文也。《隋志》，《易》有《文句義》，《論語》有徐孝克《講疏文句義》，蓋故之族屬。趙曄撰《韓詩譜》，鄭康成續孔安國等撰《古文尚書音》，先阮諶等撰《三禮圖》，蓋故之流變。傳之原出於文王重易六爻而繫之辭，所以發其意也。

《儀禮》有記，附本經後，其誼與傳不殊。孫、后、韓既撰《詩》故，又爲作傳，斯故與傳異之徵矣。惟毛詩傳、故雜出，因號故訓傳，嗣是馬、鄭《易》《書》注。馬別注毛詩，鄭別注三禮，並援茲例。若費直《易》，《漢志》以非中書不錄，而《隋志》謂其作注，則必依傳體爲之。自安昌侯說《論語》以魯爲本，參取齊論，於是注家或要刪眾說，不主一家。

晉李顒之注《書》，杜預之注《春秋左氏傳》，謂之集解。宋姜道盛注《書》，謂之集釋。梁徐爰注《易繫辭》，崔靈恩注《毛詩》《周官》，謂之集注。晉荀昶、袁敬仲注《孝經》，謂之集議。晉崔豹注《論語》，謂之集義。若此類甚眾。解之稱，本諸夏侯《書解故》；義之稱，本諸歐陽《書說義》；釋之稱，本諸謝該《左氏釋》，該書隋世已佚（《後漢書》本傳實云）；議之稱，本諸石渠論《書》《禮》《春秋》《論語》奏議及《五經雜議》，大抵皆傳也。

康成爲毛詩作箋，蓋原於孔子繫彖於卦、繫象於爻，後世義疏之作，殆沿其頹波也。晉樂安王友伊《說書義疏》最爲夥，其書今不傳，證以今之存者，要視梁皇侃《論語義疏》不殊。鄭之箋毛，或疏通故說，則魏糜信之《理何氏漢議》，晉郭璞之《毛詩拾遺》，虞喜之《讚論語鄭注》，陳統之《毛詩表隱》，後魏劉芳之《毛詩箋音證》，宋明帝之《論語衛瓘注補闕》，梁謝曇《毛詩檢漏義》，《論語》又有郤原《通鄭》，皆引申先說者也。

或別下己意，則魏王基之《毛詩駁》，晉王肅之《書駁議》，陳統之《難毛詩孫氏評》，宋孫暢之《毛詩引辨》，《論語》又有《王氏修鄭錯》，皆糾正前失者也。前此賈逵之《毛詩雜議難》，何休之《公羊墨守》《穀梁廢疾》《左氏膏肓》，及鄭之《發墨守》《鍼膏肓》《起廢疾》，並同斯旨。若兼二意爲之要刪，毛詩有魏劉璠《箋傳是非》，晉孫毓《異同評》，五經有魏劉楨

《然否論》，尤視箋無以大殊。說之原出於《易·繫辭》。魏鄭小同之《鄭記》，縻信之《春秋說要》，劉楨之《毛詩義問》，晉樂肇之《易象論》，宋任預之《禮論帖》，殆是物耳。

條例原於左氏、公、穀之舉凡，洼丹《易通論》，杜撫注《詩》，傳稱其《題約義通》，疑體紀並與條例爲近。事物之包孕者宏，而誼趣之曬括者簡，故謂之通論。至題約之云，取其綱領能挈；義通之云，取其節目咸舉。此范君贊美之辭，[①]光漢據以爲杜注大題，恐失之。

《隋志》，王述之有《春秋旨通》，梁鮑泉《六經通數》，凡以通名者，言其隅舉而可以三反者也。《易》有晉鄒湛《統略》、李顒《卦象數旨》；《詩》有梁武帝《發題敍義》；《禮》有鄭康成《三禮目錄》、宋任預《禮論條牒》、梁皇侃《喪服問答目》；《春秋》有《義例五十凡義疏》《左傳例苑》、晉杜預《釋例》、方範《經例》、殷興《釋滯》；《論語》有司馬氏《標指》、晉郭象《體略》，繆播《旨敍》、七經有樊文深《義綱》。或條舉以發其異，或溝合以証其同，雖建名小異，不殊其意也。

微者以釋書之微指，其約言類例，其索隱類傳，然而於事類未嘗顯有區別，於文辭未嘗包舉細大，是《春秋》之有微，猶《詩》之有說耳。漢注說之存者，今已無幾，觀諸毛詩，而知故之體；觀諸公、穀，而知內傳之體；觀諸二戴之記，而知微與說之體；觀諸趙歧《孟子章句》爲作章指，而知章句之體。又外傳之傳諸今者，獨有韓詩。董仲舒之《春秋繁露》《公羊治獄》，實亦外傳。即伏生《尚書大傳》，疑並其倫匹，謂之大傳，學人

----

① ［編者注］謂范曄《後漢書·儒林列傳下》于杜撫所言。

私尊之辭歟。白魚赤烏之誕辭，① 不過出於《書》家之雜記，非《泰誓》本經果云云也。

儒者孤據異說以補亡，則河內女子所傳，豈能方駕於梅賾所造之僞古文哉，尚無論孔安國之校者也。此如《關雎》以美文王后妃，證之孔子所稱，殆難別持異說。嬰顧以爲作刺，此殆兼采世語，誼取互明。內傳之訓，必難合契，儻立論本一，則奚用區爲內外者。

以此知《易》有《古雜》《災異》，《論語》有《孔子家語》《三朝》《徒人圖法》，其言不必依於本經，抑外傳之林者耶。《國語》與左氏傳時有離合，後人因擬之外傳，蓋取諸此。齊詩有故、傳，則所謂雜記，疑不繫諸辭與誼之間也。公羊有章句、有傳、有外傳，則所謂雜記，疑如韓詩之有說，《春秋》左氏之有微也。

以書就佚，求通於意，當不出此二科。《尚書》有逸篇及《閏義》、顧彪《文外義》；《禮記》有褚暉《文外大義》，皆師外傳之意爲之。譜之爲書，雖不離故、訓，覽其錯綜參伍，亦例之變者耳。《隋志》有《周易譜》、吳徐整《毛詩譜》、鄭康成《注喪服譜》。古人說經，兼資圖史，傳故亦史之屬，譜即圖之屬。嫻於名物，斯精於作故；明於理誼，斯長爲繫傳。非致力之專，未足與任此，豈體貌之可外襲哉。

---

① ［編者注］典出《史記·周本紀》：武王渡河，中流，白魚躍入王舟中，武王俯取以祭。既渡，有火自上復於下，至于王屋，流爲烏，其色赤，其聲魄云。

评　论

评希克斯
《国际法和公正世界秩序的可能性》

麦克布里奇（William L. McBride） 撰

马　晨　译

Steven V. Hicks，《国际法和公正世界秩序的可能性：论黑格尔的普遍主义》（*International Law and the Possibility of a Just World Order: An Essay on Hegel's Universalism*），Amsterdam：Rodopi，1999。

这本专著的作者看起来是一个温和的乐观派：所谓温和的乐观，见于著作标题提到的"公正世界秩序的可能性"，也见于作者对可用以推进这种可能性的黑格尔政治思想的阐释。当然，我使用"温和"一词表明，作者已经意识到，在他乐观对待的这两个对象之上，依旧掩藏着乌云。从始至终，作者反复承认"新的世界秩序"充满不公，并集中关注那些富裕且强大的国家和公司的利益对这一秩序的统治。而且，正如他在疏解黑格尔哲学的各个方面时——这些疏解构成了这部著作一半甚至更多的内容——所经常指出的：在密涅瓦的猫头鹰能够接受不断进步的现代精神的召唤,飞向充满希望、阳光普照的未来之前,我们必须就《法哲学原理》(Philosophy of Right)中特别突出但也见于黑格尔其他著作的各种臭名昭著的说法和倾向作出辩护。

书中各章的主要关注点有:(1)黑格尔的Sittlichkeit(社会伦理学),(2)黑格尔的人的概念,(3)针对黑格尔为战争的价值明目张胆的辩护的反驳,(4)康德和某些同时代的"后康德主义者"的世界主义(cosmopolitanism),(5)黑格尔语境下的世界共同体的意义以及某些批评者的看法,(6)现代国家,(7)再次是世界共同体,特别强调需要发展全球民主和法律制度去支持它。最后一章有特别多具体的例子,展示了世界的法律共同体如何开始渐次成为现实,而不再只是黑格尔在他的时代所认为的一些空洞的、狂热的理念。这一章还包括一个对哈贝马斯(Habermas)非形而上学的、"程序主义的"对话方式简短而隐含的批评(页213-226)。

尽管作者试图证明黑格尔有助于建立一个更好的世界秩序,但他面临的一个普遍困难是:他显然并未能在黑格尔形而上学的基本内容中寻找到多少价值,而且他写作时一直意识到"许多现代哲学家和政治理论家将会发现这些观念是令人反感的和有问题的"(页223)。正如作者在结论部分坦白承认的,他采取的回应办法是以"一些抽象的、非形而上学的方式来解释"黑格尔关于自由和其他问题的看法。当然,我并不想声称,为了使一位深刻的思想家的思想作用于当代,我们在理解其思想时必须严格遵循他(她)所有的主要意旨。然而,创造性的重新解释如果越过了某个节点,就像创造性的记账簿一样,会使观察者怀疑它是不是还想让人继续察看最初的账目。在我看来,希克斯明显希望对黑格尔的思想作尽可能最好的发挥,同时准确复述给这一计划构成最大障碍的那些文本，但他有时走到了这一节点。

例如，希克斯宣扬"普遍公正概念"的发展（在我看来，如果这个概念是可能的话，那将非常值得赞美）。他接着问道，"我们应该怎样去发展这样一个'历史化的普遍主义的'和'制度化的全球性的'公正的概念？"他立刻回溯此书的第一章回答说，"不幸的是，黑格尔几乎没有说明应该怎样发展"（页204）。像一个对于真正的战争（不同于哲学论争）没有明显热情的人那样，他被迫去限制先前提到的黑格尔为战争的价值所作的辩护；在某些相对细微的问题上，比如黑格尔过高估计了行政机构的官僚们能够为国家作出的贡献（事实上，他们被认为弥合了普遍利益与特殊利益之间的间隙），他也被迫表达了不同意。另外，作为民主的拥趸，他必须面对这样一个事实，即黑格尔很难说是一个忠实的民主理论家；作为一个国际主义者，他必须去试着解决黑格尔对于康德为了"永久和平"的民族联合提议的深刻怀疑，还有对于一般意义上的国际法的可实施性的深刻怀疑。

在这些令人畏惧的环境中，希克斯勇敢地进行战斗。例如，他指出，黑格尔关于战争价值的估计是因为没能预见到今天的军事科技的巨大破坏力，而且黑格尔并非像现在普遍认为的那样是一个反民主主义者，正如他关于符腾堡公国（Württemberg Estates）的论文中对"大众主权"（popular sovereignty）的支持（页136）。关于国际法的中心问题，希克斯坚持认为：一方面，如果黑格尔是在今天写作的话，他将会对国际法的实际可能性更加开明（当然，黑格尔坚信哲学不能既预见未来又依旧是哲学的）；另一方面，黑格尔反对康德的世界主义所隐含的超民族的主权是正确的。他认为，黑格尔以伦理学为基础对民族国家的拥护，并没有为当今世界许多地区都可以看到的病态的、无政府主义式的民族主义提供支持；黑格尔对于普遍主义的热情，可以用来服务于"由人驱动的全球主义"，并且反对我们所有人都意识到的危险的"市场驱动的"全球化（页178）。

在关于当前全球化潮流中什么值得追求、什么不值得追求的最主要的问题上，我感到希克斯的见解正确，尽管在他攻击世界主义时我就与他有分歧了。（我发现非常奇怪的是，罗尔斯被随意地归类为"世界主义者"［页87］，尽管罗尔斯的近著《万民法》［*The Laws of Peoples*］承认了一种全球视角，而且希克斯明确参考的罗尔斯的早期作品更少采用这种视角。）同样，在希克斯对黑格尔的哲学主张煞费苦心的详尽展示中，包括他反对将黑格尔归类为一位共产主义先驱的有争议但又有说服力的论证中，我没发现任何明显的曲解。我甚至也共享他对黑格尔思想的某些欣赏。只不过……

也许，希克斯的黑格尔与"我的"黑格尔（至少在我看来，当然是后者某种程度上"更真实"）最根本的分歧在于，对悲剧、反讽和不明确的（但始终是可废止的）绝望的意识在前者那里相对缺失。在黑格尔的《精神现象学》（*Phenomenology*）和《世界历史哲学讲演录》（*Lectures on the Philosophy of World History*）中，这种意识无疑比在《法哲学原理》中更为强烈，而希克斯较少关注前面两部作品。不过，即便就《法哲学原理》而言，如果解读者同样多地关注树木和那个著名比喻——希克斯两次提到发现"当今十字架上的玫瑰"（页64，130）——中的花朵，也会产生一个对于整体更为黯淡的理解。这种悲剧意识的力量当然部分来源于黑格尔哲学中的宇宙形而上学（geistlich）层面，而希克斯自觉避开了这个层面。但是，这种悲剧意识也得到现实的人类经验滋养。

希克斯秉持温和的乐观精神，在书的结尾提到"新的民主承诺，更加情景化的共同体概念，以及一个超国界的、跨文化的自由之理想"，并视之为他希望最终会实现全球公正的"开始形成的全球秩序"的特征。在这一语境中，他引用了达拉迈尔（Fred Dallmayr）《黑格尔：现代性与政治》（*G. W. F. Hegel: Modernity and Politics*）中的一句话，其中改写了黑格尔最著名的比喻：回想黄昏时的密涅瓦，可以帮助我们"在清晨朦胧的天空中"瞥见"猫头鹰的翅膀"。我们一定会为猫头鹰依旧在飞而高兴——当然，黑格尔可提供我们的东西还有很多——但其中有一种地理的含义，我们可以想象猫头鹰经过长途飞行回到了巴尔干半岛的雅典，在那里，我们"正在形成的全球秩序"最近似乎并没有实现太多公正。因此，虽然猫头鹰似乎仍在高飞，而且我们可能的确处于新时代的黎明中，但我不由得想到，那只鸟比这本书的作者更加疲惫和愤怒。

施特劳斯本人能站起来一下吗？

赫顿（Scott Horton） 撰

何祥迪 译

施特劳斯于1973年逝世。但近些年来，在研究和著述政治哲学的人当中，还没有谁比他得到更多的爱和辱骂。而且，即使爱他的人，似乎也对彻底的"施特劳斯派"（Straussians）报以一种非常阴险的愤怒。

当然，这当中许多东西与新保守派运动（Neoconservative movement）相关，这场运动正确地声称根源于施特劳斯的著作和思考。显然可以首先指出：新保守派也许真的是施特劳斯派，但是，认为施特劳斯是新保守派则有待商榷。毕竟，施特劳斯在1973年就去世了，说他是新保守派，似乎就是将关于许多事情的非常牢固的观念归之于他，而他对这些事情从未表达过任何立场。

施帕德（Eugene Sheppard）的新著《施特劳斯与流亡政治学》(*Leo Strauss and the Politics of Exile*, Brandeis University Press, 2007, 中译本：华夏出版社，2013)，是一部来自更具批评倾向

的阵营的杰作，我一直想着最近要写篇评论。但令我眼前一亮的是曼斯菲尔德（Harvey Mansfield）对此书的评论《永恒的心灵》（"Timeless Mind"），发表于《克莱蒙书评》（*Claremont Review of Books*）。

曼斯菲尔德是一位卓越的美国施特劳斯派。他的学术生涯似乎专注于施特劳斯派的主题和著者，而且，他既有才气十足的著作（尤其是研究马基雅维里的著述），也有喜剧色彩的著作（尽管不是有意为之，如《男子气概》[*Manliness*]）。曼斯菲尔德心急如焚地为施特劳斯辩护。但是，他的辩护并没有说服我。当然，对施特劳斯的批评也未能使我完全信服。双方都尽力把施特劳斯变成了他并不是的那个人。我不知道施特劳斯本人是乐意还是羞于成为知识分子的这种争论对象。

曼斯菲尔德辩护的核心之处与施特劳斯写给洛维特（Karl Löwith）的一封信相关，这封信写于1933年5月19日，拙文《书信》（"The Letter"）翻译并评注了这封信。[①] 这封信是施特劳斯最初流亡以来的最重要文献，可以阐明他在那一历史的净化时刻的政治立场。以下是曼斯菲尔德的评论：

> 在这封信中，施特劳斯在谈论如何面对他所谓的纳粹主义的"卑鄙怪兽"（shabby monster）时，对保守主义表示了"令人震惊的"（施帕德语）接受。施特劳斯没有"可笑而可怜地"诉诸人的权利——自由主义确定无疑的真理——而

[①] [编按] 参见 The Letter, by Scott Horton, *Balkanizition*, 2006年6月16日。施特劳斯的这封信已有中译，参见《回归古典政治哲学：施特劳斯通信集》，朱雁冰、何鸿藻译，华夏出版社，2006，页96-97。

且提议诉诸罗马帝国的原则，用维吉尔的话说，"饶恕臣服者，摧毁狂妄者"。这就是"学问人"（men of science）应该说的话。令人震惊的是，施特劳斯说，他们应该按照右翼的原则与右翼德国（它已经成为右翼）交谈：这就是"法西斯主义的、专政的和帝国的"原则。这些术语的层次暗示，法西斯命令把像施特劳斯这样的犹太人降为自然的次人（Untermenschen）地位，对这一命令最好的反驳是承认需要权威，但还要用罗马帝国的原则取代第三帝国①的原则。施特劳斯说，"我们学问人"，包括他自己，无处停留，只能寻求（non habemus locum manentem, sed quaerimus）。从他们上面的说法看，他们似乎是以罗马的自然权利，而非自由主义的自然权利，来反驳纳粹的"自然权利"，用良性的右翼原则来取代邪恶的右翼原则。

这封信的确证实施特劳斯厌恶魏玛的自由主义，它是一种可怜和胆怯的自由主义，无法抵制纳粹、捍卫自己，因为，它已经抛弃了自己确定无疑的真理，并吸收了德国虚无主义的相对主义的许多内容……很明显，1933年的所有自由主义并不都是这样，因为施特劳斯从纳粹敌人那里逃亡到法国，然后到英国，最后到了美国——全都是自由民主国家，而且后两个国家并非无可救药地受到绥靖政策影响。事实上，施特劳斯在信中警告洛维特，不要信任德国的自由主义者（和基督教徒），他们曾虚假地允诺德国犹太人的安全。

令人诧异的是，曼斯菲尔德把施特劳斯来到美国后整个学术

---

① ［译注］指希特勒统治下的德国（1933–1945）。

生涯所形成的态度回溯到施特劳斯最初移民之时。本质上，他把施特劳斯描述为一位动态的新型自由主义者，预备粗鲁地（并动用武力）捍卫民主制度。这种论点奇异地扭曲了自由主义，正如新保守派的主要论断背离了英美世界（Anglo-American world）的传统保守主义。但它严重地曲解了施特劳斯在移民时对法西斯的态度。

在谈论这一时期时，通常会把纳粹主义和法西斯主义混合在一起。但施特劳斯肯定不会这样做。他也不会标榜自己是一位"自由主义者"。事实上，研究魏玛共和国后期的史学家，很难找出曼斯菲尔德所说的这些懦弱的魏玛"自由主义者"。最为接近的人选也许是德国民主党（Deutsche Demokratische Partei），该党起初与韦伯（Max Weber）有关联。战后那几年，该党还有相当数量的选票（1919年达到18%），但下降得很快，到1928年就跌至5%。魏玛自由主义者的问题并不像曼斯菲尔德所说的是软弱，而是他们根本就不存在。在德国，自由主义当时曾遭到左右两派的嘲讽。在大多数德国选民看来，"自由主义"是一种国外的政治意识形态，正如施特劳斯在这封信中表明的，它与法国大革命的价值相关，或就像曼（Thomas Mann）在其政治意识的最早阶段所说的（《大战中的思考》[*Gedanken im Kriege*]，1914），与"曼彻斯特主义"（*Manchestertum*）也就是英伦资本主义的政治哲学相关。德国当时分裂为左派（我指的是社会主义者）和右派（从威廉[Wihelmine]到纳粹期间内的传统保守派）。自由主义者本可以提供一个稳定的平台，去捍卫共和国的价值……只是他们为数甚少，确实不足以构成一个政府。

施特劳斯认为，法西斯主义可能会是纳粹主义的解毒剂。他所说的法西斯主义转向了墨索里尼的意大利模式，这种模式强烈地源自罗马帝国的思想和概念。它的确是沙文主义的，带有种族主义的色彩，但在1933年并没有表现出当时德国出现的反犹主义之类的东西。而且，洛维特——他日后成为上世纪最出色的尼采研究专家之一——就是一位恰当的旁观者。像施特劳斯一样，洛维特也是一位文化保守派，遭到纳粹驱逐，并发现意大利的法西斯主义具有奇异的吸引力，至少那时候是这样——其时他就居住在意大利。洛维特同样痴迷海德格尔，并且很快就感到自己完全遭到后者的背叛——施特劳斯亦复如此。像施特劳斯一样，洛维特得以逃脱，归功于洛克斐勒基金会的资助，该基金会的慷慨大度挽救了数十名卓越的德国犹太学者逃离了恐怖。洛维特留给我们一部关于这个时期的回忆录——《1933年前后我的德国生涯》(*My Life in Germany Before and After 1933*)，其中页 47–90 粗略记载了这个时期。施特劳斯没有明确出现其中，但是，洛维特对德国-犹太流亡学者的一些描述非常接近施特劳斯。

要理解该信件，其关键在于施特劳斯使用的政治主题："法西斯主义的、专政的、帝国的（imperial）"。而且，要理解施特劳斯意义上 "帝国的" 原则，他所引用的《埃涅阿斯纪》卷六最著名段落中的那句话非常关键：Tu regere imperio… parcere subjectis et debellare superbos［你要以权威统治……饶恕臣服者，摧毁狂妄者］。但他忽略的部分比他引用的更为重要：

> 罗马人啊，你记住要用自己的权威统治万民，
> （因为这是你的技艺），用正义卫冕和平，
> 饶恕臣服者，摧毁狂妄者。

在施特劳斯读大学的整个期间，维吉尔在德国知识界极为重

要，映射出其在阿尔卑斯山以南素有的地位。他是大量论辩的对象。在像施特劳斯这样的文化保守派看来，维吉尔就是罗马帝国的哲人－诗人，他证明了由一种强固的军事传统和一个国教支撑的专政统治的伟大、荣耀和力量。法西斯分子利用罗马帝国的形象，作为兜售自己政治思想的强大工具。他们力陈，他们的政治思想只不过是这些神圣形象的现代化。而且，他们关注的无疑是罗马帝国，而非共和国。在那些持左翼－批判立场的人看来，维吉尔在帝国与共和国的价值之间摇摆不定，也许他出于政治权宜的考虑而公开尊崇帝国，同时又对共和国理想保留了一种内在的认同。例如，这就是施特劳斯的同时代人和同流亡者布洛克［Hermann Broch］的杰作《维吉尔之死》［*Der Tod des Vergil*］中的维吉尔。在天主教徒看来，维吉尔就是"西方之父"，而且是基督教学说的重要先驱。施特劳斯在写这封信时，后一种看法正广为流传，因为哈克（Theodor Haecke）的《维吉尔：西方之父》（*Vater des Abendlandes*）是1933年的超级畅销书之一。这些流派各自都有对《埃涅阿斯纪》的解读，尤其是对于卷六的这一段落。对于基督教和左派而言，关键的语句是致力于和平与正义，而那恰恰就是右倾的施特劳斯所删去的语句。

同样富于启发的是曼斯菲尔德并没有提到的一句话：施特劳斯高傲地说，"全部德国犹太族的无产阶级知识分子都集中"在巴黎。让我们谨记施特劳斯满带轻视地提到的那些人物的名字——比如，阿伦特（Hannah Arendt），本雅明（Walter Benjamin），曼（Heinrich Mann）和图霍斯基（Kurt Tucholsky）。在施特劳斯看来，这些人是"乌合之众"（rabble），而在当时的学术界看来，这些人就是主角，施特劳斯只是一个注脚。

最后，施特劳斯在写这封信前后的著作毫不含糊地表明了他对英美自由主义的看法。他鄙视这种自由主义。这种鄙视尤其显露于他所写的与门德尔松（Moses Mendelssohn）著作的《纪念版》（*Jubiläumsausgabe*）相关的几篇文章，特别是他围绕莱辛（Lessing）和所谓 Spinozastreit［斯宾若莎之争］所写的东西。在德国启蒙思想的语境中，莱辛作为一个极力鼓吹美国革命的形象出现——这很大程度上基于他从福斯特（Georg Forster）那里得到的关于费城会议的报道——尽管他与汉诺威王室（Hanoverian crown）的亲近关系要求他对此小心谨慎。

但是，施特劳斯对莱辛及其接受的启蒙的政治概念的批评是毁灭性的。事实上，他以此问题作为毕业论文（《雅各比哲学中的认识论问题》［*Das Erkenntnisproblem in der philosophischen Lehre Fr. H. Jacobis*］, 1921），并在新康德学派重要人物卡西尔（Ernst Cassirer）的指导下完成。当然，是雅各比（Friedrich Heinrich Jacobi）发明了"虚无主义"一词，并鼓吹国教本质上就是任何成功国家的附庸：这种观点与美国立国之父的主张针锋相对。顺便提一下，施特劳斯不满意自己的毕业论文，并且不愿意将其翻译和发表——我认为他有充足的理由。这篇论文的水准远不及奠定他的声誉的那些著作，而且随着时间的流逝，施特劳斯也越来越远离这篇论文所拥护的观点。

那么，这封信告诉我们什么？无论你怎么界定"自由主义者"（liberal），施特劳斯都不是一位"自由主义者"。他关注纳粹对德国的宰制，试图寻找一种工具，将德国的保守派从纳粹主义之下解救出来。毫无疑问，他在墨索里尼式的法西斯主义中看到了真实的吸引力。施特劳斯本性上就是一位纯粹传统的文化保守派。他对第二帝国（Kaiserreich）崩溃之后的局势毫无兴趣，也很少考虑自由的、世俗的民主制。也许，像德国保守派的核心成员一样，他非常乐于见到恺撒的复活，以及恺撒最少民主特征的专政统治。但是，他也显然乐于接受一种对法西斯主义的调侃。

因此，像曼斯菲尔德这样的施特劳斯派有理由为这封信和信中所展示的施特劳斯其人感到困扰。但我们必须记住，这是一张及时的快照。此后施特劳斯就前往英国，最后定居美国。当他看到美国的方案并不像他最初以为的那样令人恐怖，他明显改变了自己的态度。但是，他的调整以及他"支持"（bolstering）美国民主制的思考，大多可以回溯到他读大学的那个时代流行的新词"恺撒主义"（Caesarism）。恺撒主义显然曾极具影响力。当然，其影响不一定是好的。

图书在版编目（CIP）数据

赫西俄德的世界/彭磊主编. --北京：华夏出版社，2018.1
（经典与解释）
ISBN 978-7-5080-9372-7

Ⅰ.①赫… Ⅱ.①彭… Ⅲ.①赫西俄德(前 700)－哲学思想－研究 Ⅳ.①B502.29

中国版本图书馆 CIP 数据核字(2017)第 291197 号

赫西俄德的世界

主　　编	彭　磊
责任编辑	马涛红　李安琴
责任印制	刘　洋
出版发行	华夏出版社
经　　销	新华书店
印　　刷	三河市少明印务有限公司
装　　订	三河市少明印务有限公司
版　　次	2018 年 1 月北京第 1 版 2018 年 1 月北京第 1 次印刷
开　　本	880×1230　1/32
印　　张	9.5
字　　数	216 千字
定　　价	59.00 元

华夏出版社　地址：北京市东直门外香河园北里 4 号　邮编：100028
网址：www.hxph.com.cn　电话：(010)64663331(转)
若发现本版图书有印装质量问题，请与我社营销中心联系调换。

西方传统：经典与解释
Classici et Commentarii
HERMES
刘小枫◎主编

古今丛编

孟德斯鸠的自由主义哲学
——《论法的精神》疏证 [美]潘戈 著
莫尔及其乌托邦 [德]考茨基 著
试论古今革命 [法]夏多布里昂 著
托兰德与激进启蒙 刘小枫 编
图书馆里的古今之战 [英]斯威夫特 著
但丁：皈依的诗学 [美]弗里切罗 著
在西方的目光下 [英]康拉德 著
大学与博雅教育 董成龙 编
探究哲学与信仰
——基尔克果与苏格拉底 [美]郝岚 著
民主的本性
——托克维尔的政治哲学 [法]马南 著
梅尔维尔的政治哲学
——《切雷诺》及其解读 李小均 编/译
席勒美学的哲学背景 [美]维塞尔 著
果戈里与鬼 [俄]梅列日科夫斯基 著
自传性反思 [美]沃格林 著
黑格尔与普世秩序 [美]希克斯 等著
新的方式与制度
——马基雅维利的《论李维》研究
[美]曼斯菲尔德 著
科耶夫的新拉丁帝国 [法]科耶夫 等著
《利维坦》附录 [英]霍布斯 著
或此或彼（上、下）[丹麦]基尔克果 著
海德格尔式的现代神学 刘小枫 选编
双重束缚 [法]基拉尔 著
古今之争中的核心问题
——施米特的学说与施特劳斯的论题 [德]迈尔 著
论永恒的智慧 [德]苏索 著
宗教经验种种 [美]詹姆斯 著
尼采反卢梭 [美]凯斯·安塞尔-皮尔逊 著
舍勒思想评述 [美]弗林斯 著

诗与哲学之争 [美]罗森 著
神圣与世俗 [罗]伊利亚德 著
论古人的智慧 [英]培根 著
但丁的圣约书 [美]霍金斯 著

古典学丛编

探究希腊人的灵魂 [美]戴维斯 著
尤利安文选 马勇 编/译
论月面 [古罗马]普鲁塔克 著
雅典谐剧与逻各斯
——《云》中的修辞、谐剧性及语言暴力
[美]奥里根 著
莱园哲人伊壁鸠鲁 罗晓颖 选编
《劳作与时日》笺释 吴雅凌 撰
希腊古风时期的真理大师 [法]德蒂安 著
古罗马的教育 [英]葛怀恩 著
古典学与现代性 刘小枫 编
表演文化与雅典民主政制
[英]戈尔德希尔、奥斯本 编
西方古典文献学发凡 刘小枫 编
古典语文学常谈 [德]克拉夫特 著
古希腊文学常谈 [英]多佛 等著
撒路斯特与政治史学 刘小枫 编
希罗多德的王霸之辨 吴小锋 编/译
第二代智术师
——罗马帝国早期的文化现象 [英]安德森 著
英雄诗系笺释 [古希腊]荷马 著
统治的热望
——修昔底德笔下的阿尔喀比亚德和帝国政治
[美]福特 著
论埃及神学与哲学
——伊希斯与俄赛里斯 [古希腊]普鲁塔克 著
凯撒的剑与笔 李世祥 编/译
伊壁鸠鲁主义的政治哲学
[意]詹姆斯·尼古拉斯 著
修昔底德笔下的人性 [美]欧文 著
修昔底德笔下的演说 [美]斯塔特 著
古希腊政治理论 [美]格雷纳 著

神谱笺释　吴雅凌　撰
赫西俄德：神话之艺
　　[法]居代·德·拉孔波 等著
赫拉克勒斯之盾笺释　罗逍然 译笺
《埃涅阿斯纪》章义　王承教 选编
维吉尔的帝国　[美]阿德勒 著
塔西佗的政治史学　曾维术 编

古希腊诗歌丛编
古希腊早期诉歌诗人　[英]鲍勒 著
诗歌与城邦　[美]费拉格、纳吉 主编
阿尔戈英雄纪（上、下）
　　[古希腊]阿波罗尼俄斯 著
俄耳甫斯教祷歌　吴雅凌 编译
俄耳甫斯教辑语　吴雅凌 编译

古希腊肃剧注疏集
希腊肃剧与政治哲学　[美]阿伦斯多夫 著

古希腊礼法
希腊人的正义观　[英]哈夫洛克 著

廊下派集
廊下派的神和宇宙　[墨]里卡多·萨勒斯 编
廊下派的城邦观　[英]斯科菲尔德 著

希伯莱圣经历代注疏
希腊化世界中的犹太人　[英]威廉逊 著
第一亚当和第二亚当　[德]朋霍费尔 著

新约历代经解
属灵的寓意　[古罗马]俄里根 著

基督教与古典传统
加尔文与现代政治的基础　[美]汉考克 著
无执之道
　　——埃克哈特神学思想研究　[德]文森 著
恐惧与战栗　[丹麦]基尔克果 著
托尔斯泰与陀思妥耶夫斯基
　　[俄]梅列日科夫斯基 著
论宗教大法官的传说　[俄]罗赞诺夫 著
海德格尔与有限性思想（重订版）
　　刘小枫 选编
上帝国的信息　[德]拉加茨 著

基督教理论与现代　[德]特洛尔奇 著
亚历山大的克雷芒　[意]塞尔瓦托·利拉 著
中世纪的心灵之旅
　　——波纳文图拉神学著作选　[意]圣·波纳文图拉 著

德意志古典传统丛编
穆佐书简　[奥]里尔克 著
纪念苏格拉底——哈曼文选　刘新利 选编
夜颂中的革命和宗教
　　——诺瓦利斯选集卷一　[德]诺瓦利斯 著
大革命与诗话小说
　　——诺瓦利斯选集卷二　[德]诺瓦利斯 著
黑格尔的观念论　[美]皮平 著
浪漫派风格——施勒格尔批评文集　[德]施勒格尔 著

美国宪政与古典传统
美国1787年宪法讲疏　[美]阿纳斯塔普罗 著

世界史与古典传统
从普遍历史到历史主义　刘小枫 编

品达注疏集
幽暗的诱惑
　　——品达、晦涩与古典传统　[美]汉密尔顿 著

欧里庇得斯集
自由与僭越
　　——欧里庇得斯《酒神的伴侣》绎读　罗峰 编译

阿里斯托芬集
《阿卡奈人》笺释　[古希腊]阿里斯托芬 著

色诺芬注疏集
居鲁士的教育　[古希腊]色诺芬 著
色诺芬的《会饮》　[古希腊]色诺芬 著

柏拉图注疏集
柏拉图书简　彭磊 译著
哲学的奥德赛——《王制》引论　[美]郝兰 著
爱欲与启蒙的迷醉
　　——论柏拉图的《会饮》　[美]贝尔格 著
为哲学的写作技艺一辩
　　——《斐德若》疏证　[美]伯格 著
柏拉图式的迷宫——《斐多》义疏　[美]伯格 著
哲学如何成为苏格拉底式的　[美]朗佩特 著
苏格拉底与希琵阿斯　王江涛 编译

理想国 [古希腊]柏拉图 著
谁来教育老师——《普罗塔戈拉》发微 刘小枫 编
立法者的神学
——柏拉图《法义》卷十绎读 林志猛 编
柏拉图对话中的神 [法]薇依 著
厄庇诺米斯 [古希腊]柏拉图 著
智慧与幸福
——柏拉图的《厄庇诺米斯》 程志敏 选编
论柏拉图对话 [德]施莱尔马赫 著
柏拉图《美诺》疏证 [美]克莱因 著
政治哲学的悖论
——苏格拉底的哲学审判 [美]郝岚 著
神话诗人柏拉图 张文涛 选编
阿尔喀比亚德 [古希腊]柏拉图 著
叙拉古的雅典异乡人
——柏拉图《书简七》探幽 彭磊 选编
阿威罗伊论《王制》 [阿拉伯]阿威罗伊 著
《王制》要义 刘小枫 选编
柏拉图的《会饮》 [古希腊]柏拉图 等著
苏格拉底的申辩（修订版） [古希腊]柏拉图 著
苏格拉底与政治共同体 [美]尼柯尔斯 著
政制与美德——柏拉图《法义》疏解 [美]潘戈 著
《法义》导读 [法]卡斯代尔·布舒奇 著
论真理的本质 [德]海德格尔 著
哲人的无知 [德]费勃 著
米诺斯 [古希腊]柏拉图 著

亚里士多德注疏集

亚里士多德《政治学》中的教诲 [美]潘戈 著
品格的技艺 [美]加佛 著
亚里士多德哲学的基本概念 [德]海德格尔 著
《政治学》疏证 [意]托马斯·阿奎那 著
尼各马可伦理学义疏
——亚里士多德与苏格拉底的对话 [美]伯格 著
哲学之诗
——亚里士多德《诗学》解诂 [美]戴维斯 著
对亚里士多德的现象学解释 [德]海德格尔 著
城邦与自然——亚里士多德与现代性 刘小枫 编
论诗术中篇义疏 [阿拉伯]阿威罗伊 著

哲学的政治
——亚里士多德《政治学》疏证 [美]戴维斯 著

普鲁塔克集

普鲁塔克的《对比列传》 [英]达夫 著
普鲁塔克的实践伦理学 [比利时]胡芙 著

莎士比亚绎读

莎士比亚的历史剧 [英]蒂利亚德 著
莎士比亚戏剧与政治哲学 彭磊 选编
莎士比亚的政治盛典 [美]阿鲁里斯/苏利文 编
丹麦王子与马基雅维利 罗峰 选编

洛克集

上帝、洛克与平等 [美]沃尔德伦 著

卢梭集

论哲学生活的幸福 [德]迈尔 著
致博蒙书 [法]卢梭 著
政治制度论 [法]卢梭 著
哲学的自传
——卢梭的《孤独漫步者的遐思》 [美]戴维斯 著
文学与道德杂篇 [法]卢梭 著
设计论证
——卢梭的《社会契约论》 [美]吉尔丁 著
卢梭的自然状态 [美]普拉特纳 等著
卢梭的榜样人生
——作为政治哲学的《忏悔录》 [美]凯利 著

莱辛注疏集

汉堡剧评 [德]莱辛 著
关于悲剧的通信 [德]莱辛 著
《智者纳坦》研究版 [德]莱辛 等著
启蒙运动的内在问题
——莱辛思想再释 [美]维塞尔 著
莱辛剧作七种 [德]莱辛 著
历史与启示——莱辛神学文选 [德]莱辛 著
论人类的教育
——莱辛政治哲学文选 [德]莱辛 著

尼采注疏集

尼采引论 [德]施特格迈尔 著
尼采与基督教
——尼采的《敌基督》论集 刘小枫 编

尼采眼中的苏格拉底 [美]丹豪瑟 著
尼采的使命
——《善恶的彼岸》绎读 [美]朗佩特 著
尼采与现时代
——解读培根、笛卡尔与尼采 [美]朗佩特 著
动物与超人之间的绳索 [德]A.彼珀 著

施特劳斯集
原著
论僭政（重订本）——色诺芬《希耶罗》义疏
[美]施特劳斯 [法]科耶夫 著
苏格拉底问题与现代性（增订本）
——施特劳斯讲演与论文集：卷二
犹太哲人与启蒙
——施特劳斯演讲与论文集：卷一
霍布斯的宗教批判
斯宾诺莎的宗教批判
门德尔松与莱辛
哲学与律法——论迈蒙尼德及其先驱
迫害与写作艺术
柏拉图式政治哲学研究
论柏拉图的《会饮》
柏拉图《法义》的论辩与情节
什么是政治哲学
古典政治理性主义的重生（重订本）
回归古典政治哲学——施特劳斯通信集
苏格拉底与阿里斯托芬

研究作品
论源初遗忘
——海德格尔、施特劳斯与哲学的前提
[美]维克利 著
政治哲学与启示宗教的挑战 [德]迈尔 著
阅读施特劳斯 [美]斯密什 著
施特劳斯与流亡政治学 [美]谢帕德 著
隐匿的对话
——施米特与施特劳斯 [德]迈尔 著
驯服欲望
——施特劳斯笔下的色诺芬撰述 [法]科耶夫 等著

施米特集
宪法专政
——现代民主国家中的危机政府 [美]罗斯托 著
施米特对自由主义的批判 [美]约翰·麦考米克 著

伯纳德特集
古典诗学之路（第二版）
——相遇与反思：与伯纳德特聚谈 [美]伯格 编
弓与琴（重订本）
——从柏拉图解读《奥德赛》 [美]伯纳德特 著
神圣的罪业 [美]伯纳德特 著

布鲁姆集
巨人与侏儒（1960-1990）
人应该如何生活——柏拉图《王制》释义
爱的设计——卢梭与浪漫派
爱的戏剧——莎士比亚与自然
爱的阶梯——柏拉图的《会饮》
伊索克拉底的政治哲学

沃格林集
自传体反思录 [美]沃格林 著

大学素质教育读本
古典诗文绎读 西学卷·古代编（上、下）
古典诗文绎读 西学卷·现代编（上、下）

中国传统：经典与解释
Classici et Commentarii
经典与解释
刘小枫 陈少明◎主编

周易古经注解考辨 / 李炳海 著
浮山文集 / [明]方以智 著
药地炮庄 / [明]方以智 著
药地炮庄笺释·总论篇 / [明]方以智 著
青原志略 / [明]方以智 编
冬灰录 / [明]方以智 著
冬炼三时传旧火 / 邢益海 编
《毛诗》郑王比义发微 / 史应勇 著
宋人经筵诗讲义四种 / [宋]张纲 等撰
道德真经藏室纂微篇 / [宋]陈景元 撰
道德真经四子古道集解 / [金]寇才质 撰
皇清经解提要 / [清]沈豫 撰
经学通论 / [清]皮锡瑞 著
松阳讲义 / [清]陆陇其 著
起凤书院答问 / [清]姚永朴 撰
周礼疑义辨证 / 陈衍 撰
《铎书》校注 / 孙尚扬 肖清和 等校注
韩愈志 / 钱基博 著
论语辑释 / 陈大齐 著
《庄子·天下篇》注疏四种 / 张丰乾 编
荀子的辩说 / 陈文洁 著
古学经子 / 王锦民 著
经学以自治 / 刘少虎 著
从公羊学论《春秋》的性质 / 阮芝生 撰

刘小枫集
以美为鉴：注意美国立国原则的是非未定之争
海德格尔与中国
古典学与古今之争 [增订本]
这一代人的怕和爱 [第三版]
沉重的肉身 [珍藏版]
圣灵降临的叙事 [增订本]
罪与欠
儒教与民族国家
拣尽寒枝
施特劳斯的路标
重启古典诗学
共和与经纶
设计共和
现代性与现代中国：现代性社会理论绪论
诗化哲学 [重订本]
拯救与逍遥 [修订本]
走向十字架上的真
卢梭与我们
西学断章
现代人及其敌人
好智之罪：普罗米修斯神话通释
民主与爱欲：柏拉图《会饮》绎读
民主与教化：柏拉图《普罗塔戈拉》绎读
巫阳招魂：《诗术》绎读

编修 [博雅读本]
凯若斯：古希腊语文读本 [全二册]
古希腊语文学述要
雅努斯：古典拉丁语文读本
古典拉丁语文学述要
危微精一：政治法学原理九讲
琴瑟友之：钢琴与古典乐色十讲

经典与解释辑刊

1 柏拉图的哲学戏剧
2 经典与解释的张力
3 康德与启蒙
4 荷尔德林的新神话
5 古典传统与自由教育
6 卢梭的苏格拉底主义
7 赫尔墨斯的计谋
8 苏格拉底问题
9 美德可教吗
10 马基雅维利的喜剧
11 回想托克维尔
12 阅读的德性
13 色诺芬的品味
14 政治哲学中的摩西
15 诗学解诂
16 柏拉图的真伪
17 修昔底德的春秋笔法
18 血气与政治
19 索福克勒斯与雅典启蒙
20 犹太教中的柏拉图门徒
21 莎士比亚笔下的王者
22 政治哲学中的莎士比亚
23 政治生活的限度与满足
24 雅典民主的谐剧
25 维柯与古今之争
26 霍布斯的修辞
27 埃斯库罗斯的神义论
28 施莱尔马赫的柏拉图
29 奥林匹亚的荣耀
30 笛卡尔的精灵
31 柏拉图与天人政治
32 海德格尔的政治时刻
33 荷马笔下的伦理
34 格劳秀斯与国际正义
35 西塞罗的苏格拉底
36 基尔克果的苏格拉底
37 《理想国》的内与外
38 诗艺与政治
39 律法与政治哲学
40 古今之间的但丁
41 拉伯雷与赫尔墨斯秘学
42 柏拉图与古典乐教
43 孟德斯鸠论政制衰败
44 博丹论主权
45 道伯与比较古典学
46 伊索寓言中的伦理
47 斯威夫特与启蒙
48 赫西俄德的世界